EIICHIRO ODA

Die Strohhut-Bande

Choppaemon (Ninja)

Kopfgeld:
100 Berry

Hat im Königreich Torino intensive Studien zu »starken Medikamenten« betrieben und ist danach wieder mit den anderen Strohhüten zusammengetroffen.

(Schiffsarzt)

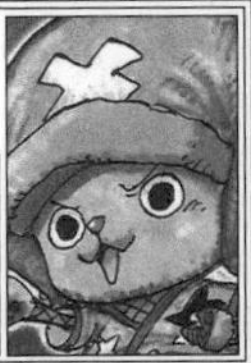

Ruffytaro (Herrenloser Samurai)

Kopfgeld:
1,5 Milliarden Berry

Junger Mann, der davon träumt, Piratenkönig zu werden. Nach zweijährigem Training trifft er wieder mit seinen Gefährten zusammen. Ihr Ziel: die Neue Welt!

(Käpt'n)

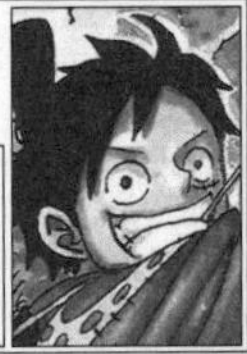

O-Robi (Geisha)

Kopfgeld:
130 Millionen Berry

Kam nach einem Aufenthalt in Bartigo, der Basis von Dragon, dem Anführer der Revolutionäre und Ruffys Vater, zurück zur Strohhut-Crew.

(Archäologin)

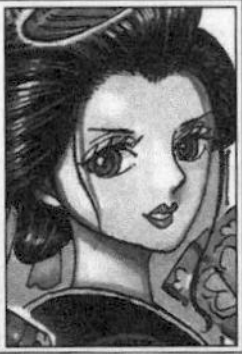

Zorrojuro (Herrenloser Samurai)

Kopfgeld:
320 Millionen Berry

Warf seinen Stolz beiseite und bat Mihawk auf Kuraigana um Unterweisung im Schwertkampf. Stieß danach ebenfalls wieder zu seinen Gefährten.

(Mitstreiter)

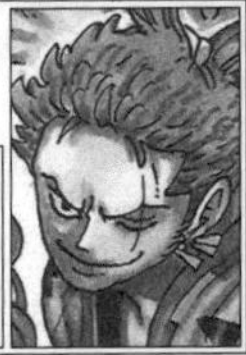

Franosuke (Zimmermann)

Kopfgeld:
94 Millionen Berry

Führte im Land der Zukunft, Balsimoa, selbst Umbauten an seinem Körper aus, durch die er zum »Armored Frankie« wurde, und stieß dann zu den anderen.

(Schiffszimmermann)

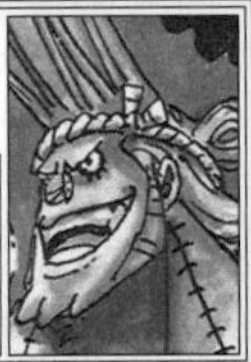

O-Nami (Kunoichi)

Kopfgeld:
66 Millionen Berry

Studierte auf der kleinen Himmelsinsel Weatheria, wo Wetterforschungen betrieben werden, die klimatischen Bedingungen der Neuen Welt. Auch wieder mit den Gefährten vereint.

(Navigatorin)

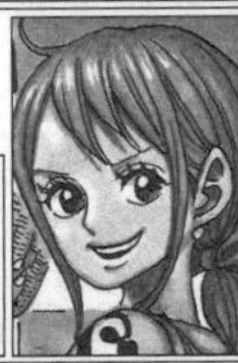

Honekichi (Gespenst)

Kopfgeld:
83 Millionen Berry

Wurde zunächst von Langarm-Menschen gefangen und als Sensation zur Schau gestellt, kehrte dann aber als Superstar »Soul King« zu seinen Gefährten zurück.

(Musiker)

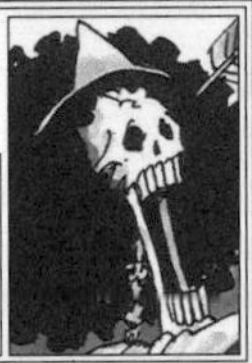

Lysohachi (Krötenöl-Verkäufer)

Kopfgeld:
200 Millionen Berry

Hat sich auf den Bowin-Inseln von Heraklesn unterweisen lassen, um »König der Scharfschützen« zu werden, und kam anschließend ebenfalls zurück zu den anderen Strohhüten.

(Scharfschütze)

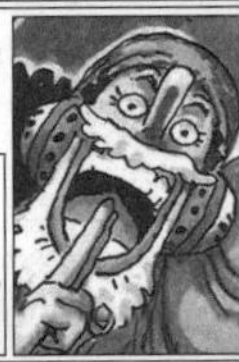

Jinbei, der Ritter der Meere (ehemaliger Samurai der Meere)

Kopfgeld:
438 Millionen Berry

Durch und durch ehrenwerter Mann. Um Ruffy bei dem heftigen Kampf gegen Mom zur Flucht zu verhelfen, nahm er seine Aufgabe als Feudalherr wahr und stieß vor dem Überfall wieder zu den Strohhüten.

(Steuermann)

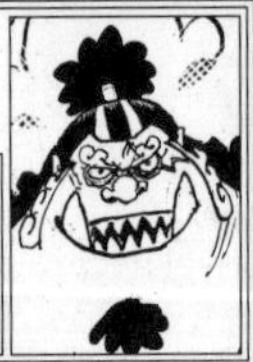

Sangoro (Soba-Koch)

Kopfgeld:
330 Millionen Berry

Hat sich im Königreich der Transen durch die Kämpfe gegen Meister der Transen-Kampfkunst noch weiter verbessert und ist danach auch wieder bei den anderen eingetroffen.

(Koch)

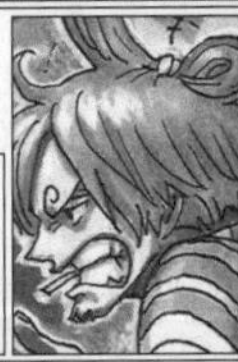

Shanks

Einer der vier Yonko. Wartet in der zweiten Hälfte der Grand Line, der Neuen Welt, auf Ruffy.

Käpt'n der Rothaar-Piratenbande

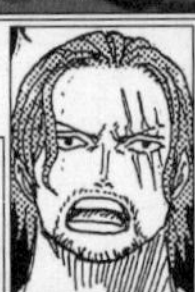

The story of ONE PIECE

Wa no Kuni (Gegenwart)

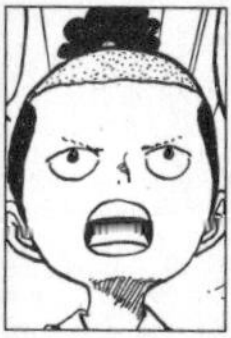

Kouzuki Momonosuke

Wa no Kuni, Daimyo von Kuri (Nachfolger)

Die neun Männer mit den roten Schwertscheiden

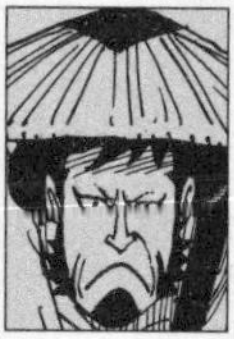

Kinemon Irrlicht

Samurai aus Wa no Kuni

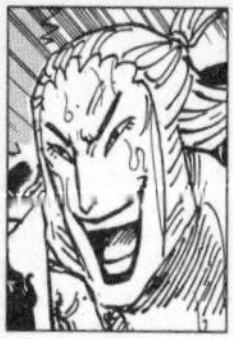

Denjiro

(ehemaliger Geldwechsler Kyoshiro)

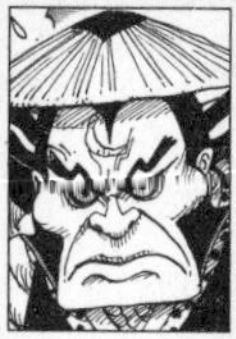

Nebel-Raizo

Ninja aus Wa no Kuni

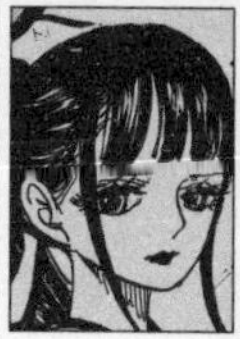

Kikunojo

Samurai aus Wa no Kuni

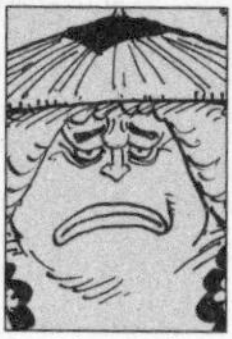

Ashura Doji (Shutenmaru)

Boss der Atamayama-Diebesbande

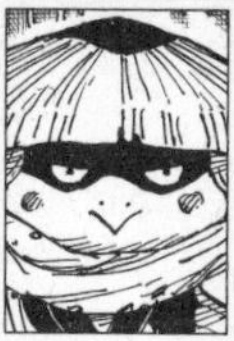

Kawamatsu

Samurai aus Wa no Kuni

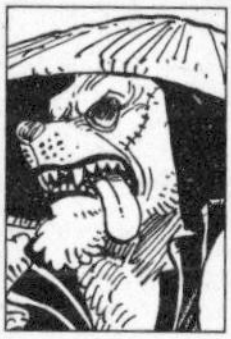

Herzog Inuarashi

König des Tages in Mokomo

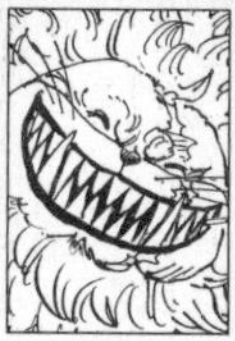

Patron Nekomamushi

König der Nacht in Mokomo

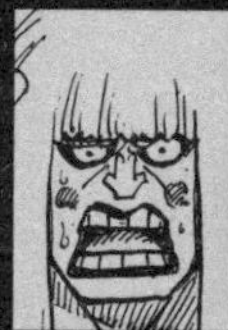

Kanjuro Abendgewitter

Samurai aus Wa no Kuni

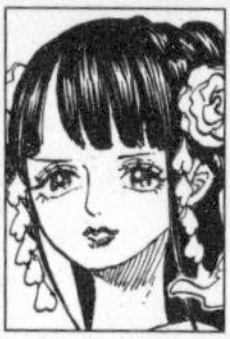

Kouzuki Hiyori (Komurasaki)

Momonosukes kleine Schwester

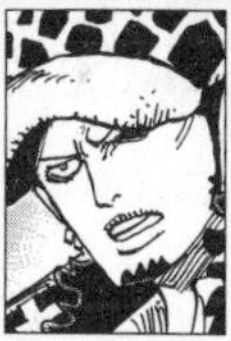

Trafalgar Law

Kapt'n der Heart-Piratenbande

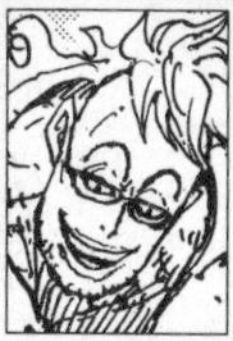

Marco der Phönix

Ehemaliger Kommandant der 1. Division der Whitebeard-Piratenbande

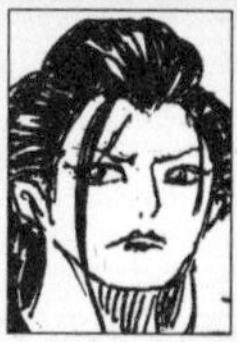

Izou

Ehemaliger Kommandant der 16. Division der Whitebeard-Piratenbande

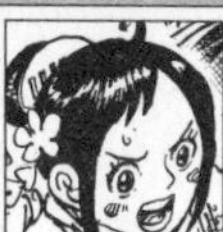

O-Tama

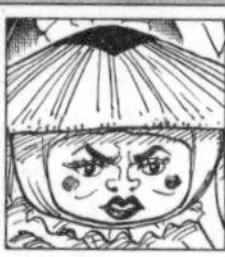

Shinobu

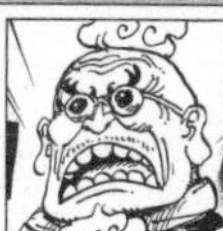

Blumen-Hyogoro

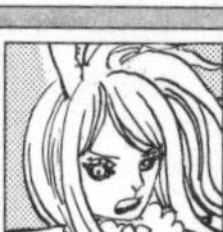

Carrot

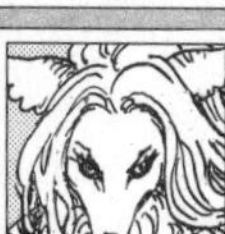

Wanda

Kid-Piratenbande

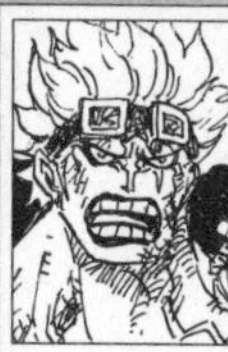

Eustass Kid

Kapt'n der Kid-Piratenbande

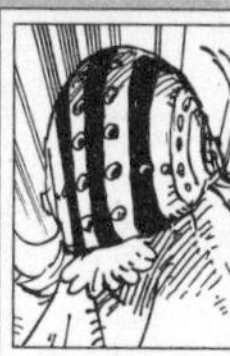

Killer (Kamazo der Henker)

Kid-Piratenbande, kämpfendes Mitglied

Charaktere

100-Bestien-Piratenbande

„Die Hauptrepräsentanten“

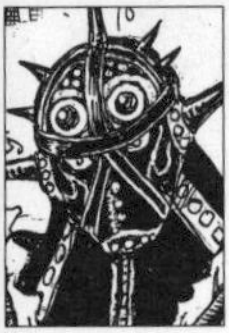
Feuersbrunst-King

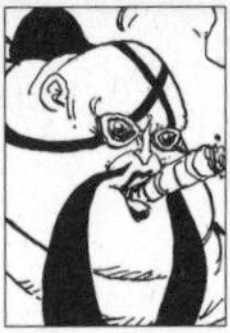
Seuchen-Queen

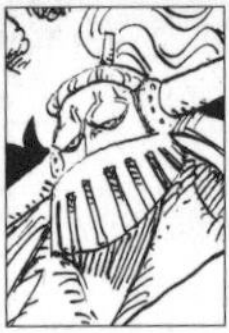
Dürreschaden-Jack

Kaido der 100 Bestien

(Yonko)

Pirat, der als »die stärkste Kreatur« bezeichnet wird, weil niemand ihn töten kann, ob durch Folter oder durch Hinrichtung.

Generalgouverneur der 100-Bestien-Piratenbande

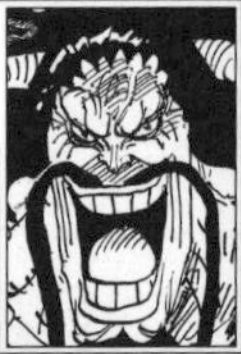

„Die fliegenden Sechs“

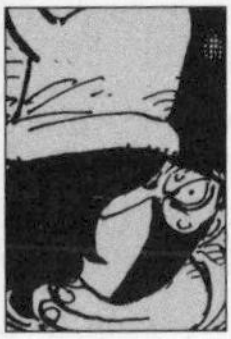
Page One

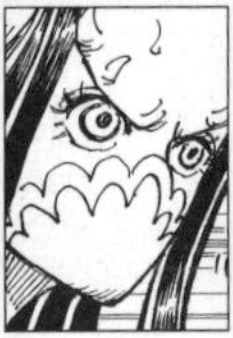
Ulti

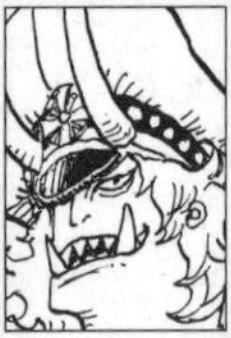
Sasaki

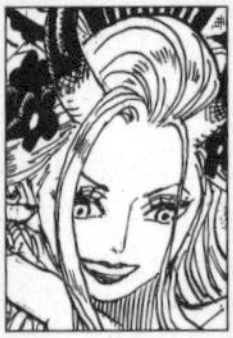
Black Maria

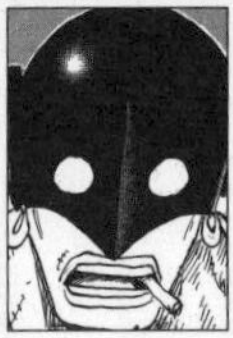
Who's Who

„Die Stars“

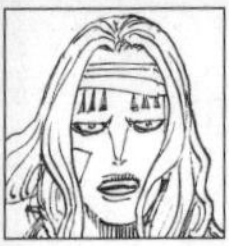
Basil Hawkins

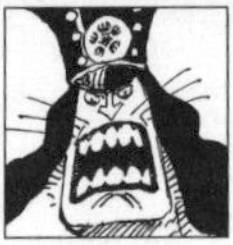
Holdem

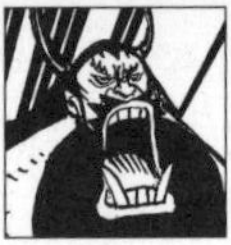
Babanuki

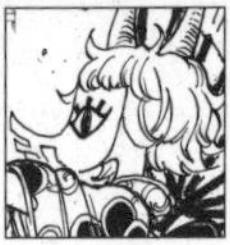
Bao Huang

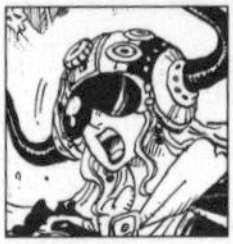
Solitaire

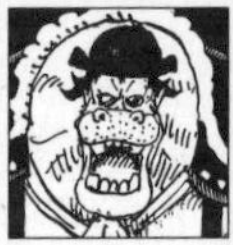
Dobon

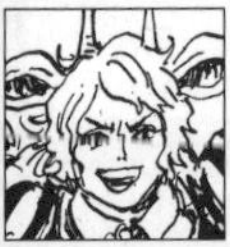
Hamlet

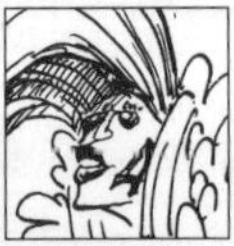
Four Tricks

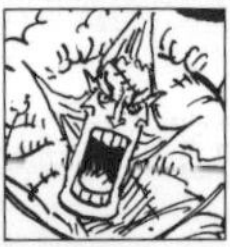
Briscola

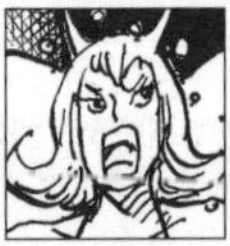
Mizerka

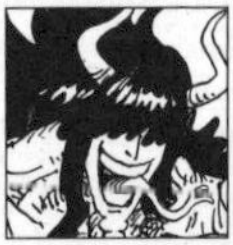
Poker

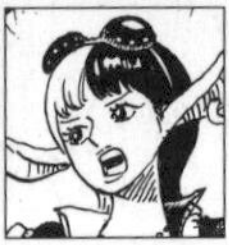
Speed

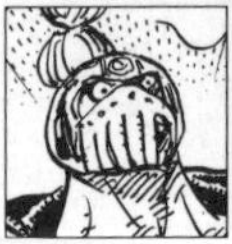
Daifugo

O-Tama bringt sie mit ihrer Kraft dazu, der 100-Bestien-Piratenbande abtrünnig zu werden!

ihm, gemeinsam mit ihm zu kämpfen. So beginnt auf dem Dach der Zweikampf zwischen Ruffy und Kaido!! Der Yonko stellt sich allerdings als schwerer Brocken heraus und Ruffy wird besiegt. Seine Freunde erhalten die Nachricht von seiner Niederlage, doch sie vertrauen auf Ruffys Rückkehr und führen den Kampf fort. Da lässt Ruffy tatsächlich allen durch Momonosuke mitteilen, dass er auf jeden Fall wiederkommen wird! Die Ankündigung stärkt den Kampfgeist seiner Mitstreiter. Unterdessen kommt es auf dem Dach in Abwesenheit von Ruffy zur Konfrontation zwischen Kaido und seiner Tochter Yamato…

The story of ONE PIECE

Big Moms Piratenbande

Big Mom

Charlotte Linlin (Yonko)

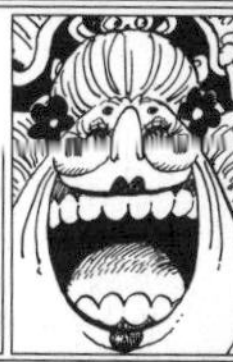

Eine der vier Yonko, bekannt als Big Mom. Besitzt die Kraft der Seelen-Frucht und kann dadurch Menschen Lebenszeit wegnehmen.

Käpt'n von Big Moms Piratenbande

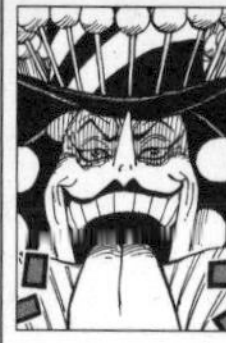

Charlotte Perospero

Ältester Sohn der Familie Charlotte

Tippgeber

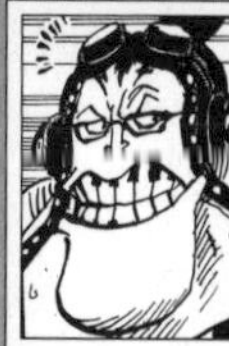

Scratchmen Apoo

Käpt'n der On-Air-Piratenbande

Wa no Kuni (Der Kurozumi-Clan)

Kurozumi Orochi

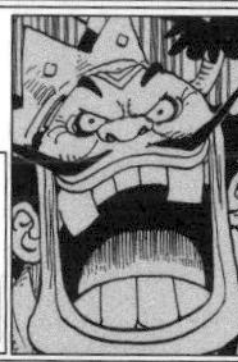

Hat sich mit Kaido zusammengetan und herrscht über Wa no Kuni. Heimtückischer Mann, der den Kouzuki-Clan hasst.

Shogun von Wa no Kuni

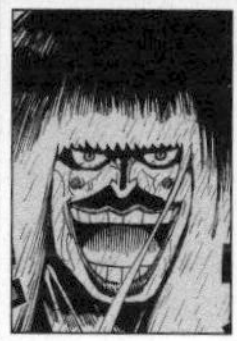

Kurozumi Kanjuro

Spion für das Orochi-Lager

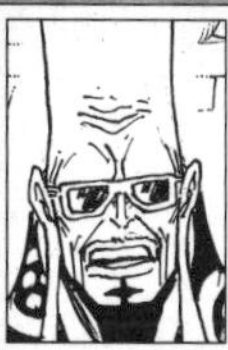

Fukurokuju

Kommandant der Orochi-Geheimagententruppe

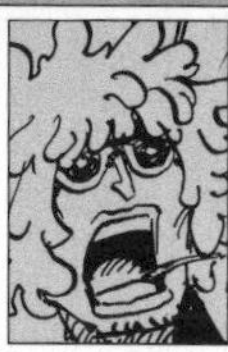

Hotei

Ehemaliger Oberkommandierender der Mimawarigumi-Samurai

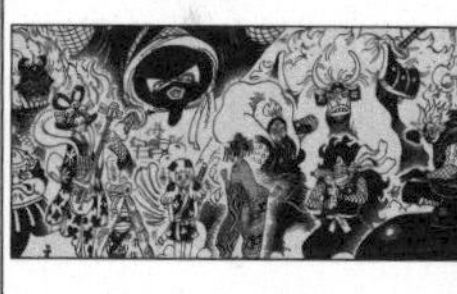

Die Orochi-Geheimagenten

Ninjatruppe des Shoguns von Wa no Kuni

Haben die 100-Bestien-Piratenbande verlassen und kämpfen mit Ruffy!

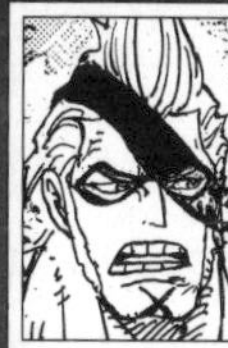

X. Drake

Ehemaliges Mitglied der fliegenden Sechs

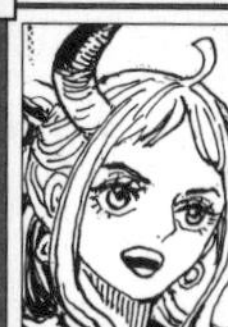

Yamato (selbst ernannter Kouzuki Oden)

Kaidos Tochter

Numbers

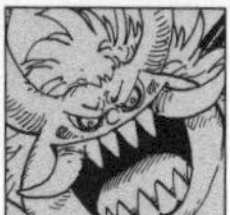

Jaki

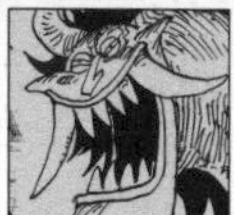

Goki

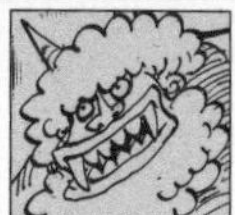

Nangi

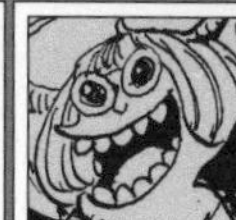

Hacha

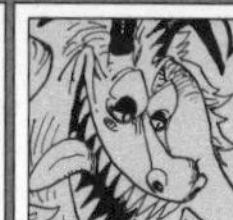

Juki

Was bisher geschah

Nach zwei Jahren intensiven Trainings treffen die Strohhüte auf dem Sabaody-Archipel wieder zusammen. Nach einem Zwischenstopp auf der Fischmenscheninsel gelangen sie endlich zum letzten Meer, der Neuen Welt! Die Strohhüte schließen sich mit Momonosuke und seinen Gefährten zu einer Allianz zusammen und landen in Wa no Kuni, um Kaido zu vernichten. Dort sammeln sie Mitstreiter und überfallen Onigashima!! Während überall auf der Insel die Kämpfe beginnen, begegnet Ruffy Kaidos Tochter Yamato. Diese verspricht

Eiichiro Oda

One Piece 101

Auftritt der Stars

Inhaltsverzeichnis

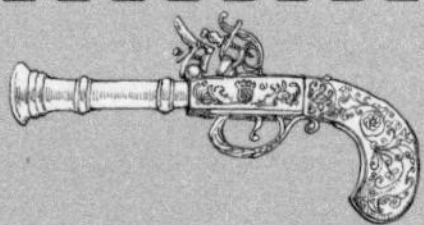

1016. Kapitel:
Hier spricht O-Tama!!

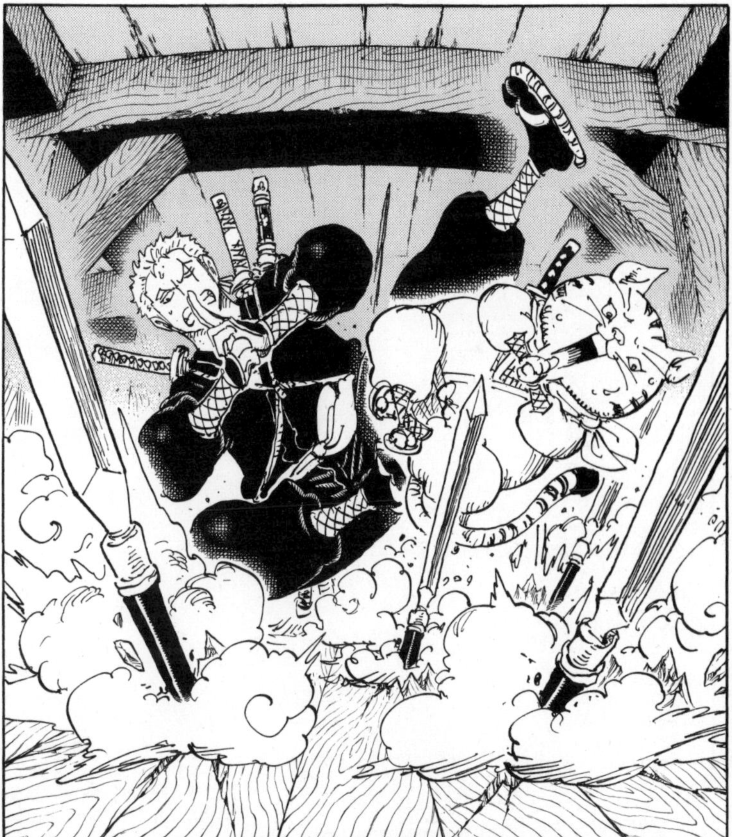

Wunsch-Titelbild: „Ninja-Zorro und eine Ninjakatze haben sich auf dem Dachboden versteckt und werden um ein Haar von Lanzen aufgespießt" – Pseudonym: Hachimitsu Nameko

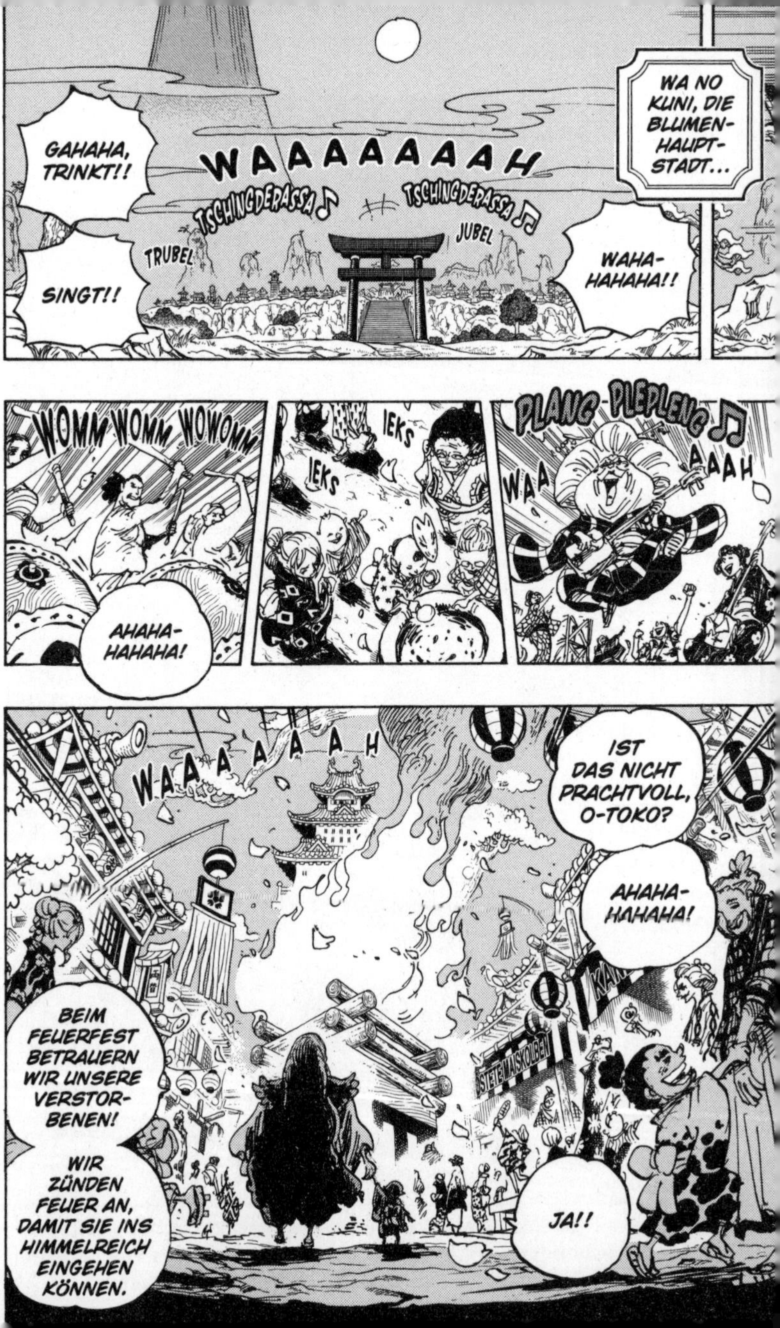
WA NO KUNI, DIE BLUMEN-HAUPT-STADT…
WAHA-HAHAHA!!
TSCHINGDERASSA♫
JUBEL
WAAAAAAAH
TSCHINGDERASSA♪
TRUBEL
GAHAHA, TRINKT!!
SINGT!!
PLANG-PLEPLENG♫
WAAAAH
IEKS
IEKS
WOMM WOMM WOWOMM
AHAHA-HAHAHA!
IST DAS NICHT PRACHTVOLL, O-TOKO?
AHAHA-HAHAHA!
JA!!
WAAAAAAH
BEIM FEUERFEST BETRAUERN WIR UNSERE VERSTOR-BENEN!
WIR ZÜNDEN FEUER AN, DAMIT SIE INS HIMMELREICH EINGEHEN KÖNNEN.

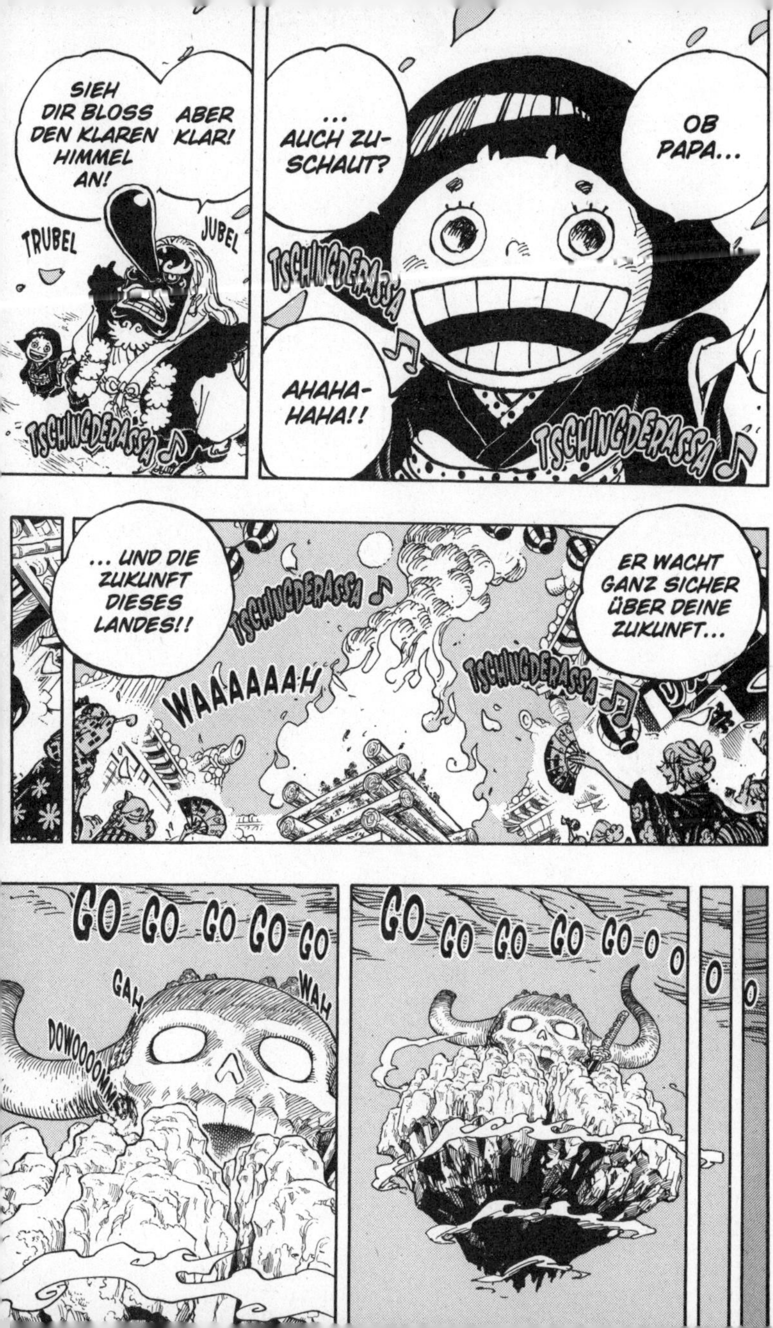
OB PAPA...
... AUCH ZUSCHAUT?
TSCHINGDERASSA
AHAHA-HAHA!!
TSCHINGDERASSA
SIEH DIR BLOSS DEN KLAREN HIMMEL AN!
ABER KLAR!
JUBEL
TRUBEL
TSCHINGDERASSA
ER WACHT GANZ SICHER ÜBER DEINE ZUKUNFT...
TSCHINGDERASSA
TSCHINGDERASSA
... UND DIE ZUKUNFT DIESES LANDES!!
WAAAAAAH
GO GO GO GO GO O O O O O
GO GO GO GO GO
WAH
GAH
DOWOOOOMM

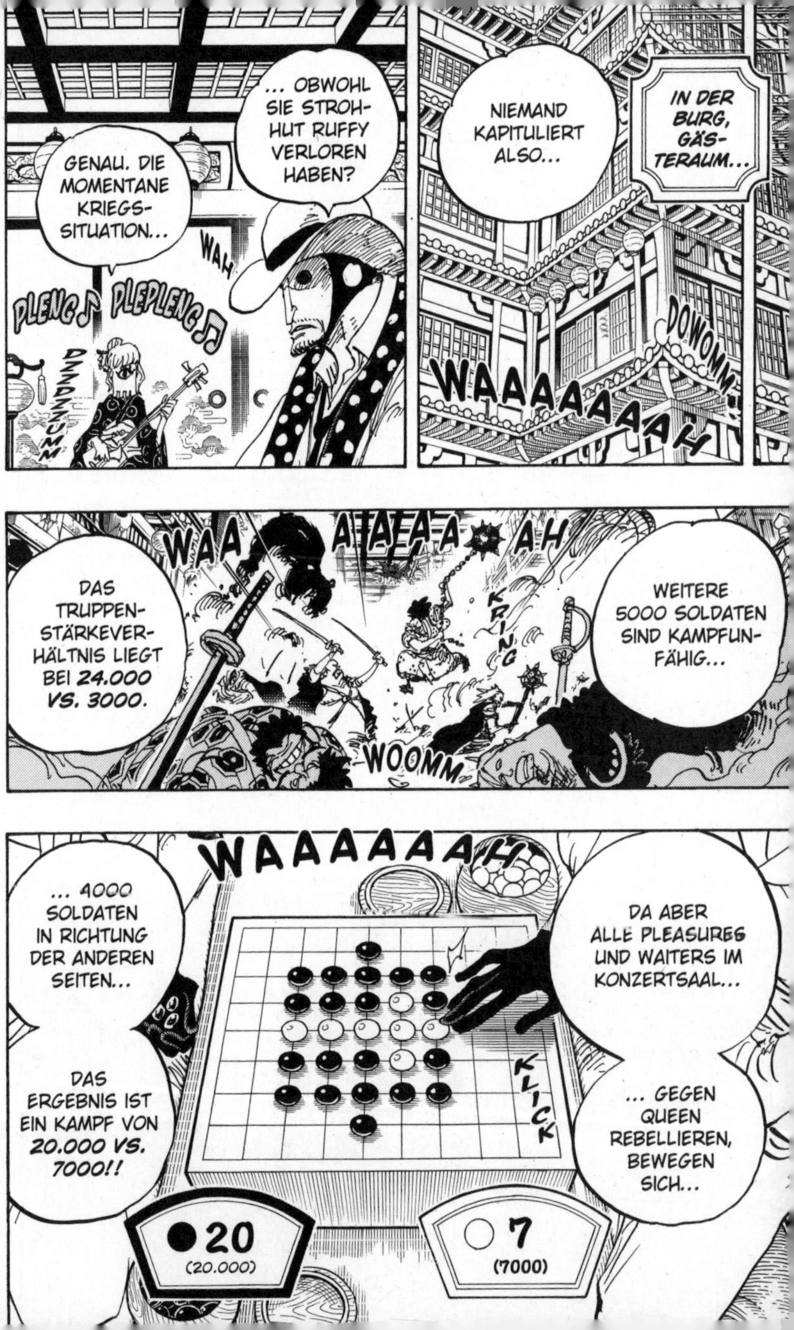
IN DER BURG, GÄSTERAUM…
NIEMAND KAPITULIERT ALSO…
DOWOMM
WAAAAAAAAH
… OBWOHL SIE STROHHUT RUFFY VERLOREN HABEN?
GENAU. DIE MOMENTANE KRIEGSSITUATION…
WAH
PLENG♪ PLEPLENG♫
DZZDZZUMM
WAA AAAA A AH
WEITERE 5000 SOLDATEN SIND KAMPFUNFÄHIG…
KRING
DAS TRUPPENSTÄRKEVERHÄLTNIS LIEGT BEI 24.000 VS. 3000.
WOOMM
WAAAAAAAH
DA ABER ALLE PLEASURES UND WAITERS IM KONZERTSAAL…
… GEGEN QUEEN REBELLIEREN, BEWEGEN SICH…
KLICK
… 4000 SOLDATEN IN RICHTUNG DER ANDEREN SEITEN…
DAS ERGEBNIS IST EIN KAMPF VON 20.000 VS. 7000!!
● 20 (20.000)
○ 7 (7000)

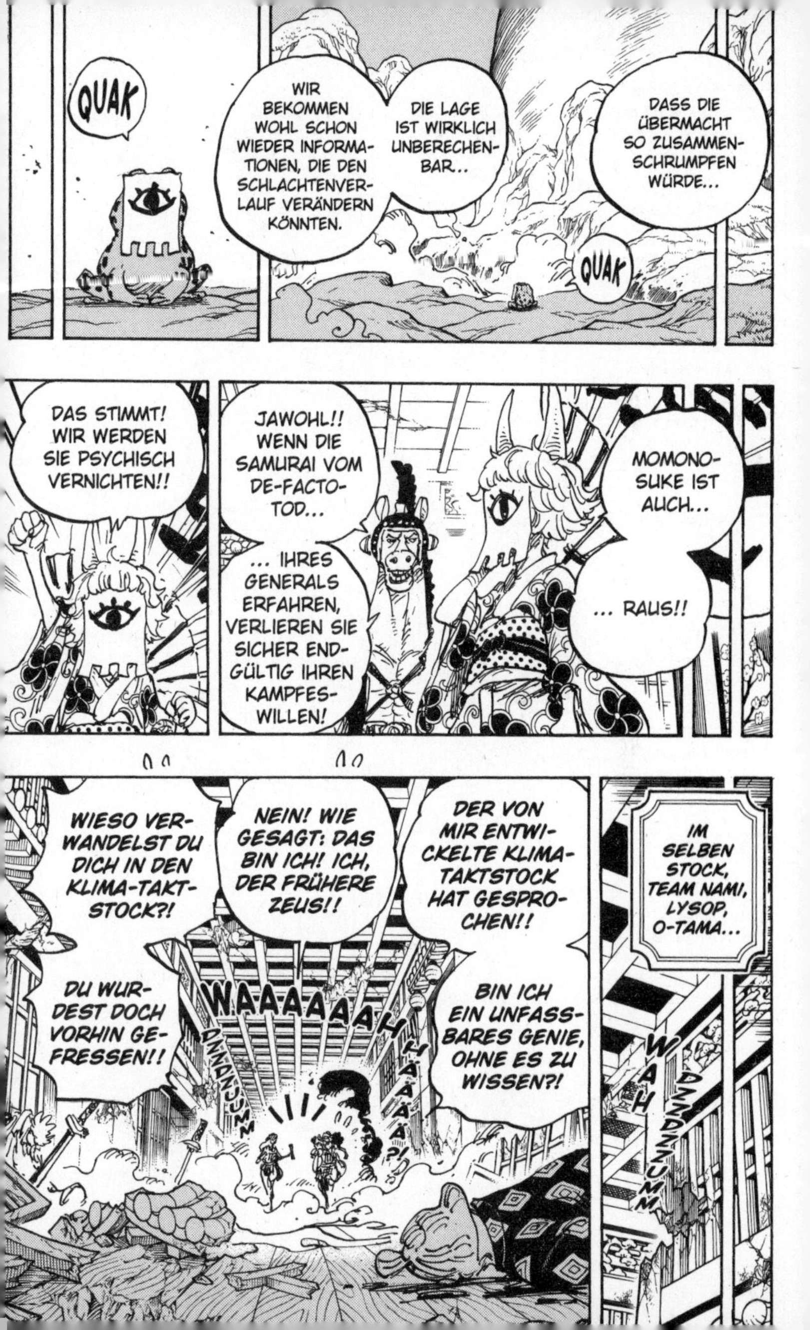
DASS DIE ÜBERMACHT SO ZUSAMMENSCHRUMPFEN WÜRDE...
QUAK
DIE LAGE IST WIRKLICH UNBERECHENBAR...
WIR BEKOMMEN WOHL SCHON WIEDER INFORMATIONEN, DIE DEN SCHLACHTENVERLAUF VERÄNDERN KÖNNTEN.
QUAK
MOMONOSUKE IST AUCH...
... RAUS!!
JAWOHL!! WENN DIE SAMURAI VOM DE-FACTO-TOD...
... IHRES GENERALS ERFAHREN, VERLIEREN SIE SICHER ENDGÜLTIG IHREN KAMPFESWILLEN!
DAS STIMMT! WIR WERDEN SIE PSYCHISCH VERNICHTEN!!
IM SELBEN STOCK, TEAM NAMI, LYSOP, O-TAMA...
WAAH
DZZZZUMM
DER VON MIR ENTWICKELTE KLIMA-TAKTSTOCK HAT GESPROCHEN!!
BIN ICH EIN UNFASSBARES GENIE, OHNE ES ZU WISSEN?!
NEIN! WIE GESAGT: DAS BIN ICH! ICH, DER FRÜHERE ZEUS!!
WIESO VERWANDELST DU DICH IN DEN KLIMA-TAKT-STOCK?!
DU WURDEST DOCH VORHIN GEFRESSEN!!
WAAAAAAAH
HÄÄÄÄÄ?!
DZZZUMM

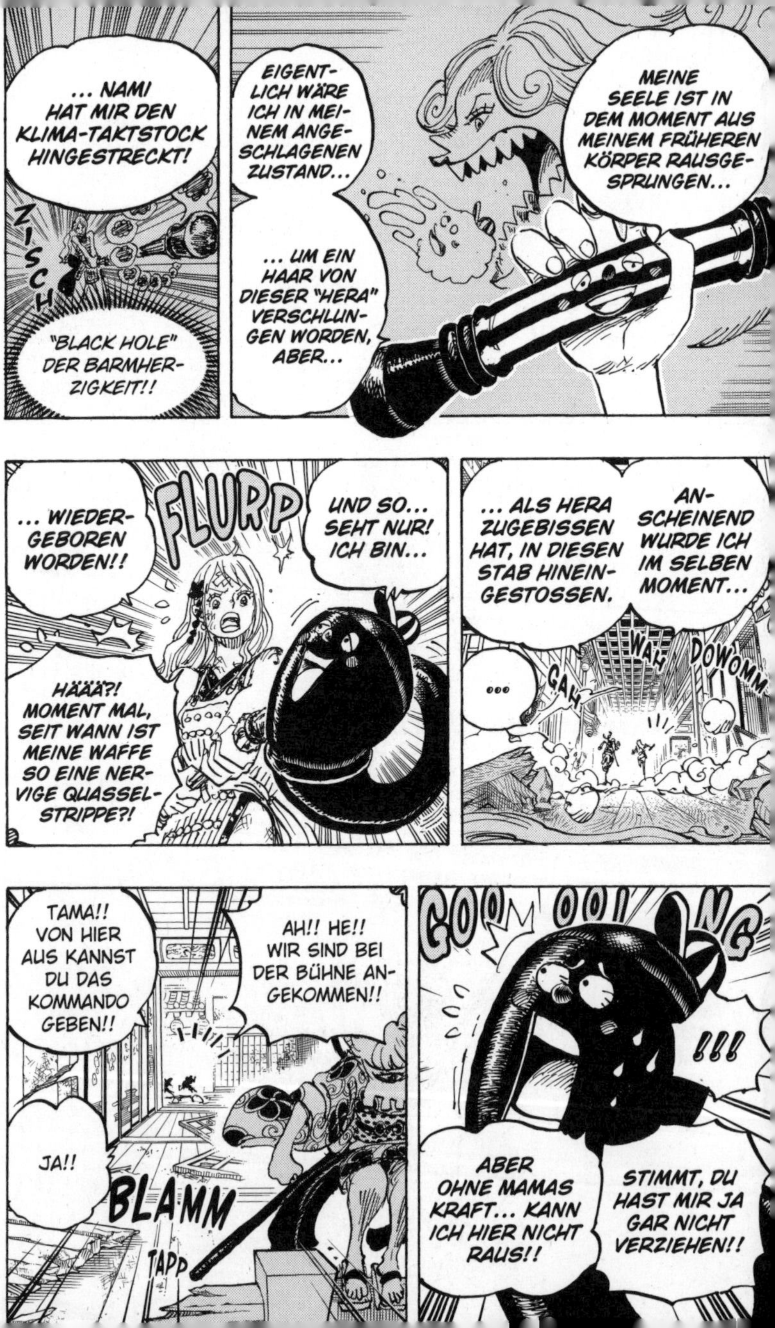
MEINE SEELE IST IN DEM MOMENT AUS MEINEM FRÜHEREN KÖRPER RAUSGESPRUNGEN...
EIGENTLICH WÄRE ICH IN MEINEM ANGESCHLAGENEN ZUSTAND...
... UM EIN HAAR VON DIESER "HERA" VERSCHLUNGEN WORDEN, ABER...
... NAMI HAT MIR DEN KLIMA-TAKTSTOCK HINGESTRECKT!
ZISCH
"BLACK HOLE" DER BARMHERZIGKEIT!!
ANSCHEINEND WURDE ICH IM SELBEN MOMENT...
... ALS HERA ZUGEBISSEN HAT, IN DIESEN STAB HINEINGESTOSSEN.
DOWOMM
WAH
GAH
...
UND SO... SEHT NUR! ICH BIN...
FLURP
... WIEDERGEBOREN WORDEN!!
HÄÄÄ?! MOMENT MAL, SEIT WANN IST MEINE WAFFE SO EINE NERVIGE QUASSELSTRIPPE?!
!!!
STIMMT, DU HAST MIR JA GAR NICHT VERZIEHEN!!
ABER OHNE MAMAS KRAFT... KANN ICH HIER NICHT RAUS!!
AH!! HE!! WIR SIND BEI DER BÜHNE ANGEKOMMEN!!
TAMA!! VON HIER AUS KANNST DU DAS KOMMANDO GEBEN!!
JA!!
BLAMM
TAPP

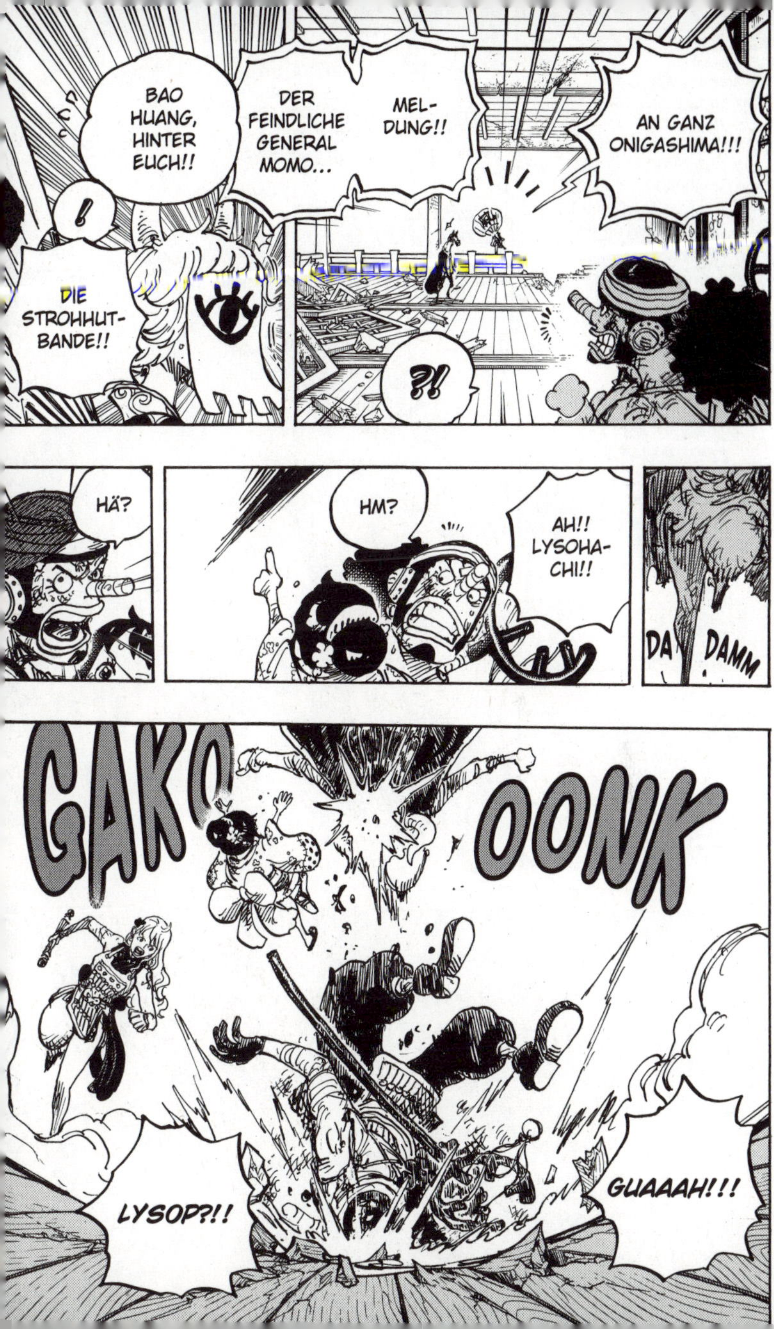

AN GANZ ONIGASHIMA!!!
MEL-DUNG!!
DER FEINDLICHE GENERAL MOMO...
?!
BAO HUANG, HINTER EUCH!!
!
DIE STROHHUT-BANDE!!
DA DAMM
AH!! LYSOHA-CHI!!
HM?
HÄ?
GAKOOONK
GUAAAH!!!
LYSOP?!!

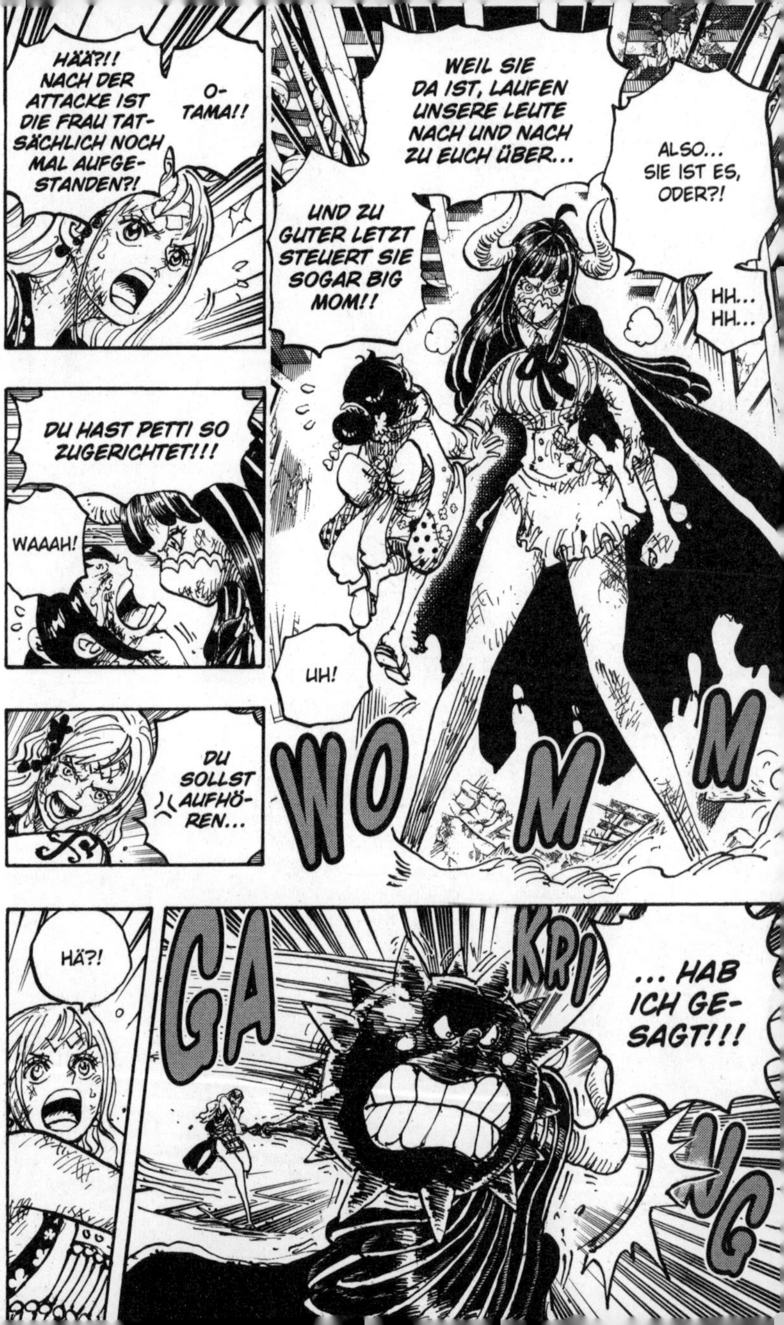
ALSO... SIE IST ES, ODER?!
WEIL SIE DA IST, LAUFEN UNSERE LEUTE NACH UND NACH ZU EUCH ÜBER...
UND ZU GUTER LETZT STEUERT SIE SOGAR BIG MOM!!
HH... HH...
UH!
WOMMM
O-TAMA!!
HÄÄ?!! NACH DER ATTACKE IST DIE FRAU TATSÄCHLICH NOCH MAL AUFGESTANDEN?!
DU HAST PETTI SO ZUGERICHTET!!!
WAAAH!
DU SOLLST AUFHÖREN...
... HAB ICH GESAGT!!!
GA
KRI
NG
HÄ?!

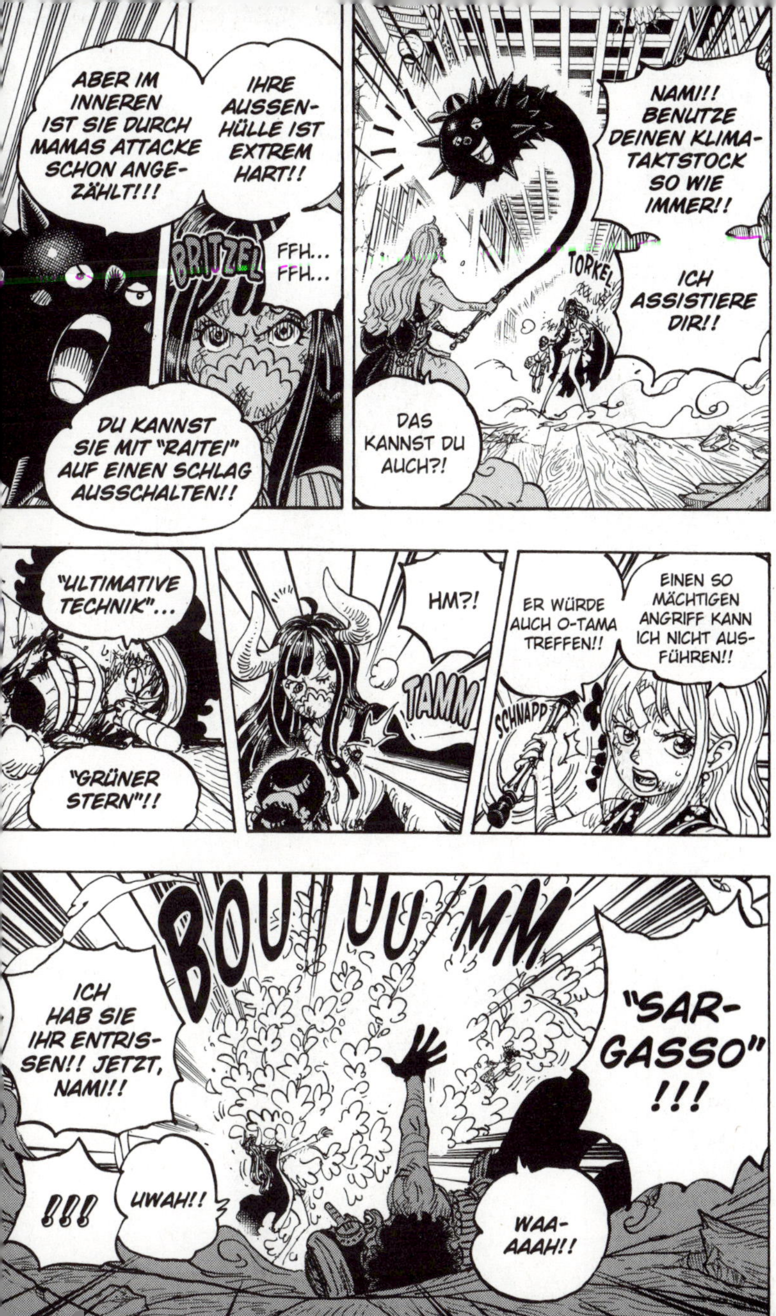
NAMI!! BENUTZE DEINEN KLIMATAKTSTOCK SO WIE IMMER!!
TORKEL
ICH ASSISTIERE DIR!!
DAS KANNST DU AUCH?!
IHRE AUSSENHÜLLE IST EXTREM HART!!
ABER IM INNEREN IST SIE DURCH MAMAS ATTACKE SCHON ANGEZÄHLT!!!
BRITZEL
FFH... FFH...
DU KANNST SIE MIT "RAITEI" AUF EINEN SCHLAG AUSSCHALTEN!!
EINEN SO MÄCHTIGEN ANGRIFF KANN ICH NICHT AUSFÜHREN!!
ER WÜRDE AUCH O-TAMA TREFFEN!!
SCHNAPP
HM?!
TAMM
"ULTIMATIVE TECHNIK"...
"GRÜNER STERN"!!
"SARGASSO"!!!
BOUUUMM
ICH HAB SIE IHR ENTRISSEN!! JETZT, NAMI!!
WAA-AAAH!!
UWAH!!
!!!

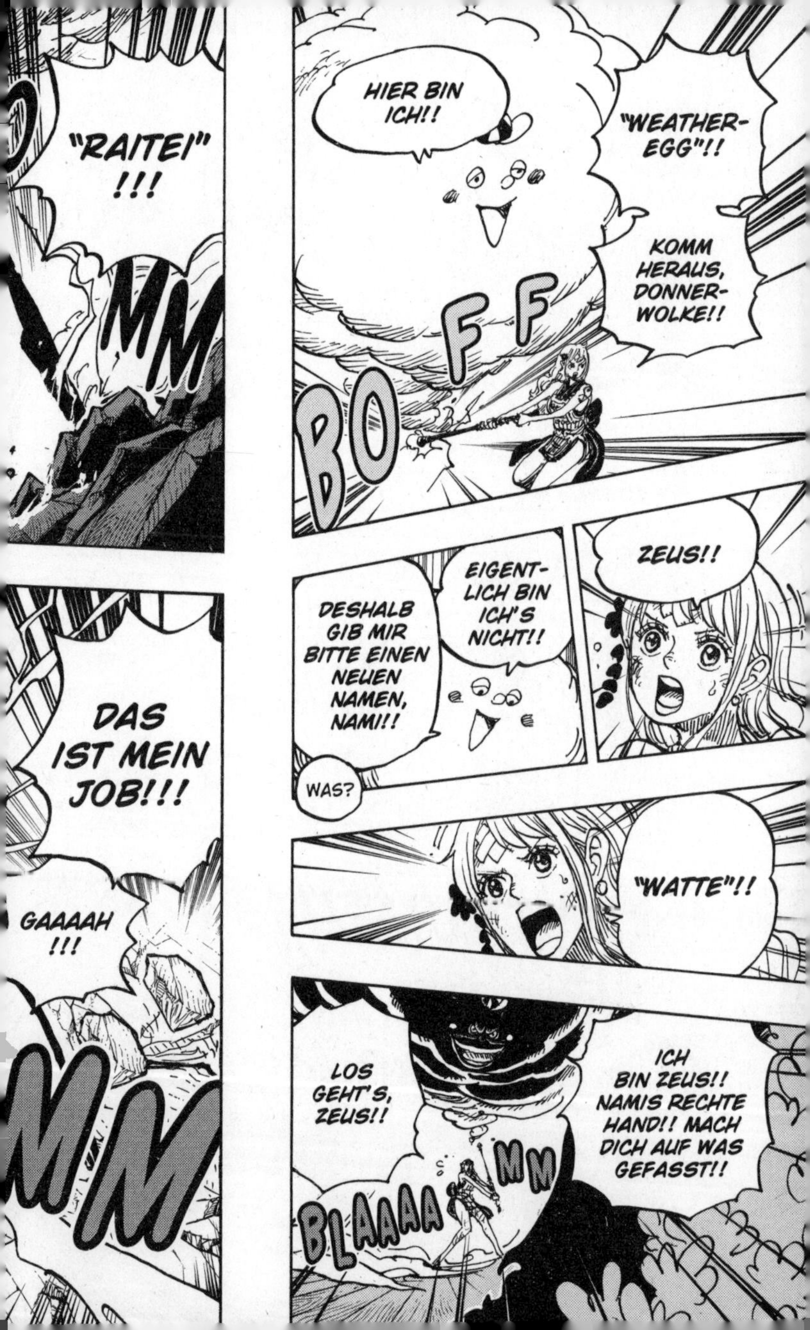
"WEATHER-EGG"!!
HIER BIN ICH!!
KOMM HERAUS, DONNER-WOLKE!!
BOFF
ZEUS!!
EIGENT-LICH BIN ICH'S NICHT!!
DESHALB GIB MIR BITTE EINEN NEUEN NAMEN, NAMI!!
WAS?
"WATTE"!!
ICH BIN ZEUS!! NAMIS RECHTE HAND!! MACH DICH AUF WAS GEFASST!!
LOS GEHT'S, ZEUS!!
BLAAAAMM
"RAITEI" !!!
MM
DAS IST MEIN JOB!!!
GAAAAH !!!
MM

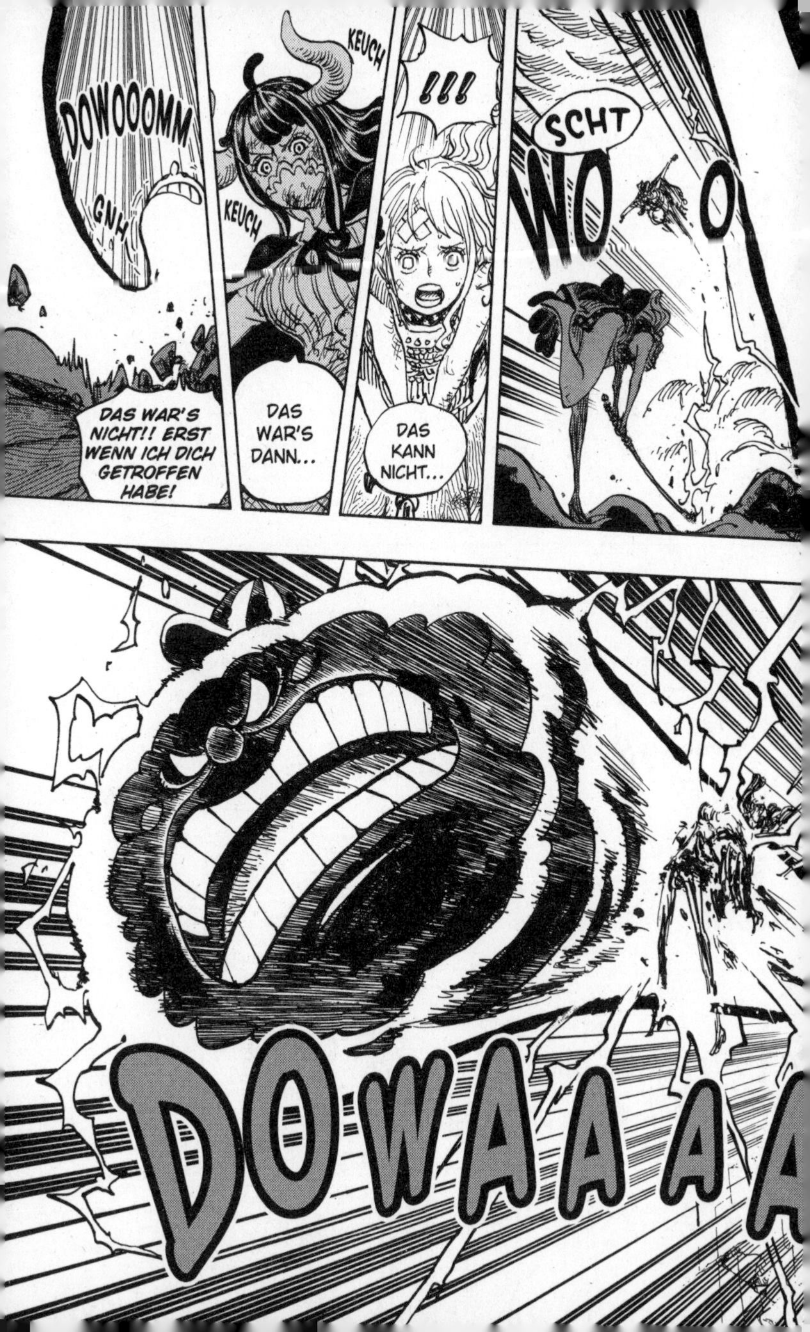
SCHT
WO O
!!!
DAS KANN NICHT...
KEUCH
KEUCH
DAS WAR'S DANN...
DOWOOOMM
GNH
DAS WAR'S NICHT!! ERST WENN ICH DICH GETROFFEN HABE!
DOWAAAA

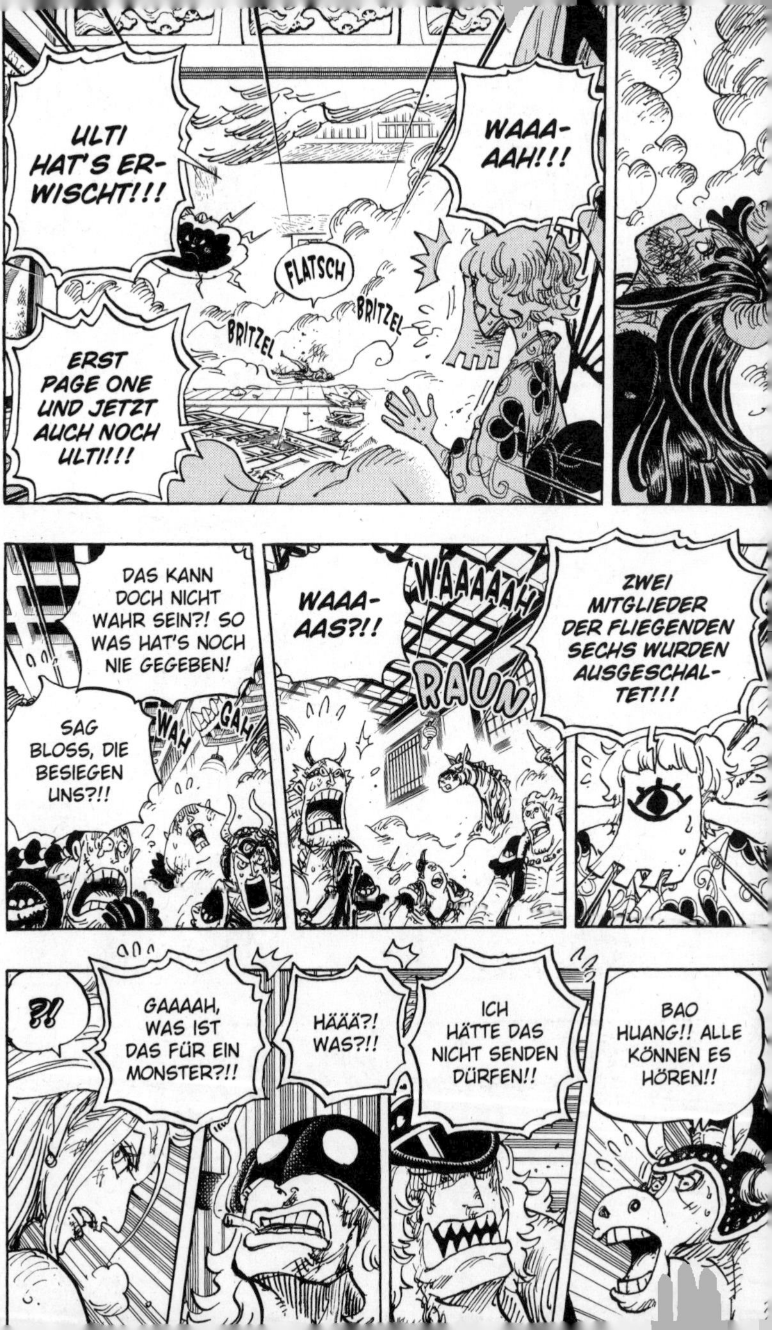
WAAA-AAH!!!
ULTI HAT'S ER-WISCHT!!!
FLATSCH
BRITZEL
BRITZEL
ERST PAGE ONE UND JETZT AUCH NOCH ULTI!!!
ZWEI MITGLIEDER DER FLIEGENDEN SECHS WURDEN AUSGESCHAL-TET!!!
WAAAAAH
RAUN
WAAA-AAS?!!
DAS KANN DOCH NICHT WAHR SEIN?! SO WAS HAT'S NOCH NIE GEGEBEN!
SAG BLOSS, DIE BESIEGEN UNS?!!
WAH
GAH
BAO HUANG!! ALLE KÖNNEN ES HÖREN!!
ICH HÄTTE DAS NICHT SENDEN DÜRFEN!!
HÄÄÄ?! WAS?!!
GAAAAH, WAS IST DAS FÜR EIN MONSTER?!!
?!

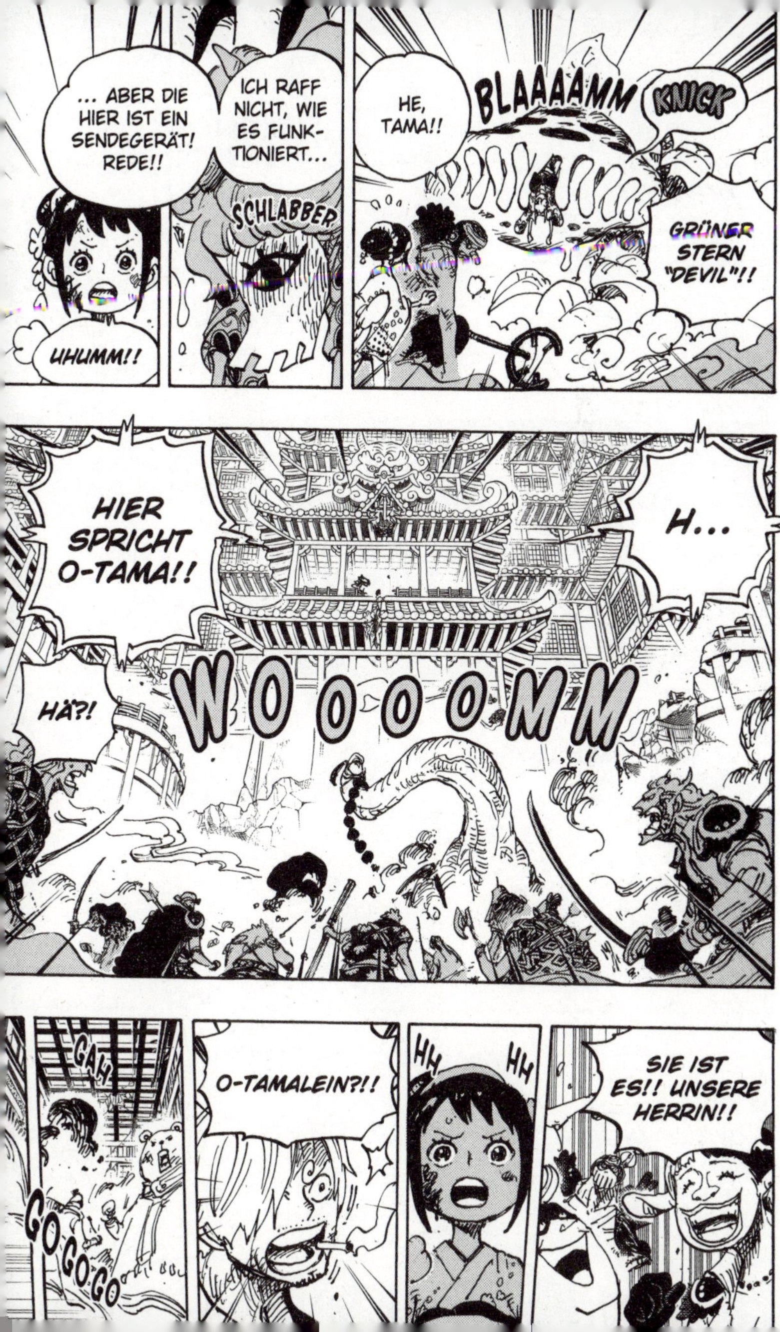

BLAAAAMM
KNICK
HE, TAMA!!
GRÜNER STERN "DEVIL"!!
ICH RAFF NICHT, WIE ES FUNK-TIONIERT…
SCHLABBER
… ABER DIE HIER IST EIN SENDEGERÄT! REDE!!
UHUMM!!
H…
HIER SPRICHT O-TAMA!!
WOOOOMM
HÄ?!
SIE IST ES!! UNSERE HERRIN!!
HH HH
O-TAMALEIN?!!
GAH
GO GO GO GO

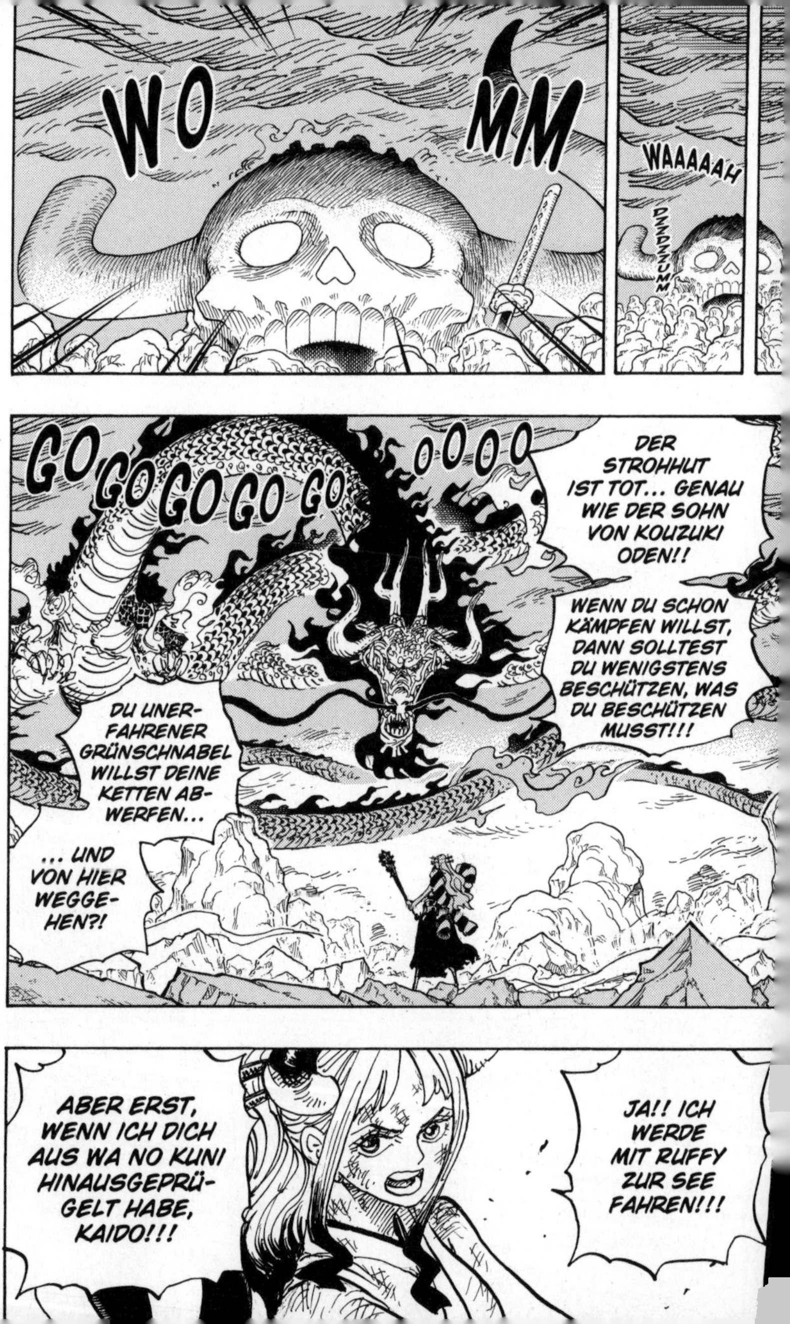

WAAAAAH
DZZDZZUMM
WO MM
GO GO GO GO GO GO OOOO
DER STROHHUT IST TOT... GENAU WIE DER SOHN VON KOUZUKI ODEN!!
WENN DU SCHON KÄMPFEN WILLST, DANN SOLLTEST DU WENIGSTENS BESCHÜTZEN, WAS DU BESCHÜTZEN MUSST!!!
DU UNER-FAHRENER GRÜNSCHNABEL WILLST DEINE KETTEN AB-WERFEN...
... UND VON HIER WEGGE-HEN?!
JA!! ICH WERDE MIT RUFFY ZUR SEE FAHREN!!!
ABER ERST, WENN ICH DICH AUS WA NO KUNI HINAUSGEPRÜ-GELT HABE, KAIDO!!!

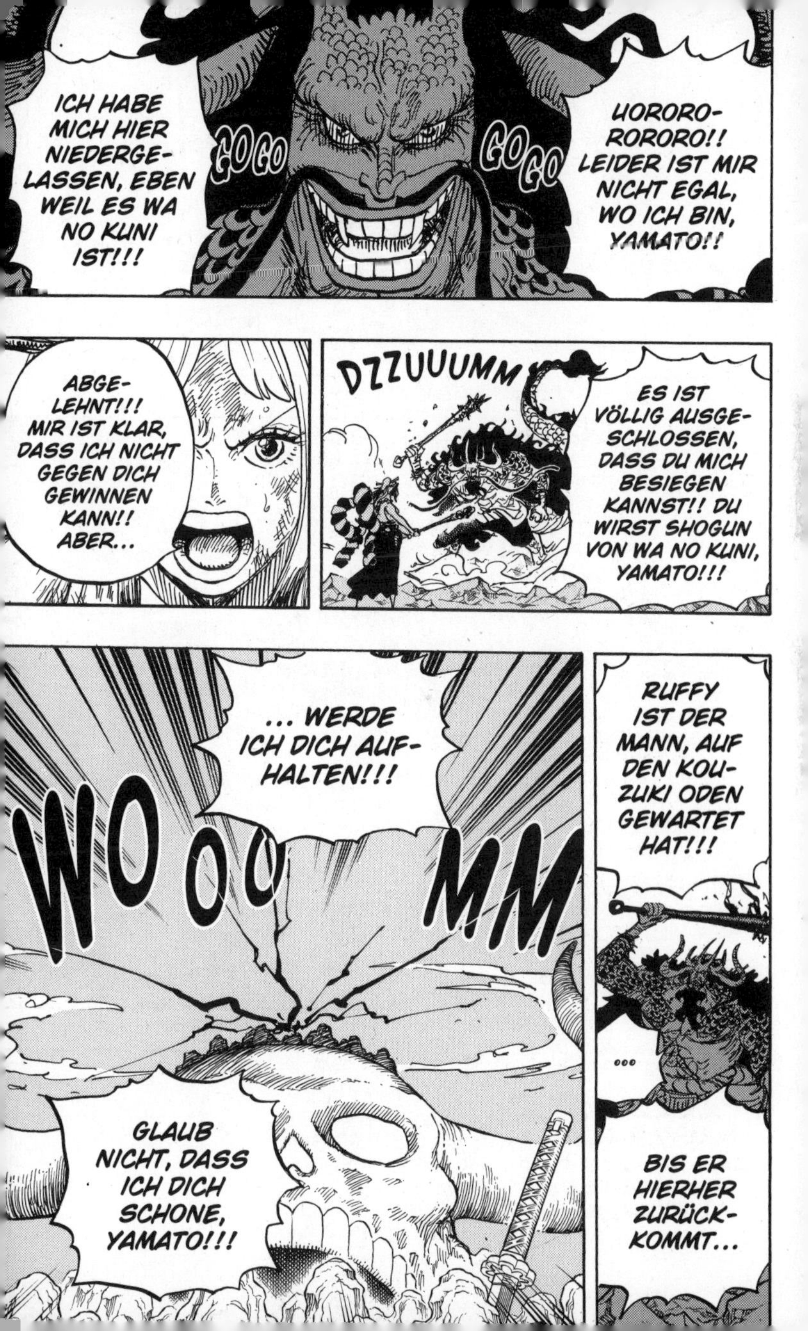

GOGO
GOGO
UORORO-ROROROR!! LEIDER IST MIR NICHT EGAL, WO ICH BIN, YAMATO!!
ICH HABE MICH HIER NIEDERGE-LASSEN, EBEN WEIL ES WA NO KUNI IST!!!
DZZUUUMM
ES IST VÖLLIG AUSGE-SCHLOSSEN, DASS DU MICH BESIEGEN KANNST!! DU WIRST SHOGUN VON WA NO KUNI, YAMATO!!!
ABGE-LEHNT!!! MIR IST KLAR, DASS ICH NICHT GEGEN DICH GEWINNEN KANN!! ABER...
RUFFY IST DER MANN, AUF DEN KOU-ZUKI ODEN GEWARTET HAT!!!
...
BIS ER HIERHER ZURÜCK-KOMMT...
... WERDE ICH DICH AUF-HALTEN!!!
WOOOMM
GLAUB NICHT, DASS ICH DICH SCHONE, YAMATO!!!

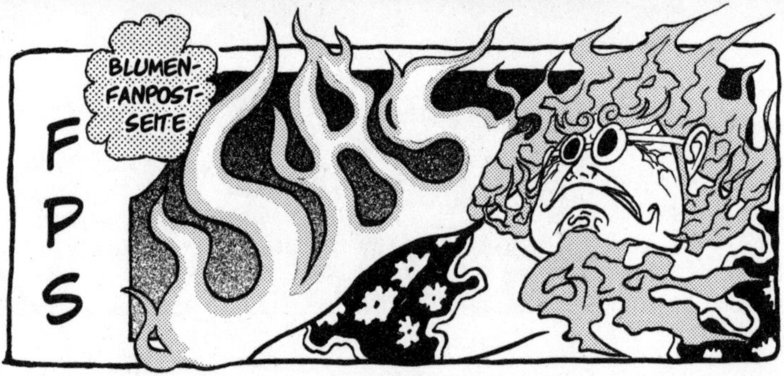

L (LESER): ODA-SAN! KENNEN SIE DAS ODEN-HFF-HFF-GAME? ES GEHT WIE STILLE POST, NUR DASS MAN DABEI EINE ODEN-ZUTAT IN DEN MUND NIMMT UND BEIM SPRECHEN HFF-HFF MACHT. ALSO, WAS SAGE ICH? "HFF-FFH-HFF FUO HFFFF-HFF"
PSEUDONYM: KEI

O (ODA): HÄ? WAS MAG DAS HEISSEN? DAS SPIEL IST LUSTIG, ABER ICH HAB KEINE AHNUNG. ABER DU HAST DIE ANTWORT JA AUFGESCHRIEBEN. ÄHM… ANTWORT: "ICH ERÖFFNE DIE FPS." VERSTEHE… VERDAMMT, DIE FPS IST JA ERÖFFNET!!!

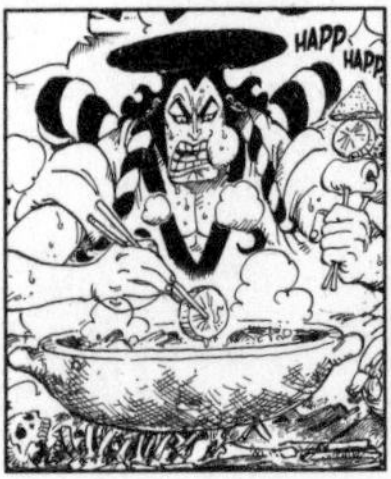

L: GUTEN TAG, ODA-SAN. MAN KÖNNTE ANNEHMEN, DASS ONE PIECE VOR ALLEM JUNGE FANS HAT, ABER ES GIBT AUCH SEHR VIELE HAUSFRAUEN, DIE SICH JEDEN TAG DEN KOPF ZERBRECHEN, WAS SIE ZUM ABENDESSEN KOCHEN SOLLEN, SO WIE ICH. KANN ICH VIELLEICHT EINEN HAUSFRAUEN-FANKLUB GRÜNDEN?
PSEUDONYM: HITONATSU

O: ABER JA, NUR ZU! HIER SIND SITZKISSEN. LASSEN SIE SICH NUR ZEIT! DER MANGA ONE PIECE HEISST ALLE FRAUEN UND ALLE MITGLIEDER DER ELTERN-LEHRER-VEREINIGUNG MIT BESONDEREM RESPEKT WILLKOMMEN! ♡

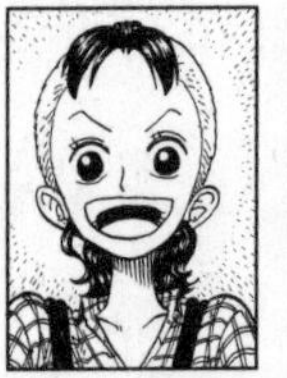

L: GUTEN TAG, ODA-CHI!! ICH TRÄUME DAVON, VON ROBIN-SAN MIT CLUTCH ATTACKIERT ZU WERDEN. KÖNNTEST DU SIE NICHT FÜR MICH BITTEN, DASS SIE MICH MIT CLUTCH ANGREIFT??
PSEUDONYM: MÄDCHEN, DAS ROBIN-SAN LIEBT

O: NA, NA, NA, MÄDCHEN! MÄDCHEN! WAS SOLL DENN DIESE WILDE FORDERUNG?! ꒰ HEUTE SIND DIE DAMEN HAUSFRAUEN DA, ALSO BENIMM DICH! VERSTANDEN?!

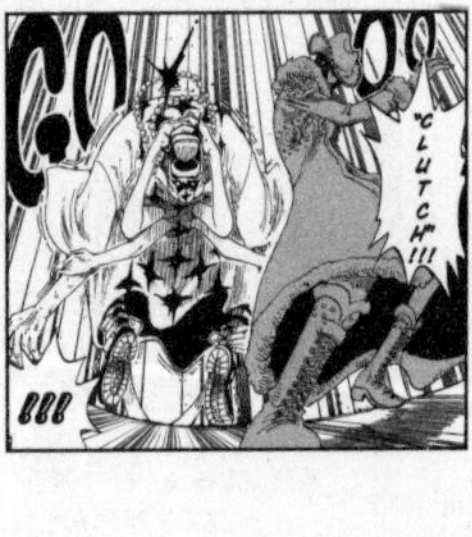

L: GUTEN TAG, ODA-CHI! IN LETZTER ZEIT IST DIE FPS ZIEMLICH HERUNTERGEKOMMEN. WIE WÄRE ES, WENN DU EINE ANDERE SEITE INS LEBEN RUFST? DER TITEL WÄRE SVS (SUPER VERSAUTE SEITE).
PSEUDONYM: KANIKAMA

O: ALLES KLAR!! AUF GAR KEINEN FALL!!

1017. Kapitel:
Kommando

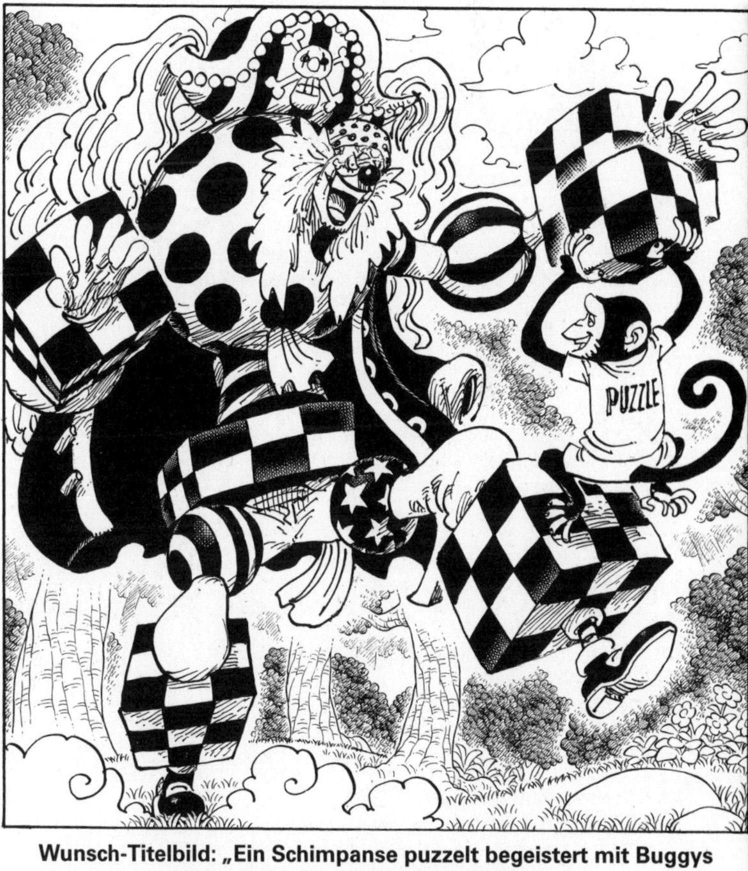

Wunsch-Titelbild: „Ein Schimpanse puzzelt begeistert mit Buggys Körperteilen" – Pseudonym: Camisonal

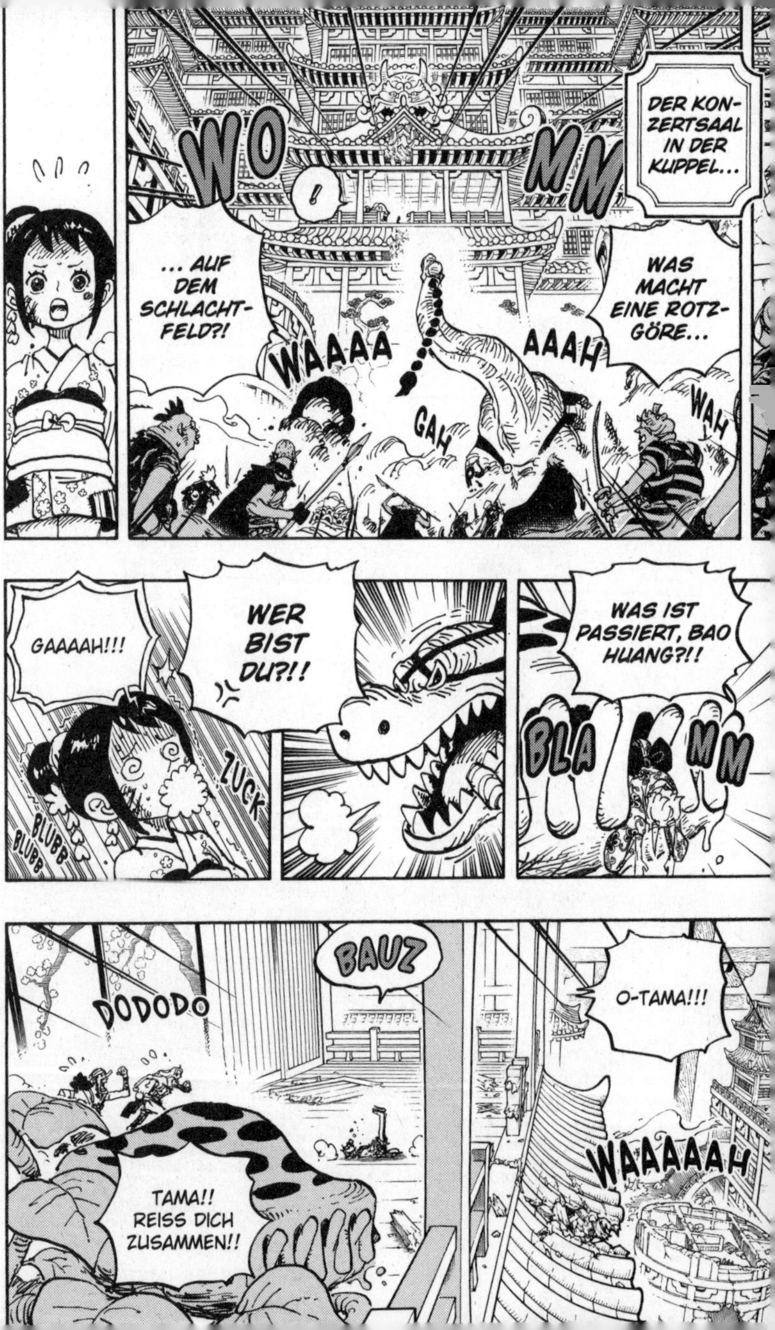
DER KONZERTSAAL IN DER KUPPEL…
WO MM
!
WAS MACHT EINE ROTZGÖRE…
… AUF DEM SCHLACHTFELD?!
WAAAA AAAH
WAH
GAH
WAS IST PASSIERT, BAO HUANG?!!
BLA MM
WER BIST DU?!!
GAAAAH!!!
ZUCK
BLUBB BLUBB
O-TAMA!!!
WAAAAAH
BAUZ
DODODO
TAMA!! REISS DICH ZUSAMMEN!!

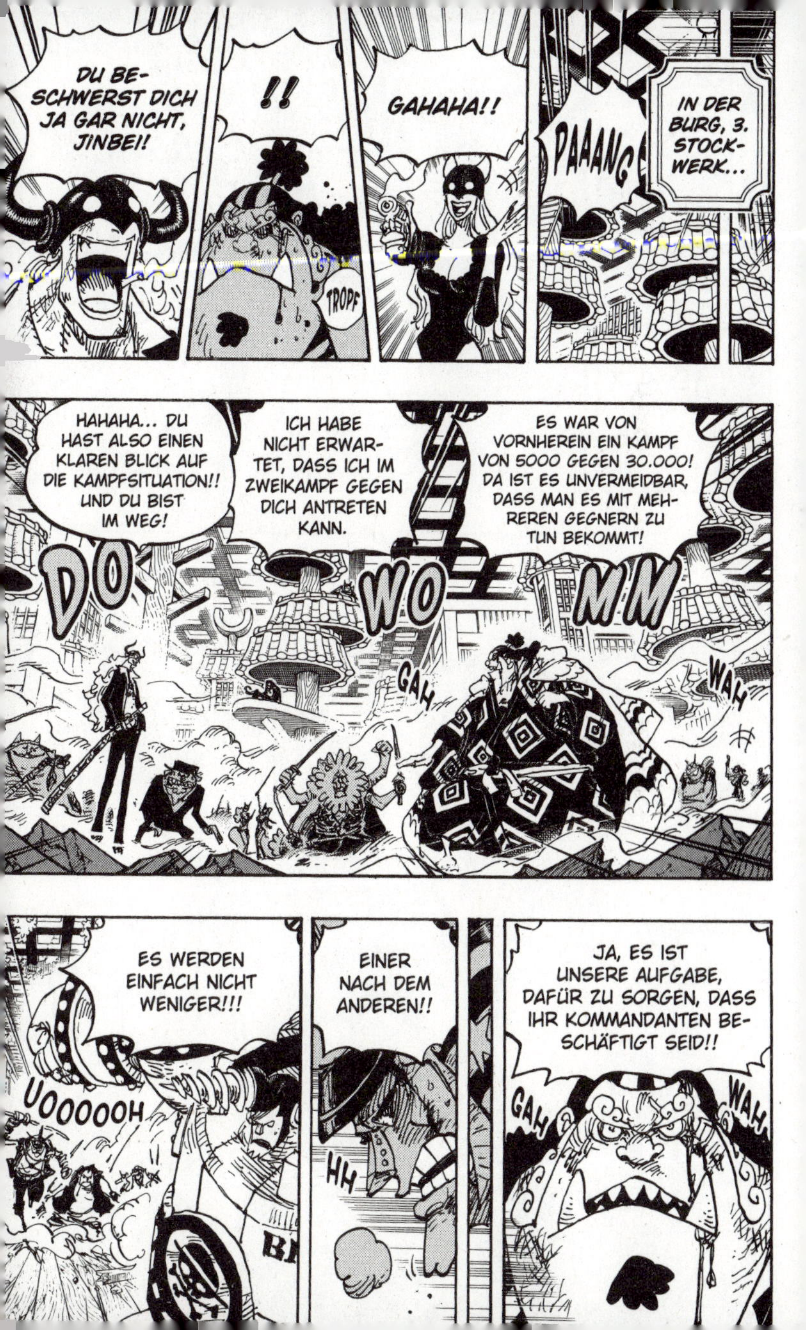
IN DER BURG, 3. STOCKWERK...
PAAANG
GAHAHA!!
!!
TROPF
DU BESCHWERST DICH JA GAR NICHT, JINBEI!
ES WAR VON VORNHEREIN EIN KAMPF VON 5000 GEGEN 30.000! DA IST ES UNVERMEIDBAR, DASS MAN ES MIT MEHREREN GEGNERN ZU TUN BEKOMMT!
ICH HABE NICHT ERWARTET, DASS ICH IM ZWEIKAMPF GEGEN DICH ANTRETEN KANN.
HAHAHA... DU HAST ALSO EINEN KLAREN BLICK AUF DIE KAMPFSITUATION!! UND DU BIST IM WEG!
DOWOMM
GAH
WAH
JA, ES IST UNSERE AUFGABE, DAFÜR ZU SORGEN, DASS IHR KOMMANDANTEN BESCHÄFTIGT SEID!!
GAH
WAH
EINER NACH DEM ANDEREN!!
HH
ES WERDEN EINFACH NICHT WENIGER!!!
UOOOOOH

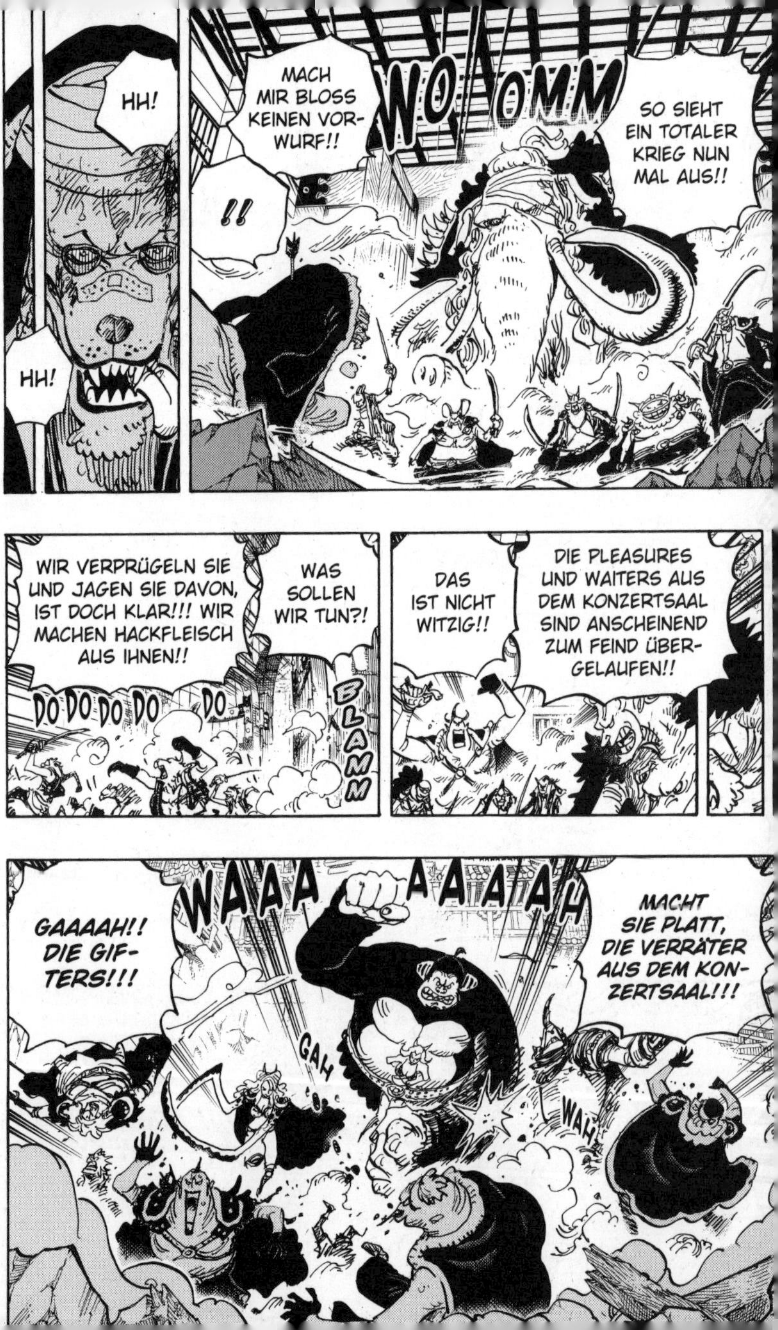
WO OMM
SO SIEHT EIN TOTALER KRIEG NUN MAL AUS!!
!!
MACH MIR BLOSS KEINEN VORWURF!!
HH!
HH!
DIE PLEASURES UND WAITERS AUS DEM KONZERTSAAL SIND ANSCHEINEND ZUM FEIND ÜBERGELAUFEN!!
DAS IST NICHT WITZIG!!
WAS SOLLEN WIR TUN?!
WIR VERPRÜGELN SIE UND JAGEN SIE DAVON, IST DOCH KLAR!!! WIR MACHEN HACKFLEISCH AUS IHNEN!!
BLAMM
DO DO DO DO DO
MACHT SIE PLATT, DIE VERRÄTER AUS DEM KONZERTSAAL!!!
WAAA AAAAH
GAAAAH!! DIE GIFTERS!!!
GAH
WAH

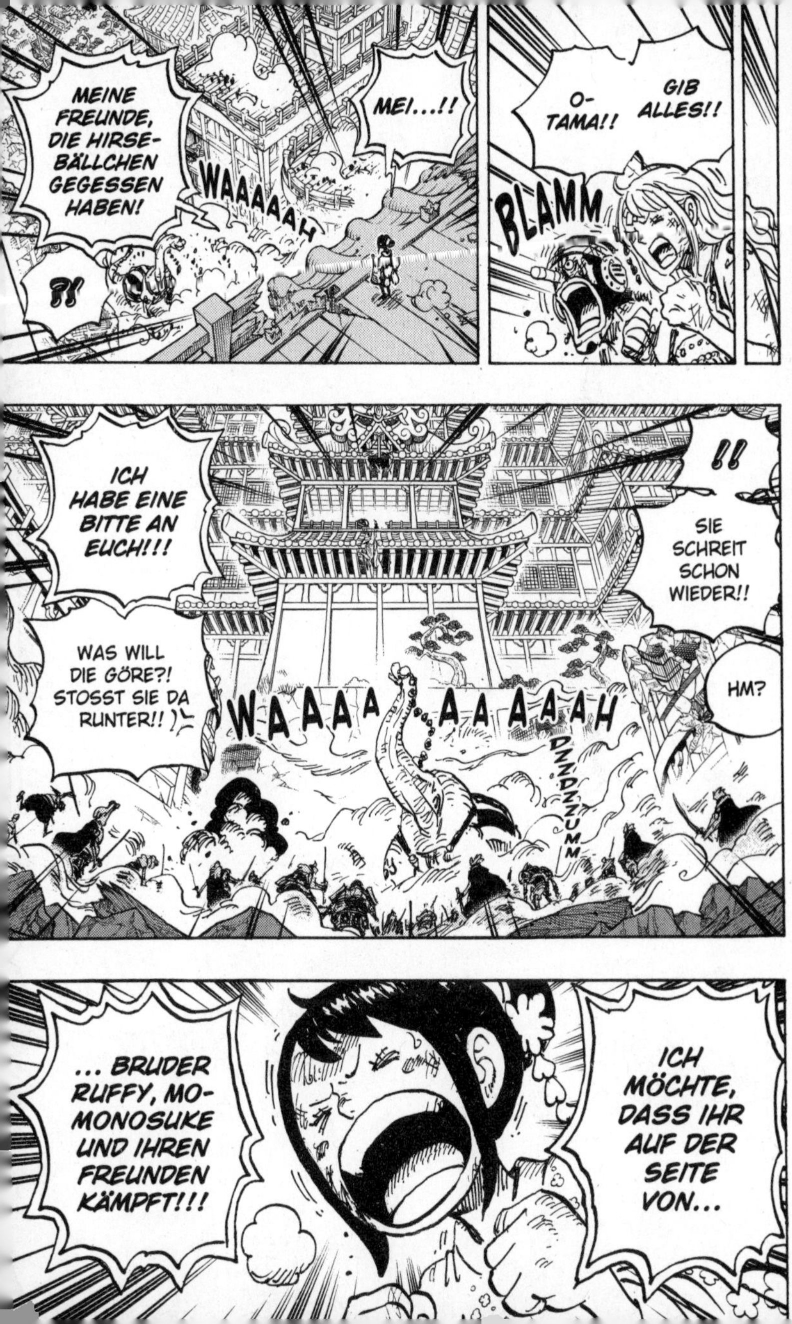
GIB ALLES!!
O-TAMA!!
BLAMM
MEI...!!
WAAAAAAH
MEINE FREUNDE, DIE HIRSE-BÄLLCHEN GEGESSEN HABEN!
?!
!!
SIE SCHREIT SCHON WIEDER!!
HM?
ICH HABE EINE BITTE AN EUCH!!!
WAAAA AAAAAH
DZZZDZZUMM
WAS WILL DIE GÖRE?! STOSST SIE DA RUNTER!!
ICH MÖCHTE, DASS IHR AUF DER SEITE VON...
... BRUDER RUFFY, MO-MONOSUKE UND IHREN FREUNDEN KÄMPFT!!!

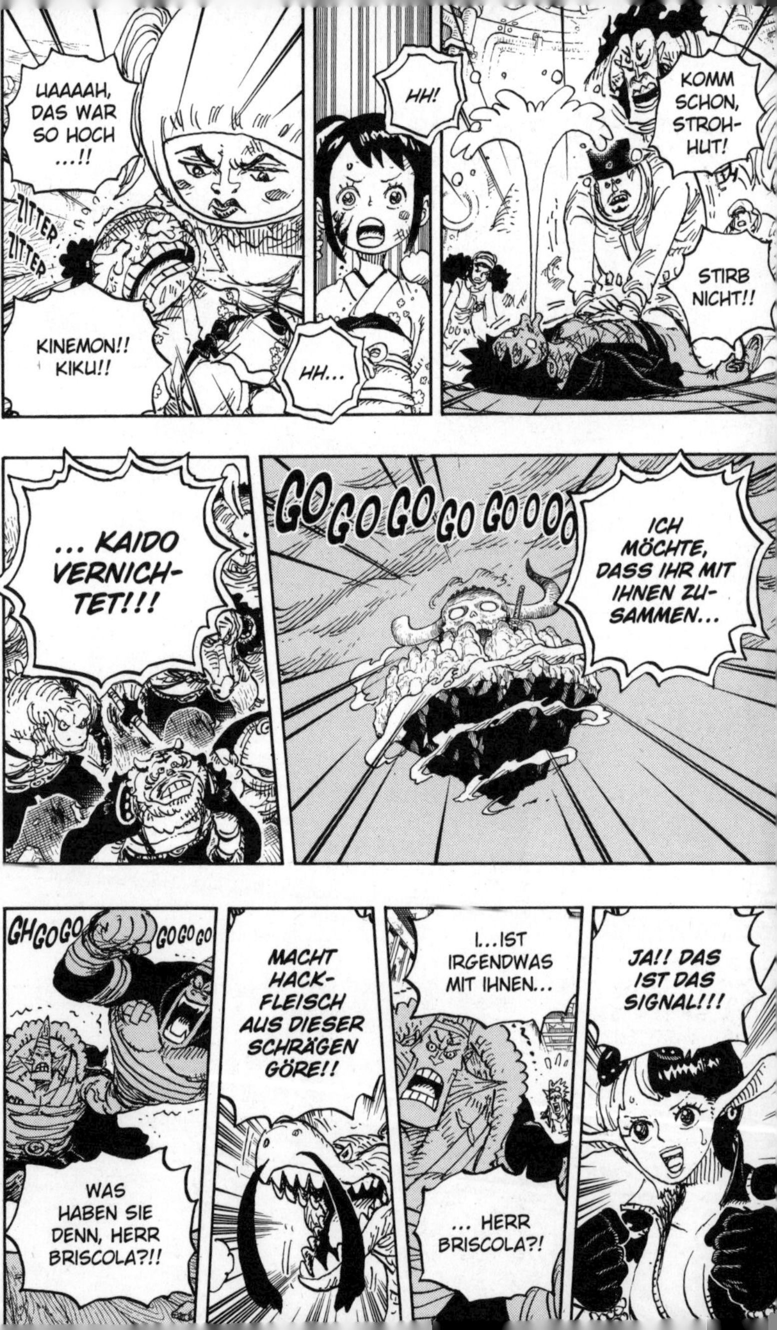
KOMM SCHON, STROHHUT!
STIRB NICHT!!
HH!
HH...
UAAAAH, DAS WAR SO HOCH ...!!
ZITTER ZITTER
KINEMON!! KIKU!!
GOGOGOGOGOGOOOO
ICH MÖCHTE, DASS IHR MIT IHNEN ZUSAMMEN...
... KAIDO VERNICHTET!!!
JA!! DAS IST DAS SIGNAL!!!
I...IST IRGENDWAS MIT IHNEN...
... HERR BRISCOLA?!
MACHT HACKFLEISCH AUS DIESER SCHRÄGEN GÖRE!!
GHGOGO
GOGOGO
WAS HABEN SIE DENN, HERR BRISCOLA?!!

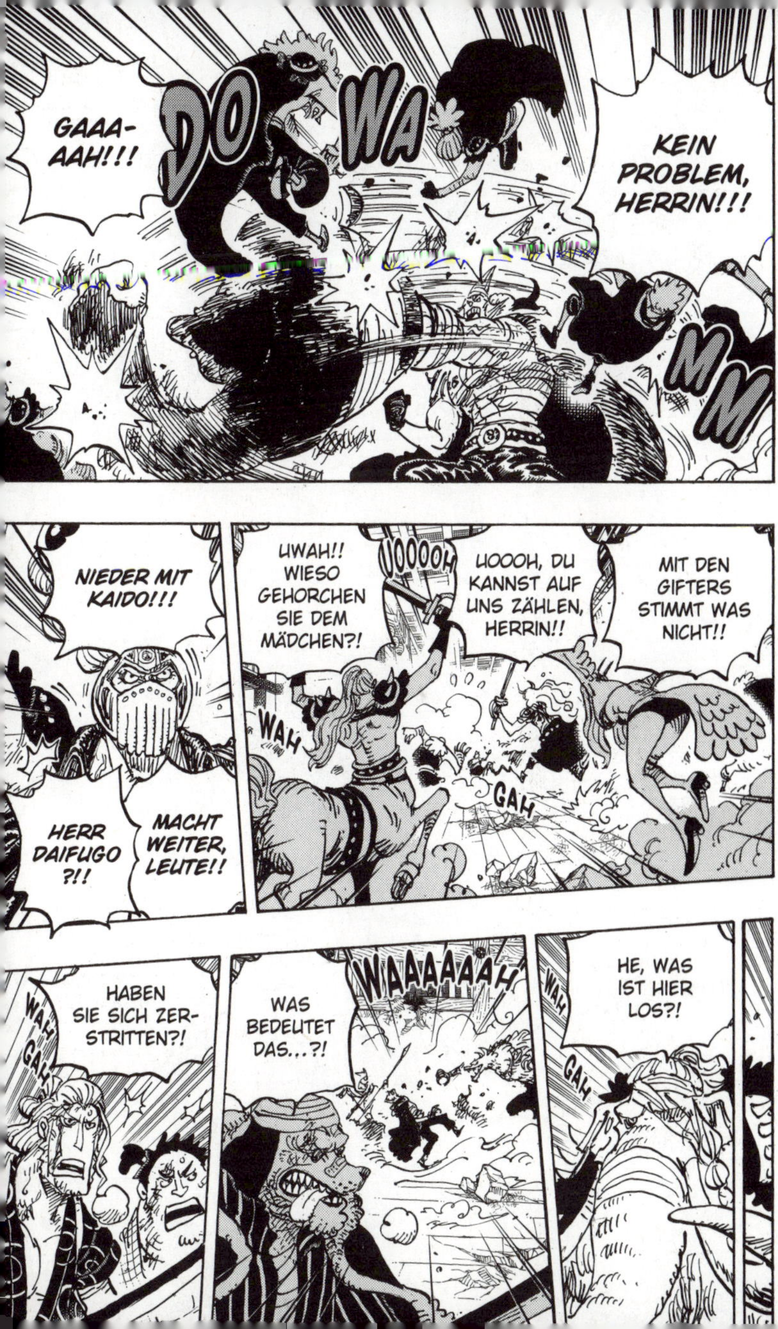
KEIN PROBLEM, HERRIN!!!
DO
WA
GAAAAAH!!!
MM
MIT DEN GIFTERS STIMMT WAS NICHT!!
UOOOH, DU KANNST AUF UNS ZÄHLEN, HERRIN!!
UOOOOH
UWAH!! WIESO GEHORCHEN SIE DEM MÄDCHEN?!
WAH
GAH
NIEDER MIT KAIDO!!!
MACHT WEITER, LEUTE!!
HERR DAIFUGO ?!!
HE, WAS IST HIER LOS?!
WAH
GAH
WAAAAAAH
WAS BEDEUTET DAS...?!
HABEN SIE SICH ZERSTRITTEN?!
WAH
GAH

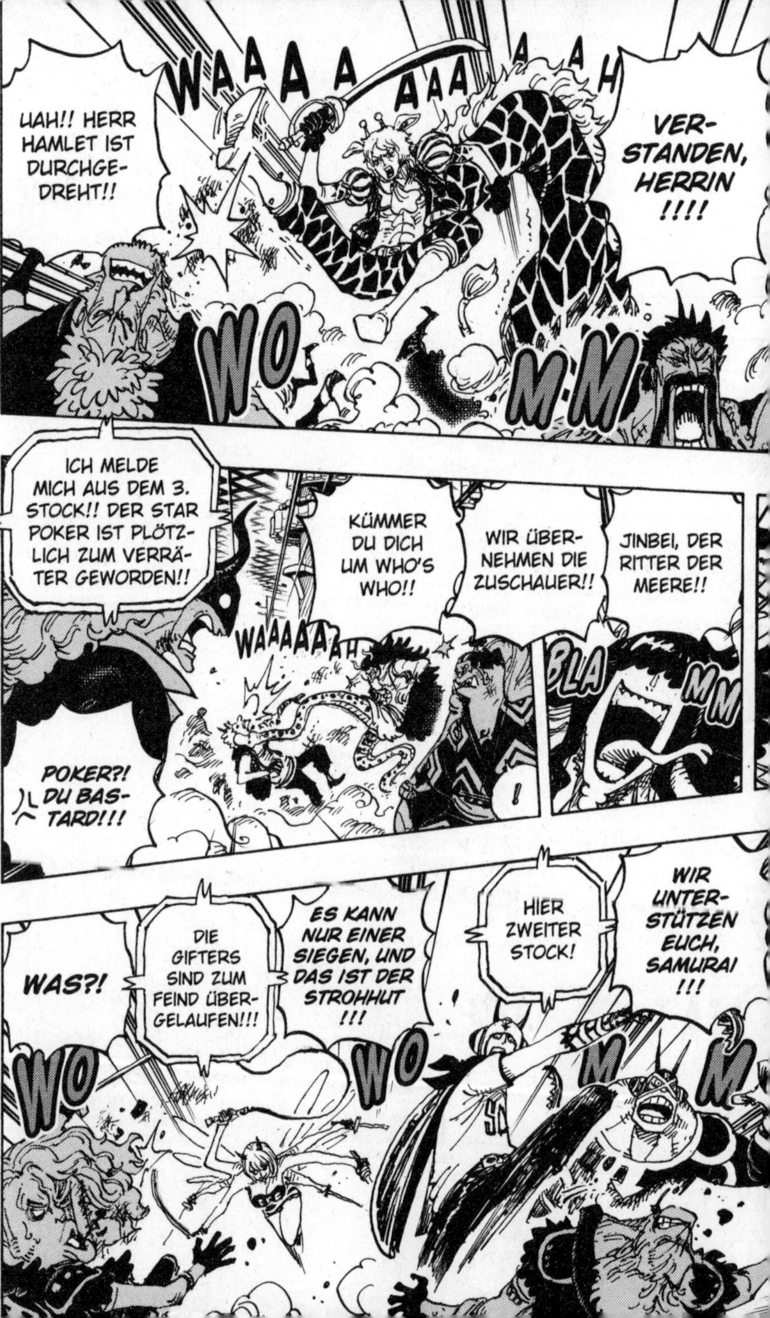
VERSTANDEN, HERRIN!!!!
WAAAAAAAAH
UAH!! HERR HAMLET IST DURCHGEDREHT!!
WOMM
JINBEI, DER RITTER DER MEERE!!
WIR ÜBERNEHMEN DIE ZUSCHAUER!!
KÜMMER DU DICH UM WHO'S WHO!!
ICH MELDE MICH AUS DEM 3. STOCK!! DER STAR POKER IST PLÖTZLICH ZUM VERRÄTER GEWORDEN!!
BLAMM
WAAAAAAH
!
POKER?! DU BASTARD!!!
WIR UNTERSTÜTZEN EUCH, SAMURAI!!!
HIER ZWEITER STOCK!
ES KANN NUR EINER SIEGEN, UND DAS IST DER STROHHUT!!!
DIE GIFTERS SIND ZUM FEIND ÜBERGELAUFEN!!!
WAS?!
WOMM
WOMM

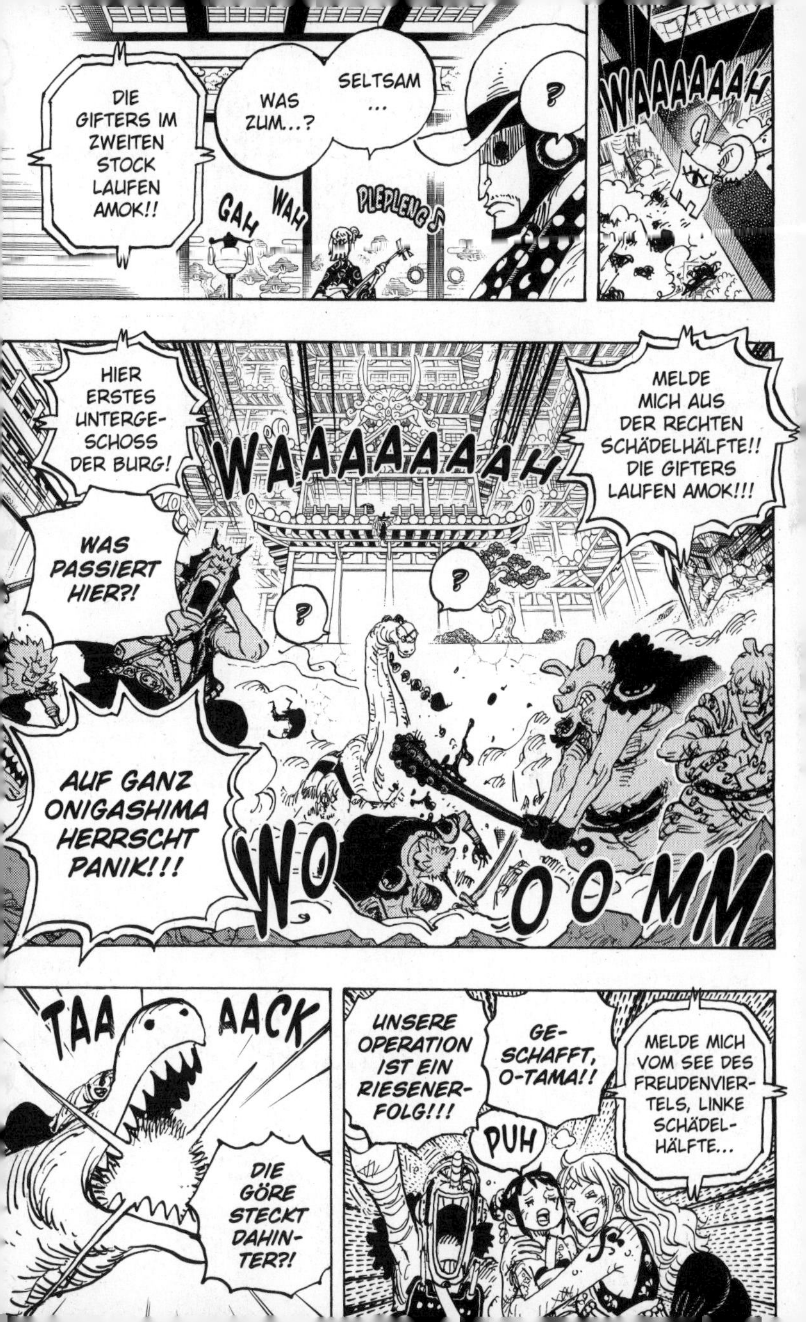
WAAAAAAAH
?
SELTSAM ...
WAS ZUM...?
PLEPLENG♪
WAH
GAH
DIE GIFTERS IM ZWEITEN STOCK LAUFEN AMOK!!
MELDE MICH AUS DER RECHTEN SCHÄDELHÄLFTE!! DIE GIFTERS LAUFEN AMOK!!!
WAAAAAAAH
HIER ERSTES UNTERGESCHOSS DER BURG!
WAS PASSIERT HIER?!
?
?
AUF GANZ ONIGASHIMA HERRSCHT PANIK!!!
WOOOMM
MELDE MICH VOM SEE DES FREUDENVIERTELS, LINKE SCHÄDELHÄLFTE...
GESCHAFFT, O-TAMA!!
UNSERE OPERATION IST EIN RIESENERFOLG!!!
PUH
TAAAACK
DIE GÖRE STECKT DAHINTER?!

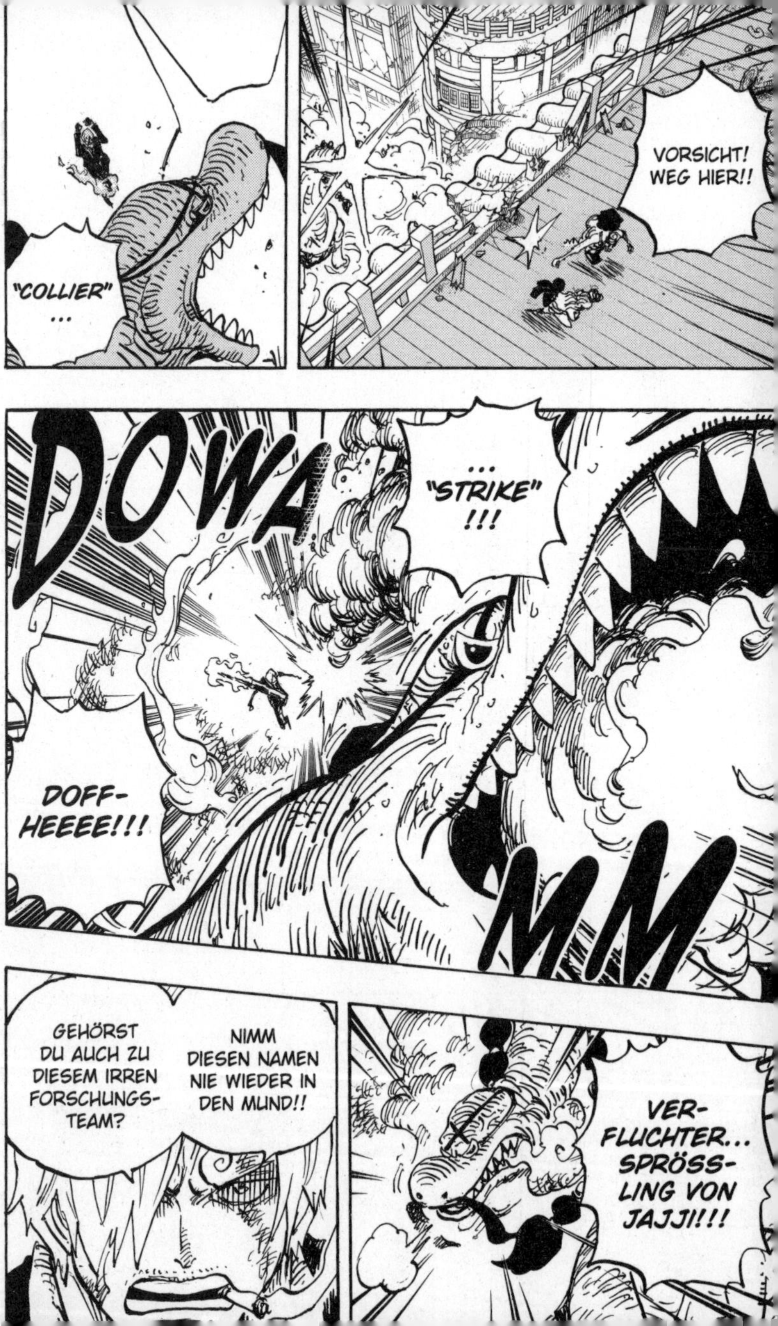
VORSICHT! WEG HIER!!
"COLLIER" ...
... "STRIKE" !!!
DOWA
MM
DOFF-HEEEE!!!
VER-FLUCHTER... SPRÖSS-LING VON JAJJI!!!
NIMM DIESEN NAMEN NIE WIEDER IN DEN MUND!!
GEHÖRST DU AUCH ZU DIESEM IRREN FORSCHUNGS-TEAM?

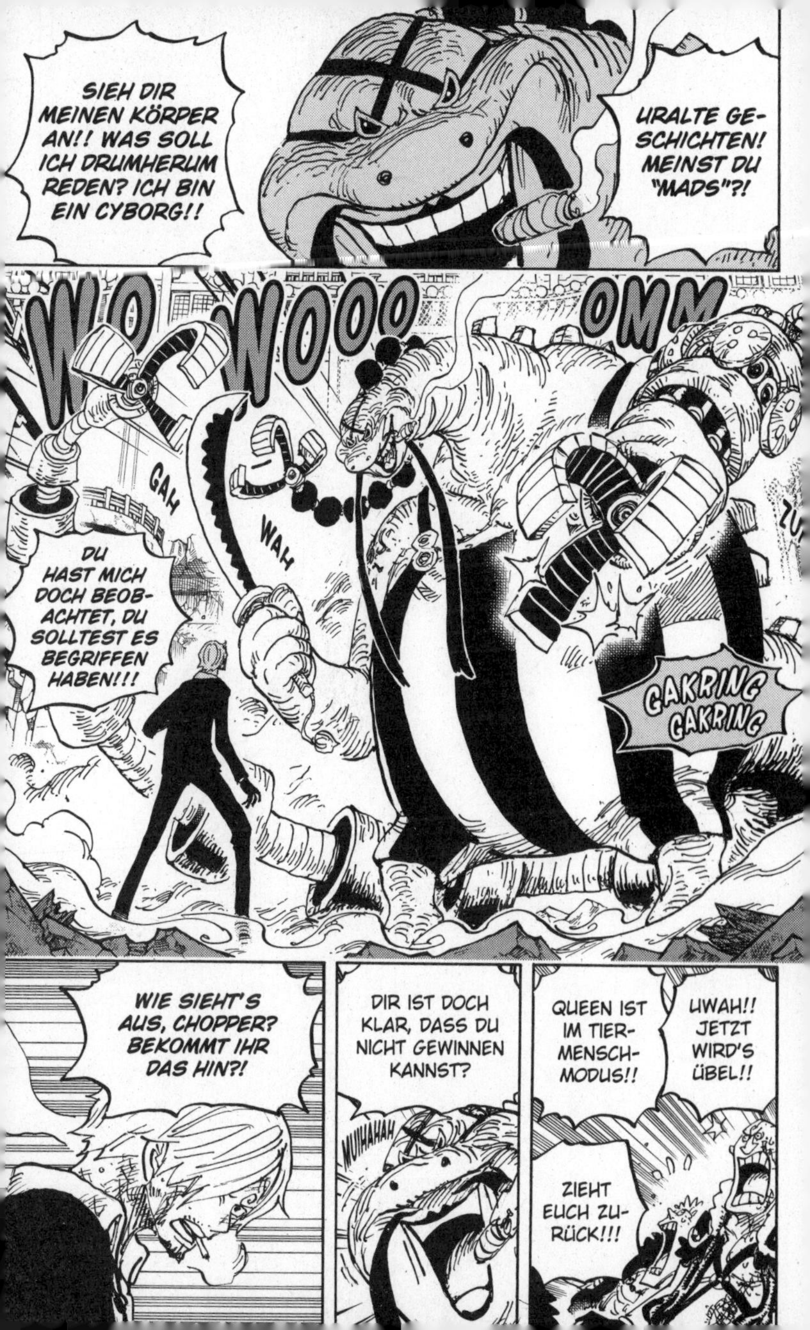
URALTE GESCHICHTEN! MEINST DU "MADS"?!
SIEH DIR MEINEN KÖRPER AN!! WAS SOLL ICH DRUMHERUM REDEN? ICH BIN EIN CYBORG!!
WOOO OMM
WO
GAKRING GAKRING
ZU
WAH
GAH
DU HAST MICH DOCH BEOBACHTET, DU SOLLTEST ES BEGRIFFEN HABEN!!!
UWAH!! JETZT WIRD'S ÜBEL!!
QUEEN IST IM TIERMENSCH-MODUS!!
ZIEHT EUCH ZURÜCK!!!
DIR IST DOCH KLAR, DASS DU NICHT GEWINNEN KANNST?
MUHAHAH
WIE SIEHT'S AUS, CHOPPER? BEKOMMT IHR DAS HIN?!

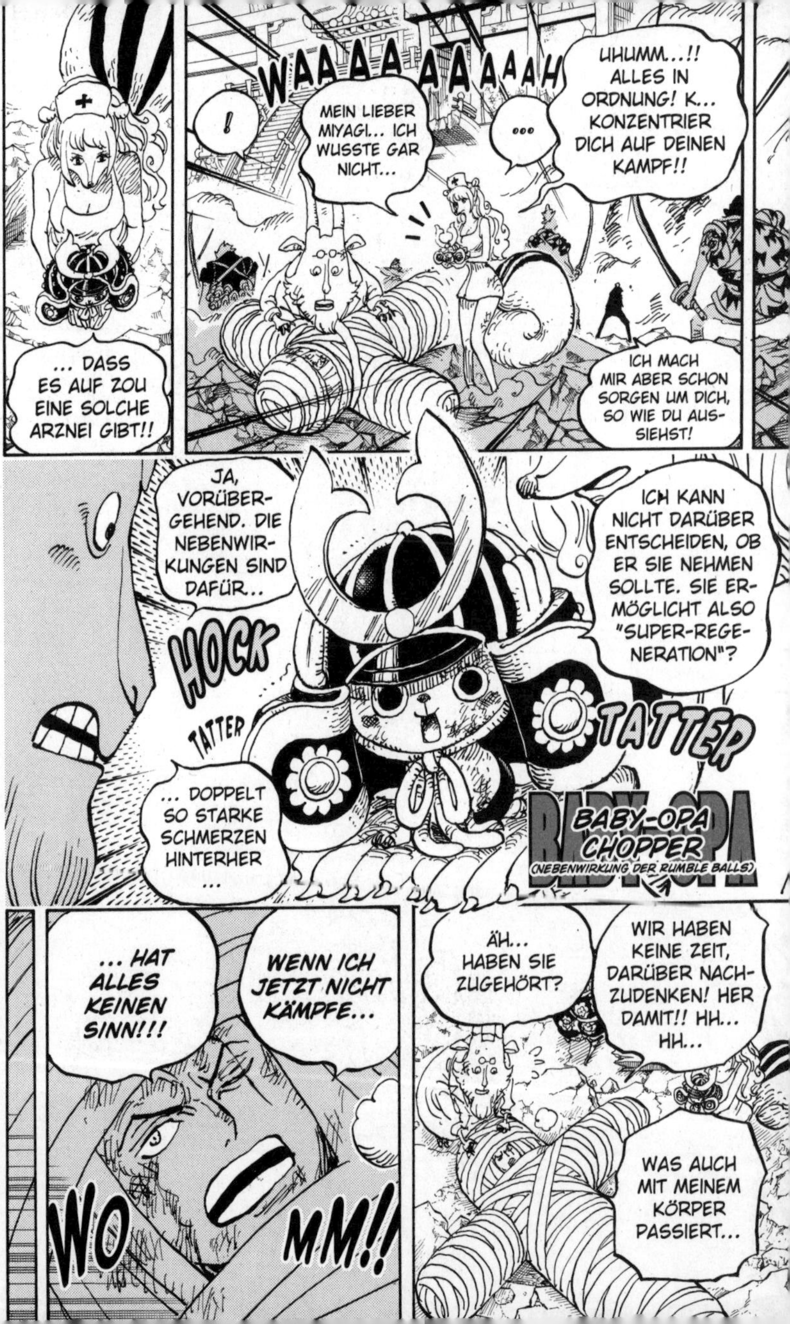

UHUMM...!! ALLES IN ORDNUNG! K... KONZENTRIER DICH AUF DEINEN KAMPF!!
...
WAAAAAAAAAH
MEIN LIEBER MIYAGI... ICH WUSSTE GAR NICHT...
!
ICH MACH MIR ABER SCHON SORGEN UM DICH, SO WIE DU AUSSIEHST!
... DASS ES AUF ZOU EINE SOLCHE ARZNEI GIBT!!
ICH KANN NICHT DARÜBER ENTSCHEIDEN, OB ER SIE NEHMEN SOLLTE. SIE ERMÖGLICHT ALSO "SUPER-REGENERATION"?
JA, VORÜBERGEHEND. DIE NEBENWIRKUNGEN SIND DAFÜR...
HOCK
TATTER
TATTER
... DOPPELT SO STARKE SCHMERZEN HINTERHER ...
BABY-OPA
BABY-OPA CHOPPER
(NEBENWIRKUNG DER RUMBLE BALLS)
WIR HABEN KEINE ZEIT, DARÜBER NACHZUDENKEN! HER DAMIT!! HH... HH...
ÄH... HABEN SIE ZUGEHÖRT?
WAS AUCH MIT MEINEM KÖRPER PASSIERT...
WENN ICH JETZT NICHT KÄMPFE...
... HAT ALLES KEINEN SINN!!!
WOMM!!

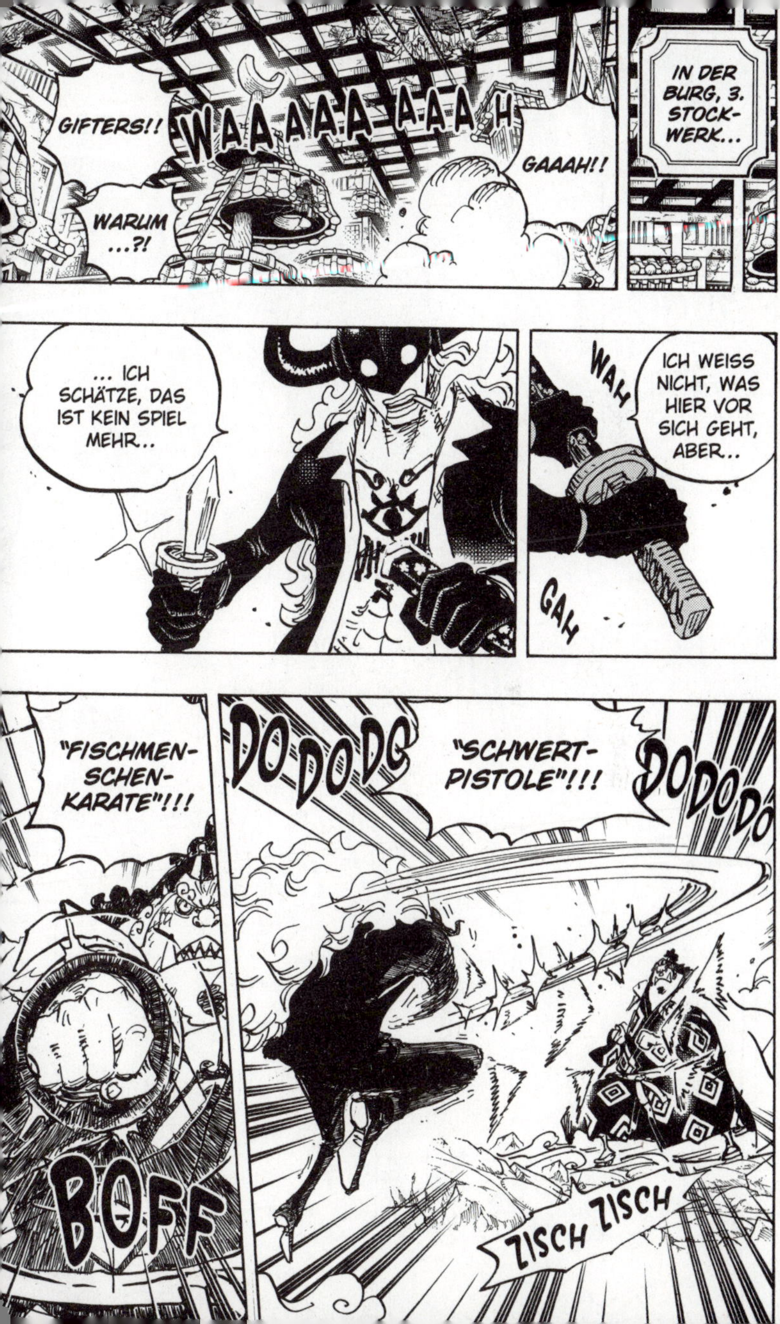
IN DER BURG, 3. STOCKWERK...
GAAAH!!
WAAAAAAAAAH
GIFTERS!!
WARUM ...?!
ICH WEISS NICHT, WAS HIER VOR SICH GEHT, ABER...
WAH
GAH
... ICH SCHÄTZE, DAS IST KEIN SPIEL MEHR...
DODODO
"SCHWERT-PISTOLE"!!!
DODODO
ZISCH ZISCH
"FISCHMENSCHEN-KARATE"!!!
BOFF

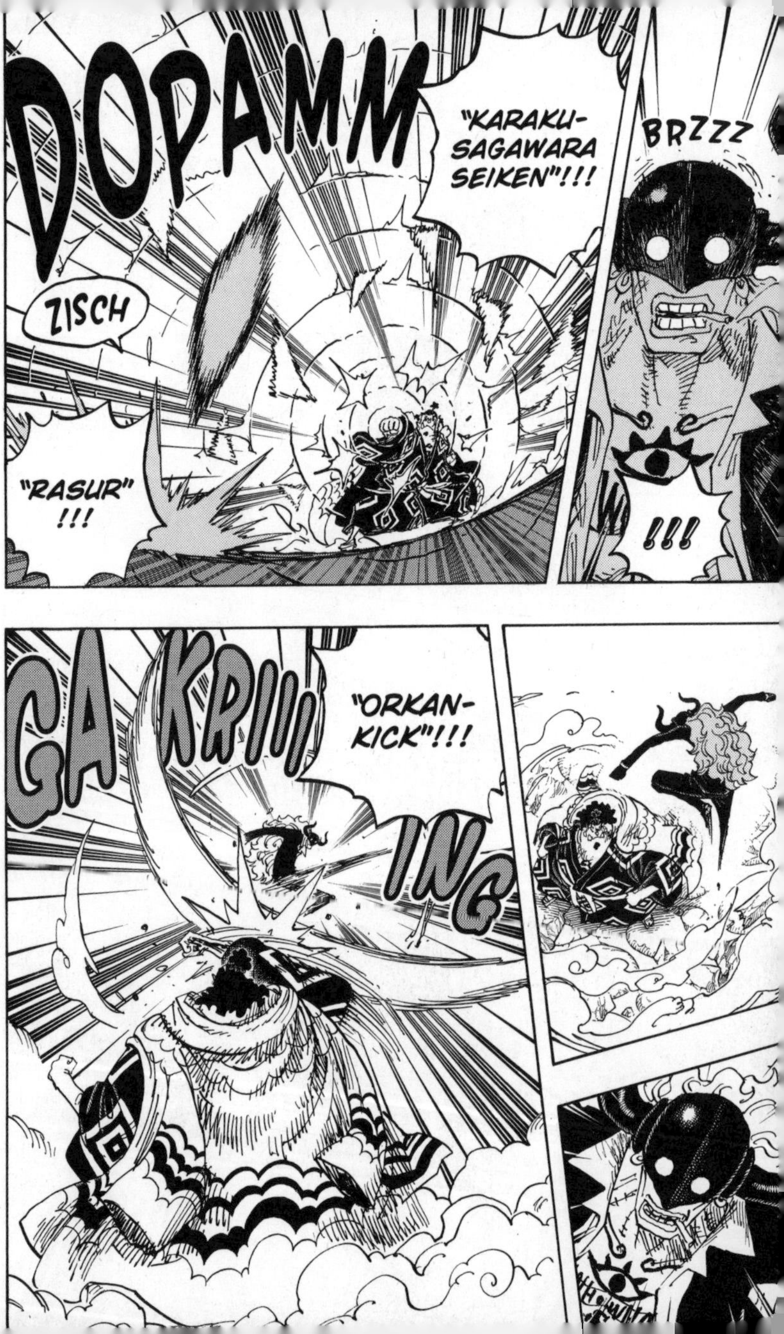
BRZZZ
!!!
"KARAKU-SAGAWARA SEIKEN"!!!
DOPAMM
ZISCH
"RASUR" !!!
"ORKAN-KICK"!!!
GA KRIIIING

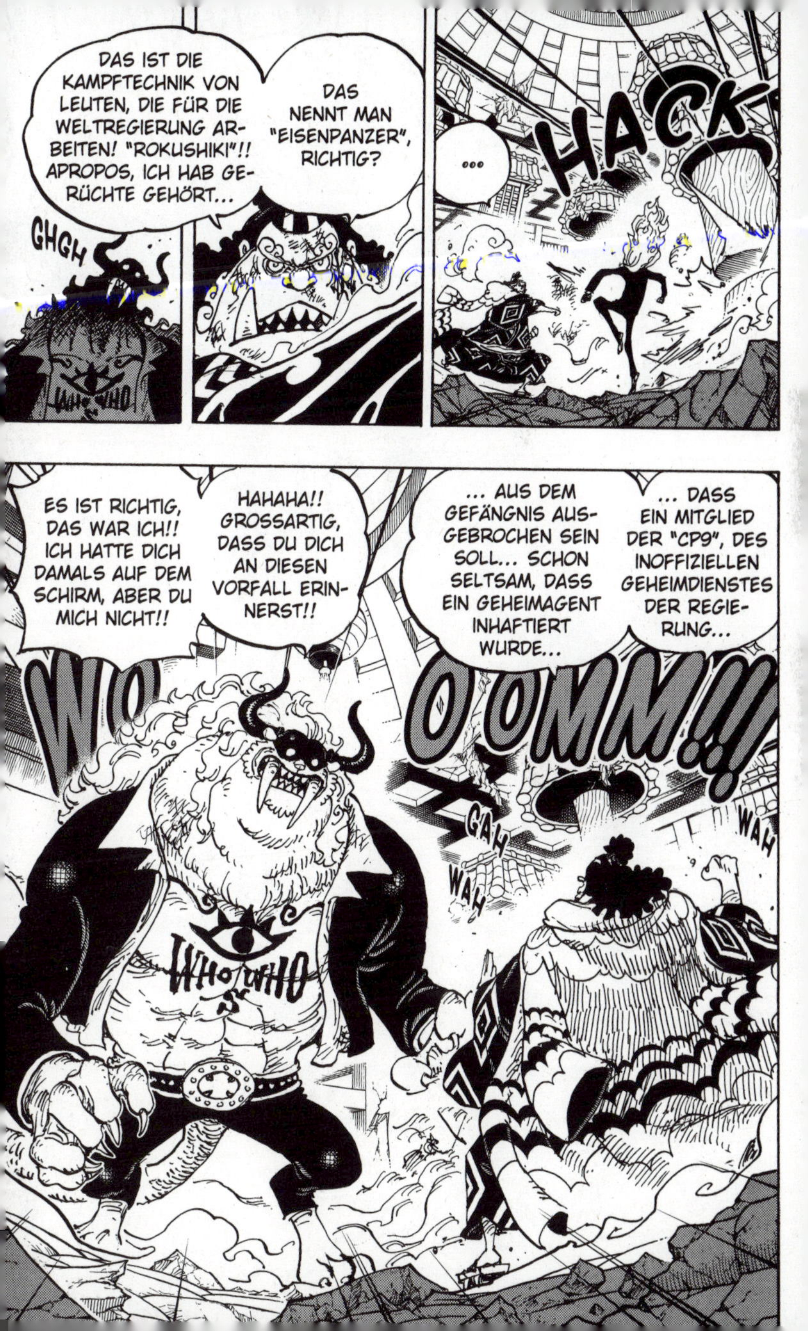
HACK
...
DAS NENNT MAN "EISENPANZER", RICHTIG?
DAS IST DIE KAMPFTECHNIK VON LEUTEN, DIE FÜR DIE WELTREGIERUNG ARBEITEN! "ROKUSHIKI"!! APROPOS, ICH HAB GERÜCHTE GEHÖRT...
GHGH
... DASS EIN MITGLIED DER "CP9", DES INOFFIZIELLEN GEHEIMDIENSTES DER REGIERUNG...
... AUS DEM GEFÄNGNIS AUSGEBROCHEN SEIN SOLL... SCHON SELTSAM, DASS EIN GEHEIMAGENT INHAFTIERT WURDE...
HAHAHA!! GROSSARTIG, DASS DU DICH AN DIESEN VORFALL ERINNERST!!
ES IST RICHTIG, DAS WAR ICH!! ICH HATTE DICH DAMALS AUF DEM SCHIRM, ABER DU MICH NICHT!!
WHOOMM!!
GAH
WAH
WAH

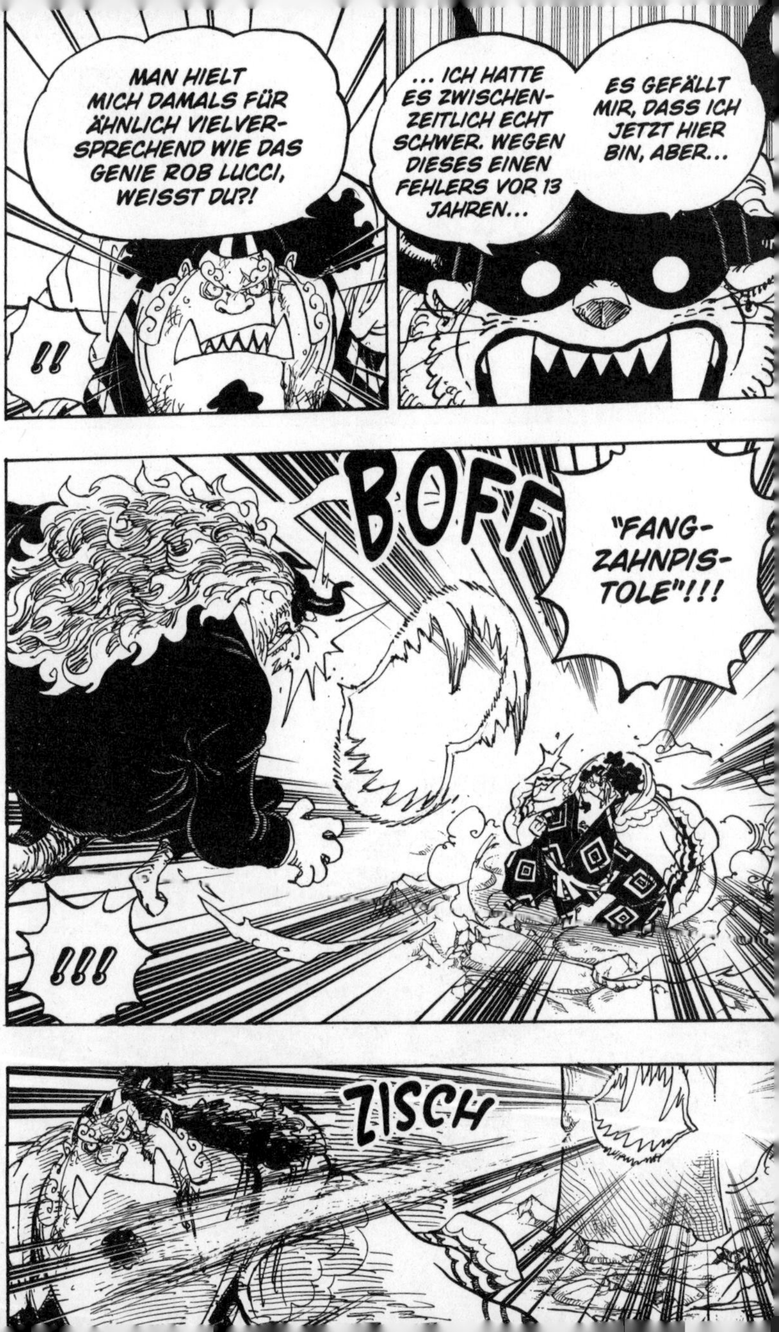
ES GEFÄLLT MIR, DASS ICH JETZT HIER BIN, ABER...
... ICH HATTE ES ZWISCHENZEITLICH ECHT SCHWER. WEGEN DIESES EINEN FEHLERS VOR 13 JAHREN...
MAN HIELT MICH DAMALS FÜR ÄHNLICH VIELVERSPRECHEND WIE DAS GENIE ROB LUCCI, WEISST DU?!
!!
"FANGZAHNPISTOLE"!!!
BOFF
!!!
ZISCH

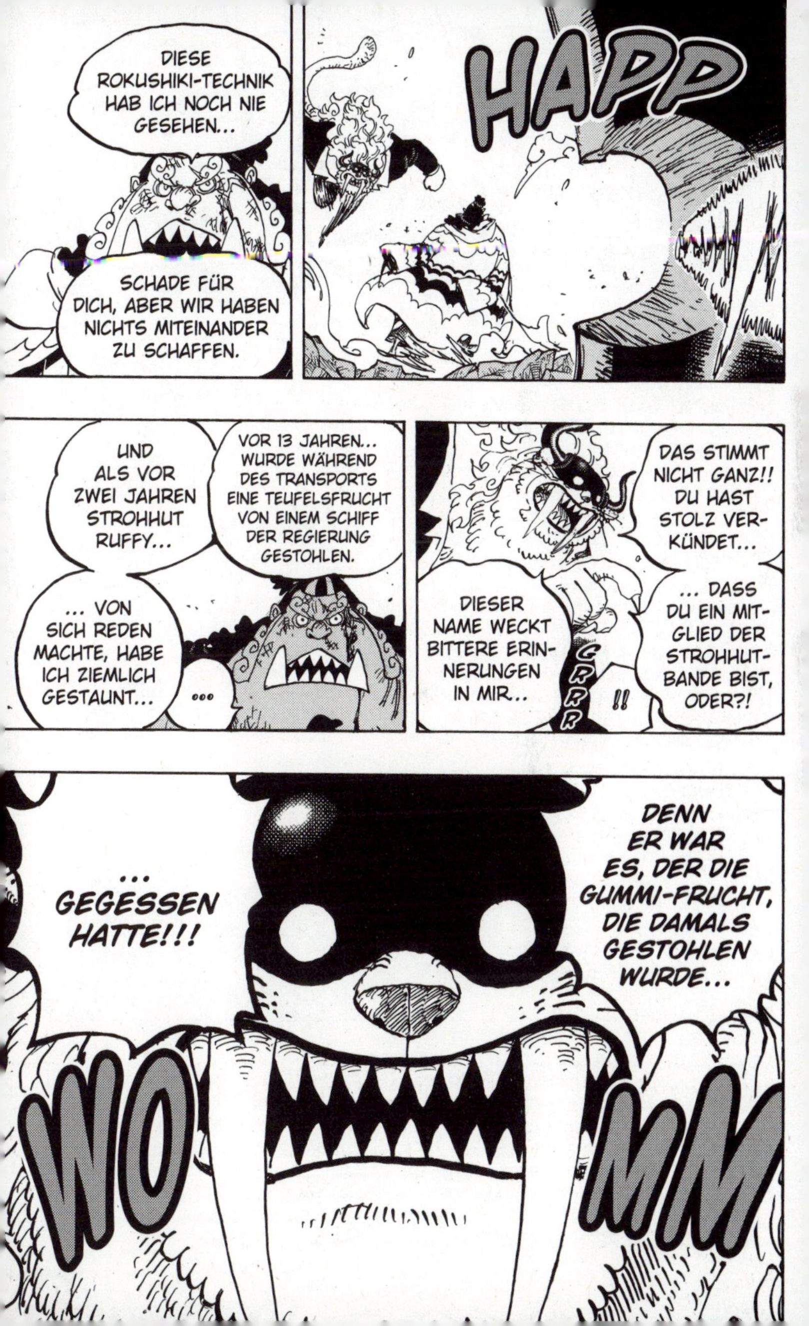
HAPP
DIESE ROKUSHIKI-TECHNIK HAB ICH NOCH NIE GESEHEN...
SCHADE FÜR DICH, ABER WIR HABEN NICHTS MITEINANDER ZU SCHAFFEN.
DAS STIMMT NICHT GANZ!! DU HAST STOLZ VERKÜNDET...
... DASS DU EIN MITGLIED DER STROHHUTBANDE BIST, ODER?!
!!
GRRR
DIESER NAME WECKT BITTERE ERINNERUNGEN IN MIR...
VOR 13 JAHREN... WURDE WÄHREND DES TRANSPORTS EINE TEUFELSFRUCHT VON EINEM SCHIFF DER REGIERUNG GESTOHLEN.
UND ALS VOR ZWEI JAHREN STROHHUT RUFFY...
... VON SICH REDEN MACHTE, HABE ICH ZIEMLICH GESTAUNT...
...
DENN ER WAR ES, DER DIE GUMMI-FRUCHT, DIE DAMALS GESTOHLEN WURDE...
... GEGESSEN HATTE!!!
WOMM

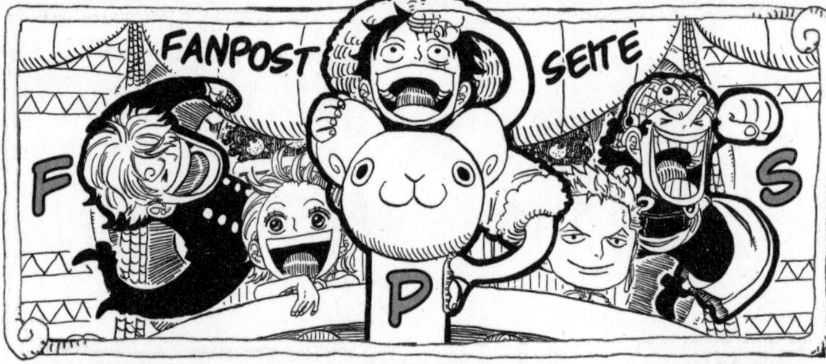

L: ODA-CHI! BITTE LASS MICH BRUDER 3 HEIRATEN!
PSEUDONYM: RYOKUCHAKO

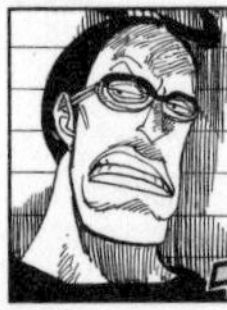

O: GERNE! WERDET GLÜCKLICH!

L: WENN ICH AKAINU WÄRE, WÜRDE ICH GANZ BESTIMMT FOLGENDES SAGEN:
"DU DARFST DIESEN PERVERSEN NAMENS SANADA NICHT DAMIT DURCHKOMMEN LASSEN!!!"
PSEUDONYM: KÄPT'N NOBUO

O: OOOH!! DAS IST EIN HERVORRAGENDER VORSCHLAG! GANZ GENAU!! MAN DARF DIESEN PERVERSEN NICHT DAMIT DURCHKOMMEN LASSEN! DIESES MAL MÜSST IHR EUCH KEINE SORGEN MACHEN! ICH WERDE IHN NICHT IN DIE FPS REINLASSEN, ERNSTHAFT. ICH HABE DEN SCHLÜSSEL ZUM FPS-SAAL MEHRMALS IM SCHLOSS HERUMGEDREHT UND 500 SECURITY GUARDS ENGAGIERT. VIEL SPASS MIT EINER FRIEDLICHEN FPS!!

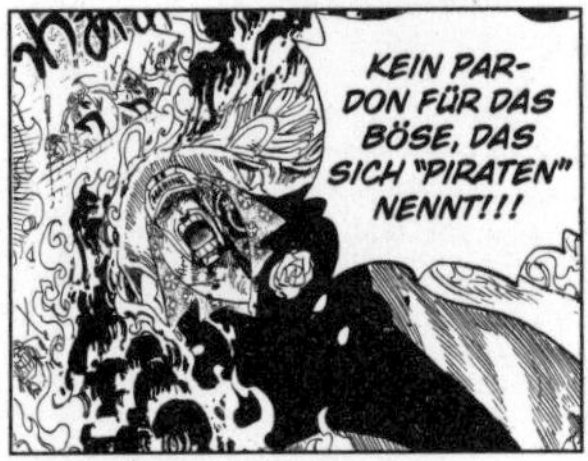

L: GUTEN TAG, ODA-SAN. ICH BIN EIN NEULING UND HABE GERADE ERST BEGONNEN, ONE PIECE AUF YOUTUBE ZU SCHAUEN, ABER ICH FREUE MICH JEDE WOCHE DARAUF.
IN DER ZEIT, ALS ICH EINEN PUPPENKURS BEI HERRN TSUJIMURA BESUCHTE, HABE ICH DORT EINE ONE-PIECE-BEARBEITUNG GESEHEN. IM MOMENT TRÄUME ICH BEIM PUPPENBASTELN VAGE VON EINEM PUPPENSPIEL WIE "SHIN HAKKENDEN" ODER "SANADA JUYUSHI" UM DIE SAMURAI MIT DEN ROTEN SCHWERTSCHEIDEN.
FROM TSUKI-SAN

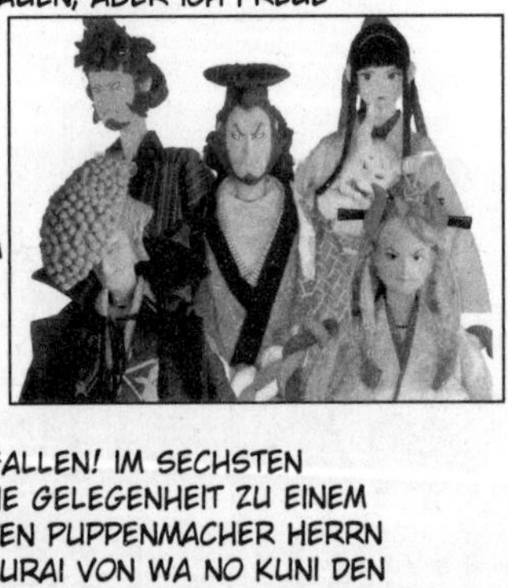

O: WOW, DU HAST ALSO EINEN PUPPENKURS BEI JUSABURO TSUJIMURA BESUCHT! WOW!
KEIN WUNDER, DASS MIR DIE PUPPEN SO GEFALLEN! IM SECHSTEN ONE-PIECE-ARTBOOK "GORILLA" HATTE ICH DIE GELEGENHEIT ZU EINEM GESPRÄCH MIT DEM VON MIR SEHR VEREHRTEN PUPPENMACHER HERRN TSUJIMURA. DA ICH BEIM ZEICHNEN DER SAMURAI VON WA NO KUNI DEN STIL VON HERRN TSUJIMURA ANGESTREBT HABE, IST ES WIE EIN REIMPORT UND ICH FREUE MICH SEHR DARÜBER. WENN IHR AUF YOUTUBE MIT DEN STICHWÖRTERN "ONE PIECE" UND "NINGYOUGEKI" SUCHT, KÖNNT IHR TSUKI-SANS PUPPEN SEHEN. TOLL! ICH LIEBE SIE! WEITER SO!

1018. Kapitel:

Jinbei vs. Who's Who

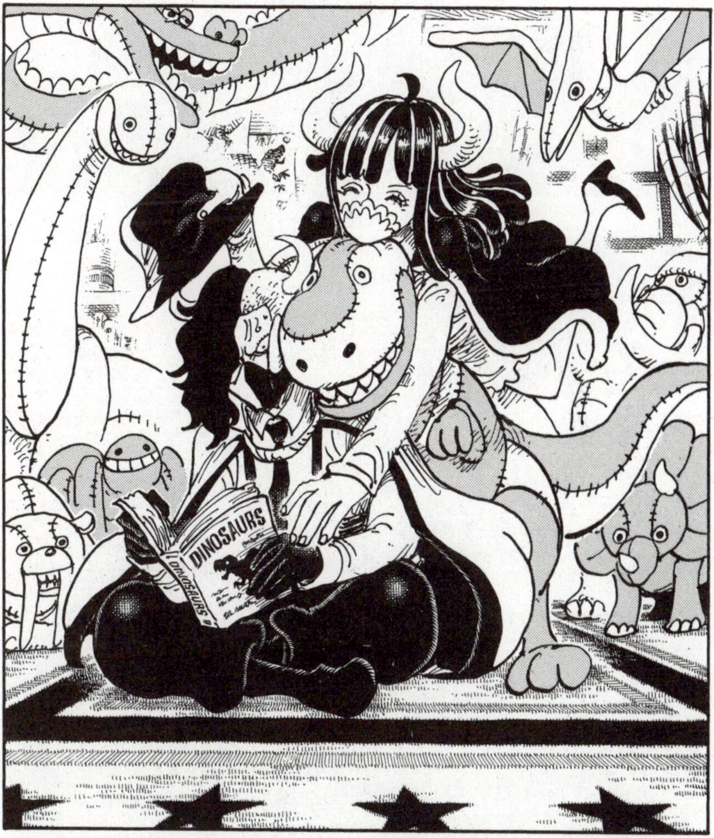

Wunsch-Titelbild: „Der kleine Page One schaut sich ein Bildlexikon über Dinosaurier an und wird dabei von der kleinen Ulti gestört, die mit Dinosaurier-Stofftieren spielen will" (Erwachsenen-Version) – Pseudonym: Hachimitsu Nameko

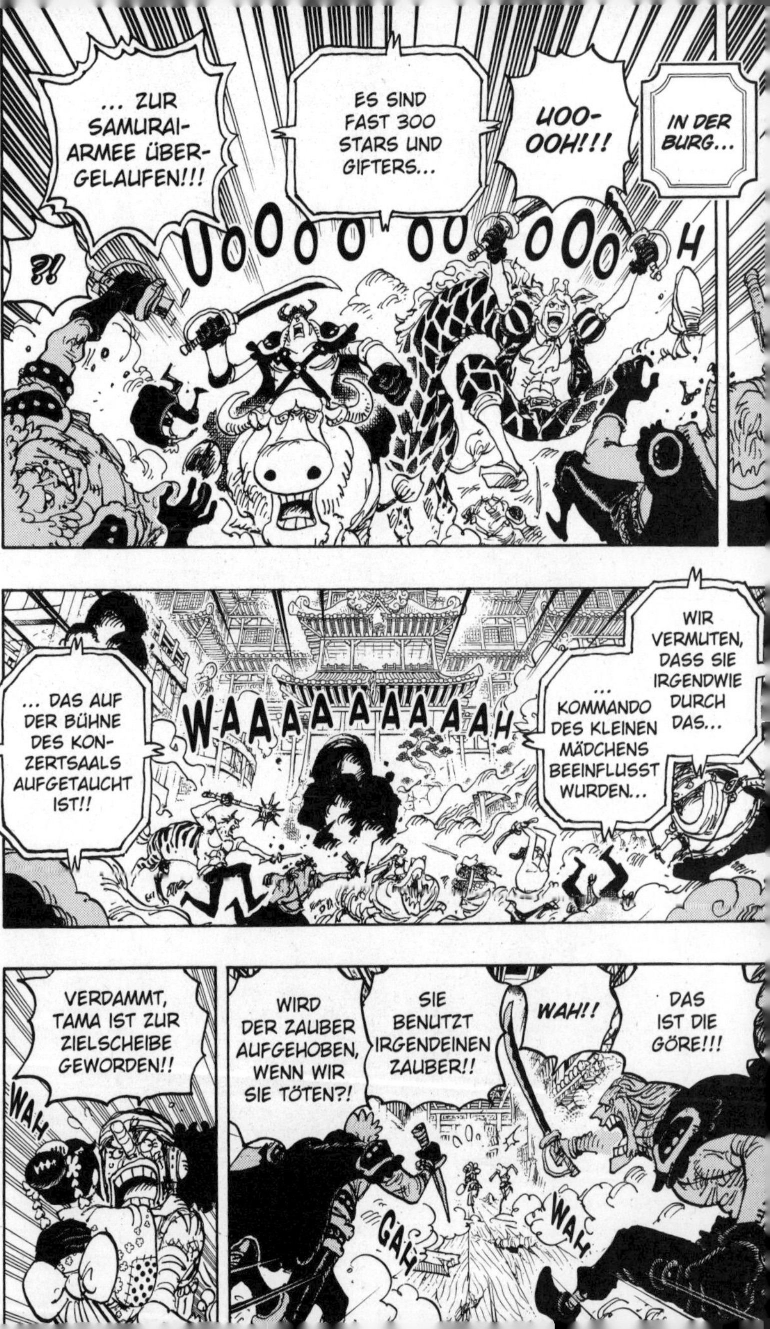
IN DER BURG…
UOO-OOH!!!
ES SIND FAST 300 STARS UND GIFTERS…
… ZUR SAMURAI-ARMEE ÜBER-GELAUFEN!!!
UOOOOO OOOOOOH
?!
WIR VERMUTEN, DASS SIE IRGENDWIE DURCH DAS…
… KOMMANDO DES KLEINEN MÄDCHENS BEEINFLUSST WURDEN…
WAAAAAAAAAH
… DAS AUF DER BÜHNE DES KONZERTSAALS AUFGETAUCHT IST!!
DAS IST DIE GÖRE!!!
WAH!!
SIE BENUTZT IRGENDEINEN ZAUBER!!
WIRD DER ZAUBER AUFGEHOBEN, WENN WIR SIE TÖTEN?!
WAH
GAH
VERDAMMT, TAMA IST ZUR ZIELSCHEIBE GEWORDEN!!
WAH

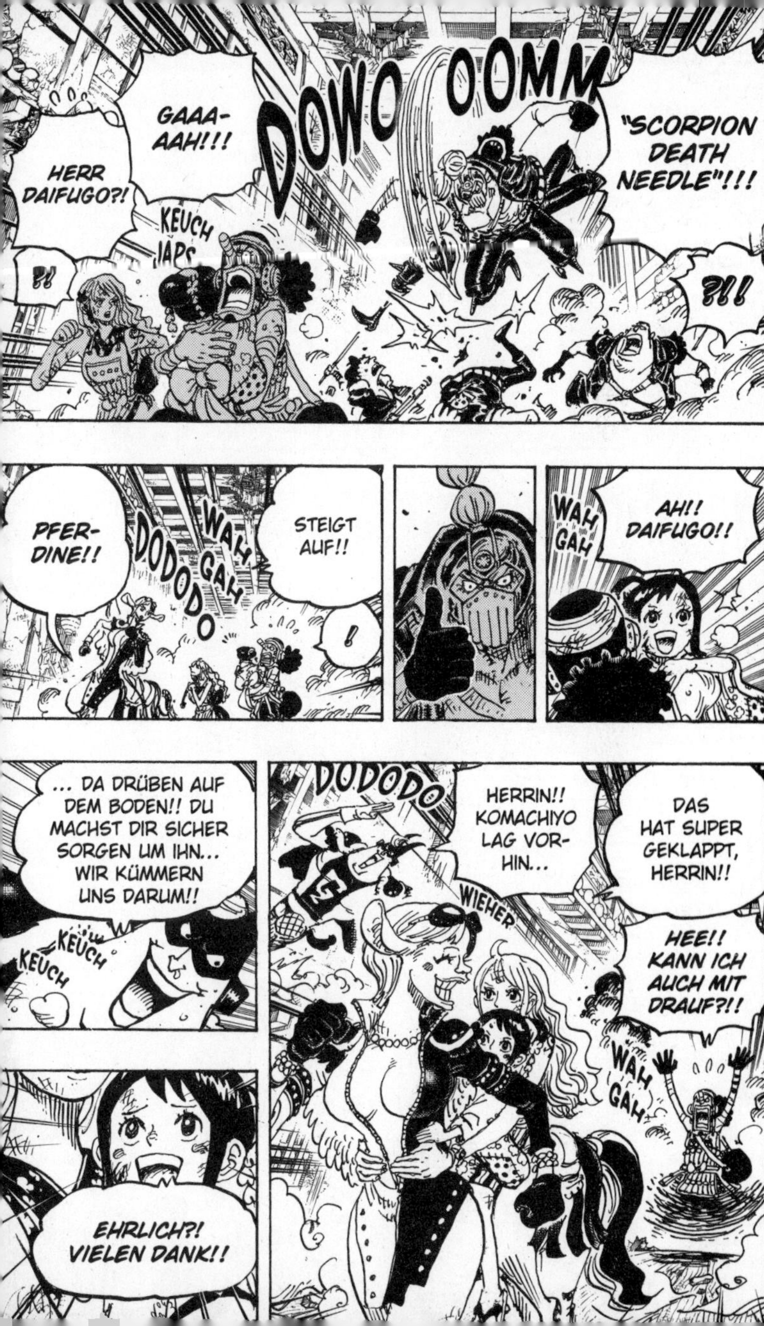
"SCORPION DEATH NEEDLE"!!!
DOWO OOMM
GAAAA-AAH!!!
HERR DAIFUGO?!
KEUCH JAPS
?!!
!!
AH!! DAIFUGO!!
WAH GAH
STEIGT AUF!!
!
WAH GAH
DODODO
PFER-DINE!!
DAS HAT SUPER GEKLAPPT, HERRIN!!
HERRIN!! KOMACHIYO LAG VOR-HIN...
DODODO
WIEHER
HEE!! KANN ICH AUCH MIT DRAUF?!!
WAH GAH
... DA DRÜBEN AUF DEM BODEN!! DU MACHST DIR SICHER SORGEN UM IHN... WIR KÜMMERN UNS DARUM!!
KEUCH
KEUCH
EHRLICH?! VIELEN DANK!!

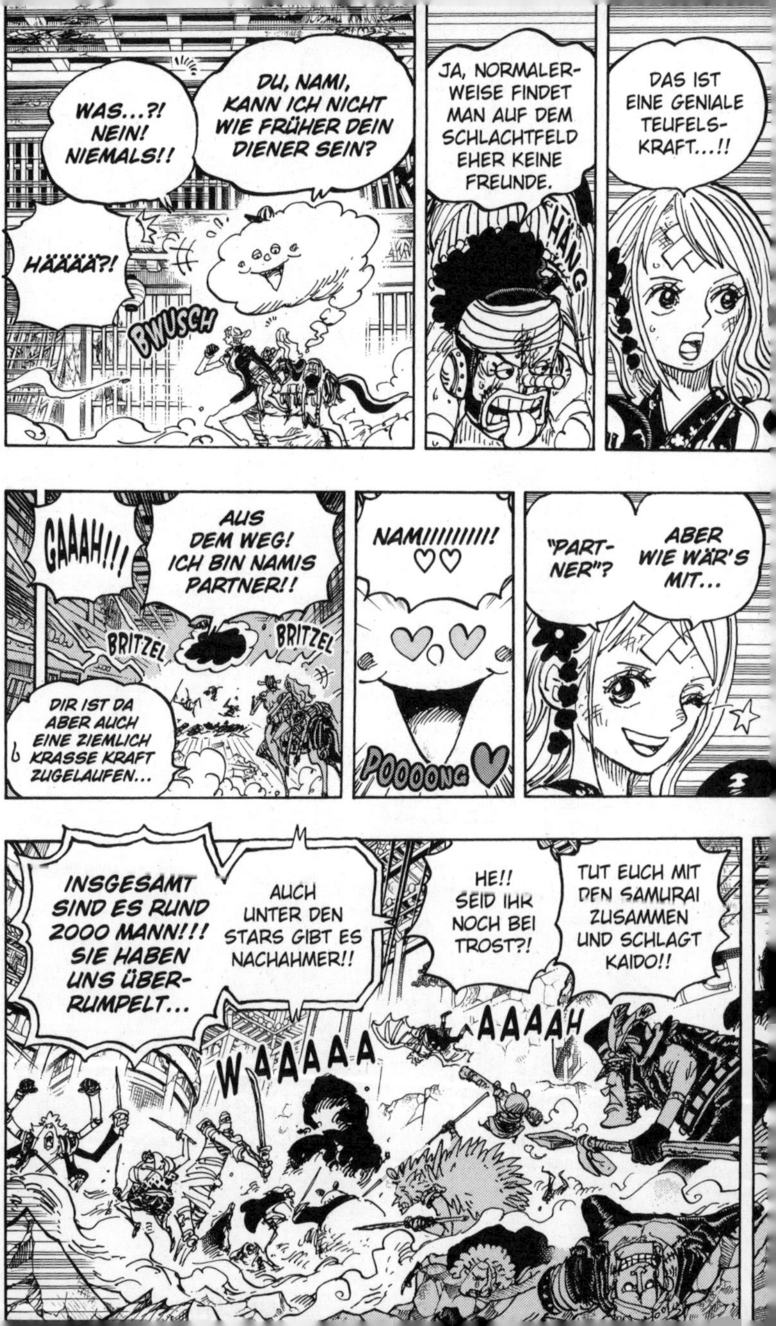
DAS IST EINE GENIALE TEUFELS-KRAFT...!!
JA, NORMALER-WEISE FINDET MAN AUF DEM SCHLACHTFELD EHER KEINE FREUNDE.
HÄNG
DU, NAMI, KANN ICH NICHT WIE FRÜHER DEIN DIENER SEIN?
WAS...?! NEIN! NIEMALS!!
HÄÄÄÄ?!
BWUSCH
ABER WIE WÄR'S MIT...
"PART-NER"?
NAMI!!!!!!!!!! ♡♡
POOOONG
AUS DEM WEG! ICH BIN NAMIS PARTNER!!
GAAAH!!!
BRITZEL
BRITZEL
DIR IST DA ABER AUCH EINE ZIEMLICH KRASSE KRAFT ZUGELAUFEN...
TUT EUCH MIT DEN SAMURAI ZUSAMMEN UND SCHLAGT KAIDO!!
HE!! SEID IHR NOCH BEI TROST?!
AUCH UNTER DEN STARS GIBT ES NACHAHMER!!
INSGESAMT SIND ES RUND 2000 MANN!!! SIE HABEN UNS ÜBER-RUMPELT...
AAAAH
WAAAAA

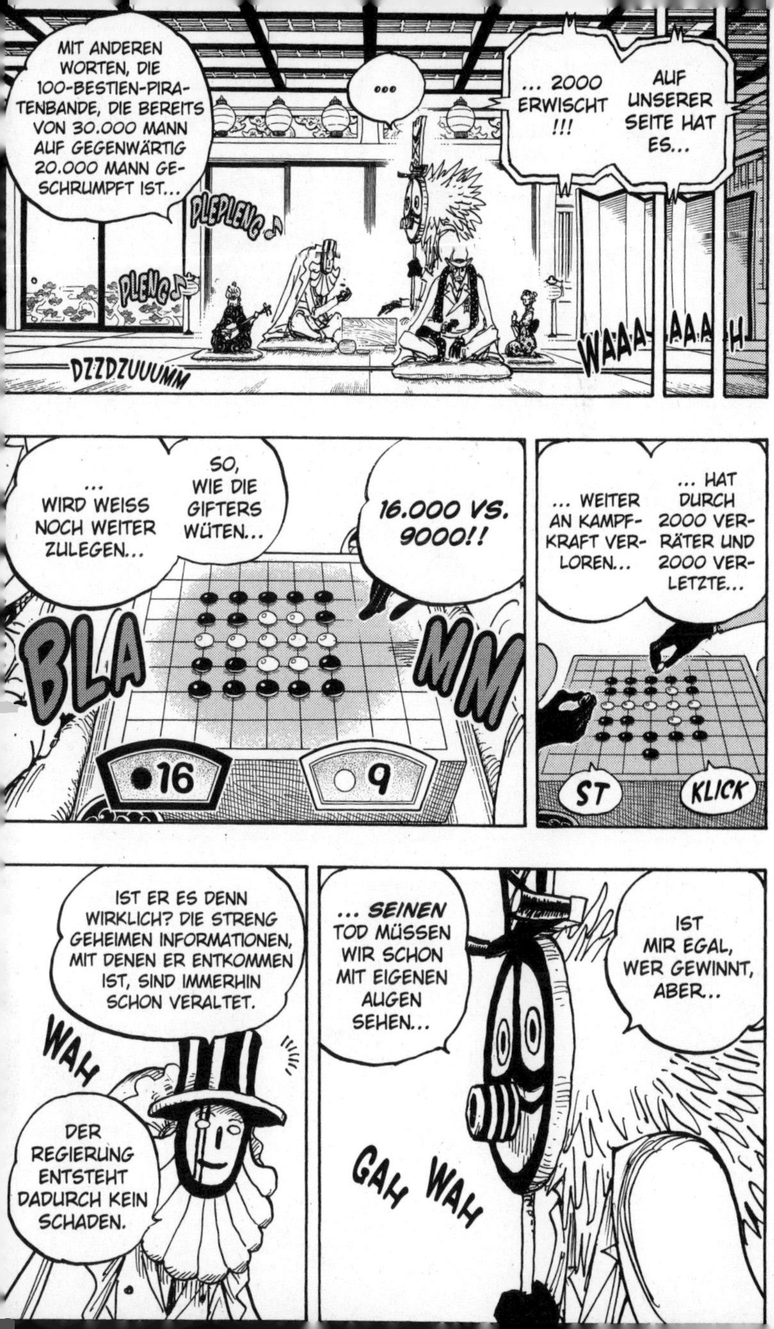
AUF UNSERER SEITE HAT ES...
... 2000 ERWISCHT !!!
...
MIT ANDEREN WORTEN, DIE 100-BESTIEN-PIRATENBANDE, DIE BEREITS VON 30.000 MANN AUF GEGENWÄRTIG 20.000 MANN GESCHRUMPFT IST...
PLEPLENG
PLENG
WAAAAAAAH
DZZDZUUUMM
... HAT DURCH 2000 VERRÄTER UND 2000 VERLETZTE...
... WEITER AN KAMPFKRAFT VERLOREN...
KLICK
ST
16.000 VS. 9000!!
SO, WIE DIE GIFTERS WÜTEN...
... WIRD WEISS NOCH WEITER ZULEGEN...
BLA
MM
16
9
IST MIR EGAL, WER GEWINNT, ABER...
... SEINEN TOD MÜSSEN WIR SCHON MIT EIGENEN AUGEN SEHEN...
GAH WAH
IST ER ES DENN WIRKLICH? DIE STRENG GEHEIMEN INFORMATIONEN, MIT DENEN ER ENTKOMMEN IST, SIND IMMERHIN SCHON VERALTET.
WAH
DER REGIERUNG ENTSTEHT DADURCH KEIN SCHADEN.

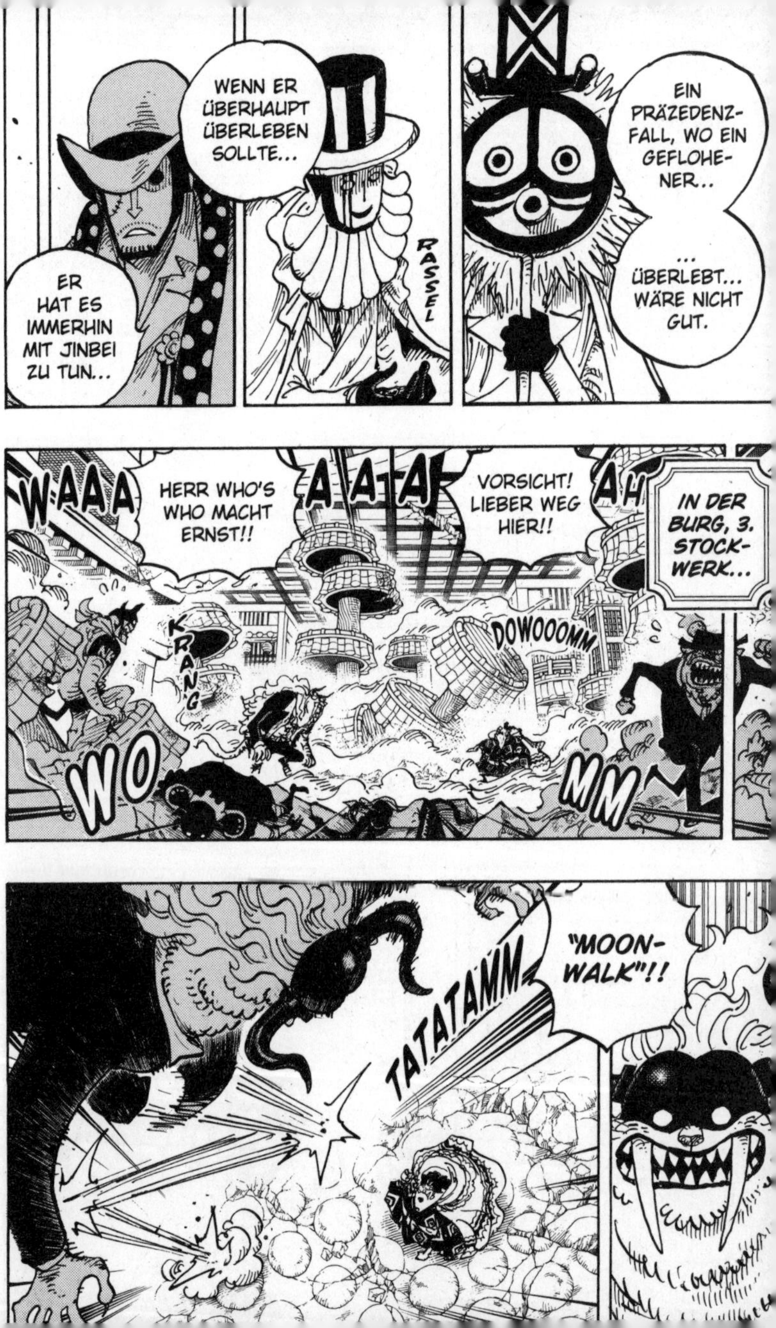

EIN PRÄZEDENZ-FALL, WO EIN GEFLOHE-NER...
... ÜBERLEBT... WÄRE NICHT GUT.
WENN ER ÜBERHAUPT ÜBERLEBEN SOLLTE...
RASSEL
ER HAT ES IMMERHIN MIT JINBEI ZU TUN...
IN DER BURG, 3. STOCK-WERK...
AH
VORSICHT! LIEBER WEG HIER!!
AATAA
HERR WHO'S WHO MACHT ERNST!!
WAAA
DOWOOOMM
KRANG
WO
MM
"MOON-WALK"!!
TATATAMM

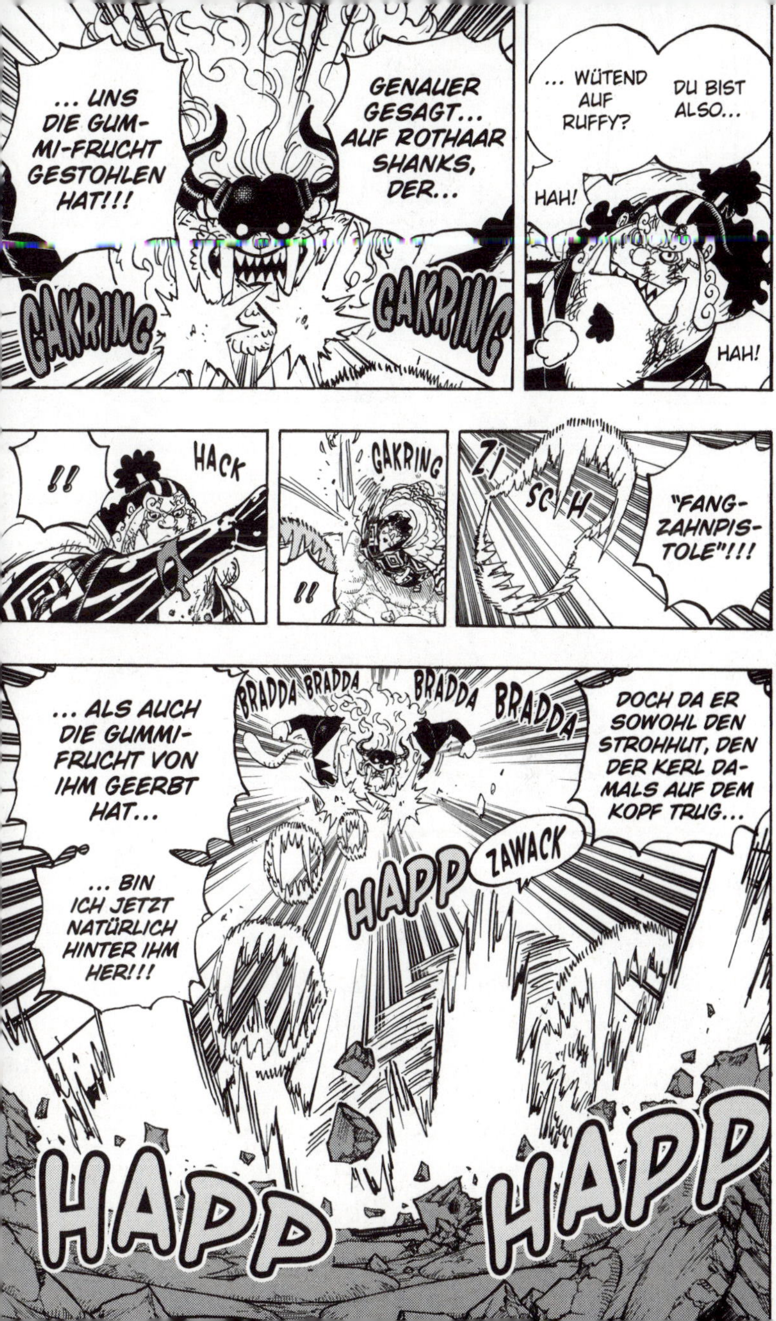
DU BIST ALSO...
... WÜTEND AUF RUFFY?
HAH!
HAH!
GENAUER GESAGT... AUF ROTHAAR SHANKS, DER...
... UNS DIE GUM-MI-FRUCHT GESTOHLEN HAT!!!
GAKRING
GAKRING
ZI SCH
"FANG-ZAHNPIS-TOLE"!!!
GAKRING
!!
HACK
!!
DOCH DA ER SOWOHL DEN STROHHUT, DEN DER KERL DA-MALS AUF DEM KOPF TRUG...
BRADDA BRADDA BRADDA BRADDA
... ALS AUCH DIE GUMMI-FRUCHT VON IHM GEERBT HAT...
... BIN ICH JETZT NATÜRLICH HINTER IHM HER!!!
ZAWACK
HAPP
HAPP
HAPP

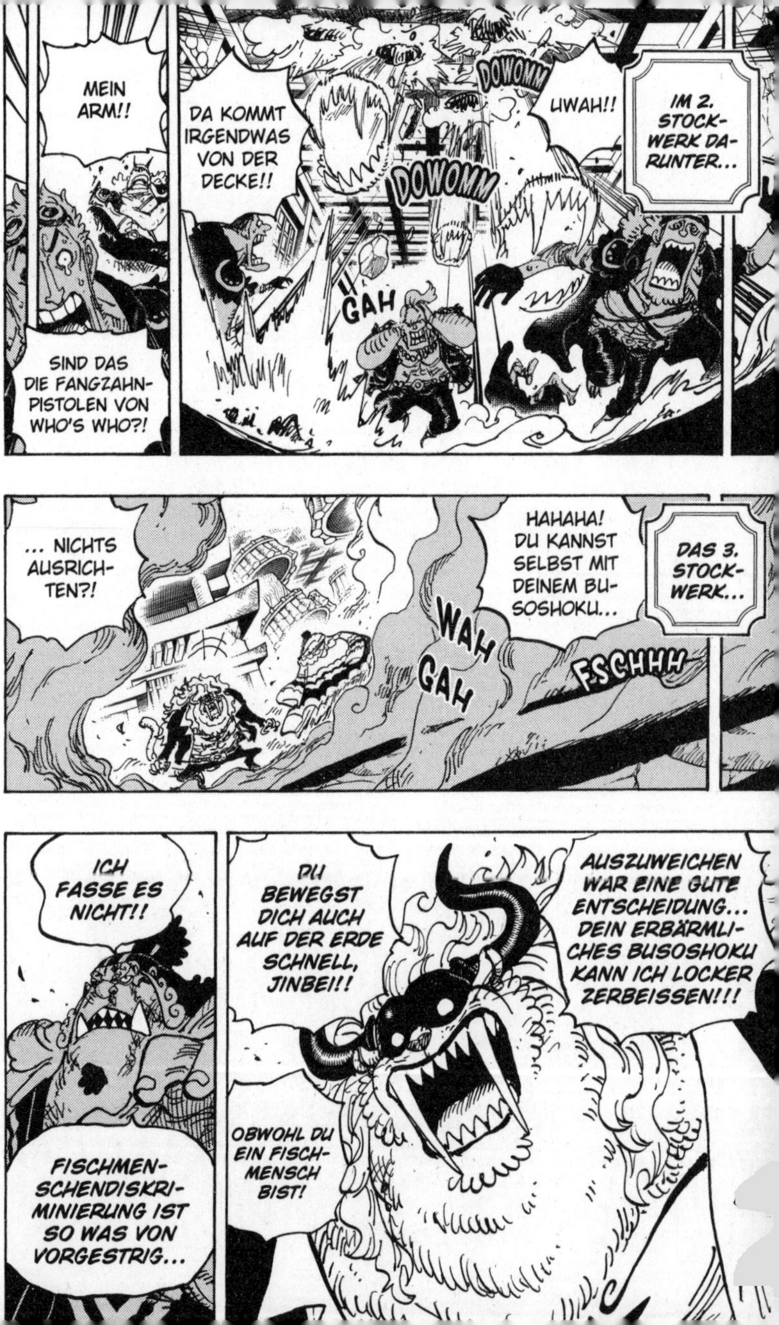
IM 2. STOCKWERK DARUNTER...
UWAH!!
DOWOMM
DOWOMM
DA KOMMT IRGENDWAS VON DER DECKE!!
GAH
MEIN ARM!!
SIND DAS DIE FANGZAHNPISTOLEN VON WHO'S WHO?!
DAS 3. STOCKWERK...
FSCHHH
HAHAHA! DU KANNST SELBST MIT DEINEM BUSOSHOKU...
WAH GAH
... NICHTS AUSRICHTEN?!
AUSZUWEICHEN WAR EINE GUTE ENTSCHEIDUNG... DEIN ERBÄRMLICHES BUSOSHOKU KANN ICH LOCKER ZERBEISSEN!!!
DU BEWEGST DICH AUCH AUF DER ERDE SCHNELL, JINBEI!!!
OBWOHL DU EIN FISCHMENSCH BIST!
ICH FASSE ES NICHT!!
FISCHMENSCHENDISKRIMINIERUNG IST SO WAS VON VORGESTRIG...

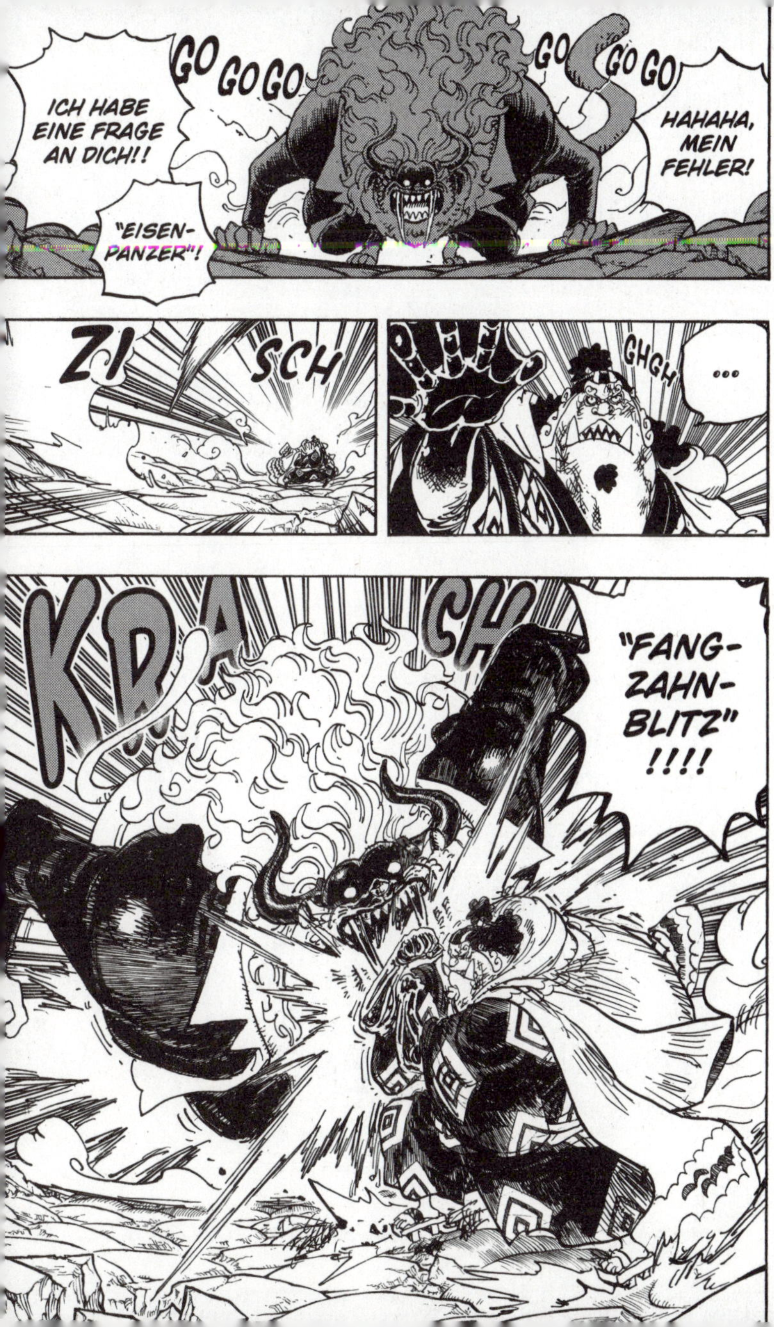
GO GO GO GO
GO GO GO
HAHAHA, MEIN FEHLER!
ICH HABE EINE FRAGE AN DICH!!
"EISEN-PANZER"!
GHGH
...
ZI SCH
KRACH
"FANG-ZAHN-BLITZ"!!!!

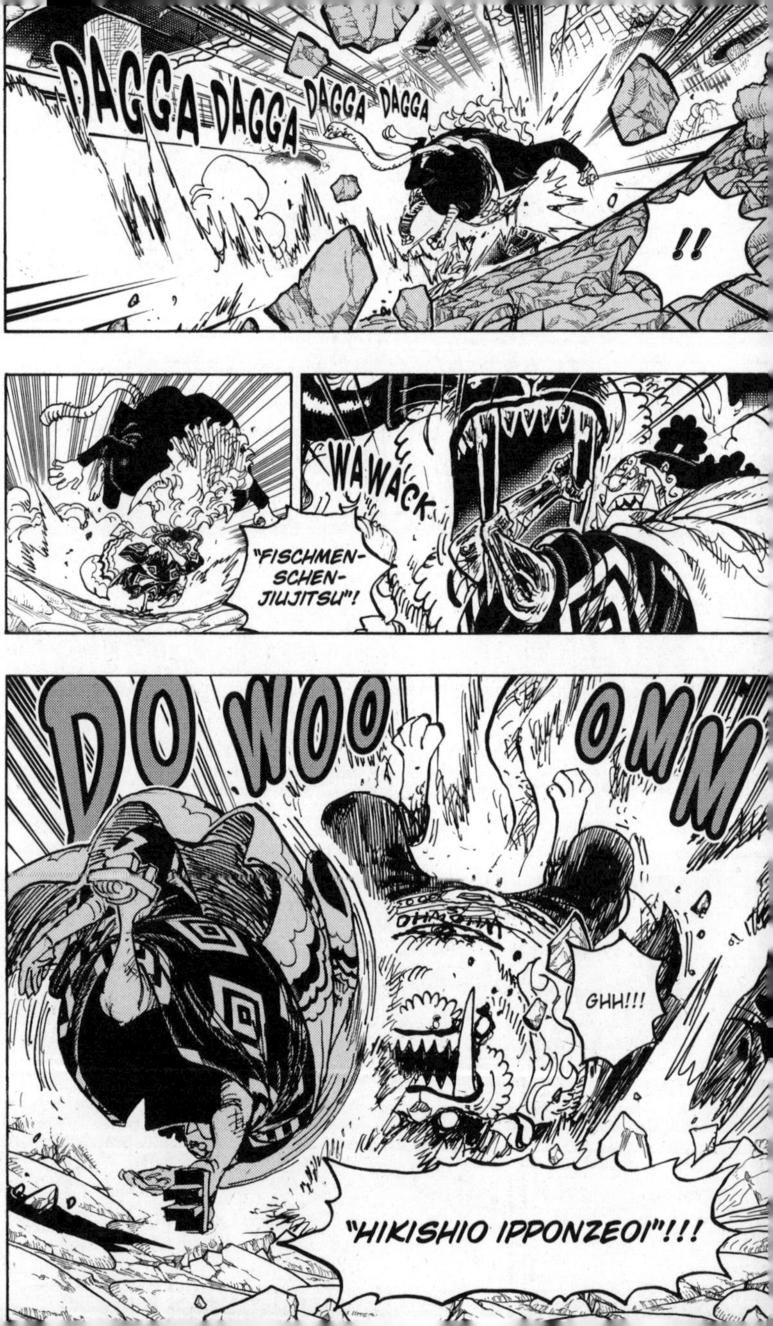

DAGGA DAGGA DAGGA DAGGA
!!
WAWACK
"FISCHMEN-
SCHEN-
JIUJITSU"!
DO WOO OMM
GHH!!!
"HIKISHIO IPPONZEOI"!!!

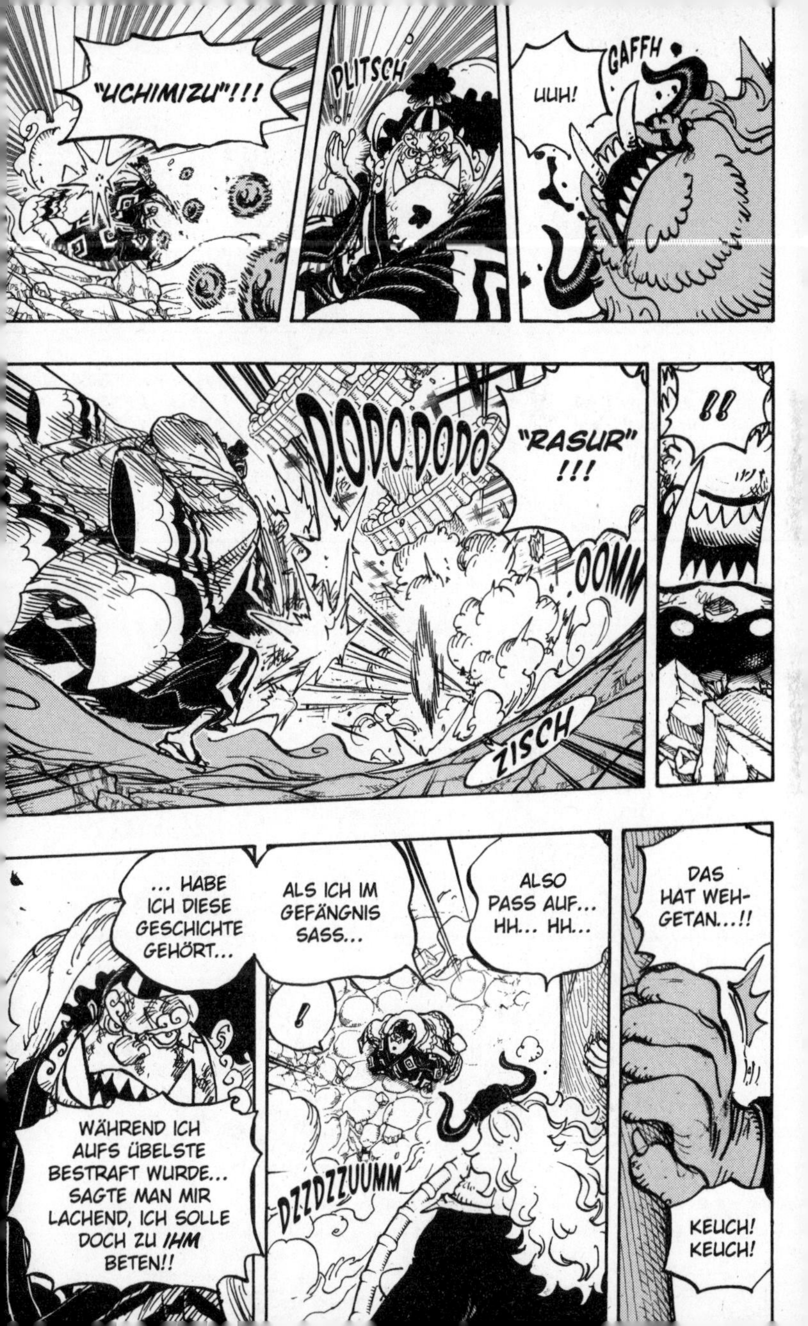
GAFFH
UUH!
PLITSCH
"UCHIMIZU"!!!
!!
"RASUR" !!!
DODODODO
...OOMM
ZISCH
DAS HAT WEH-GETAN...!!
KEUCH! KEUCH!
ALSO PASS AUF... HH... HH...
ALS ICH IM GEFÄNGNIS SASS...
!
DZZDZZUUMM
... HABE ICH DIESE GESCHICHTE GEHÖRT...
WÄHREND ICH AUFS ÜBELSTE BESTRAFT WURDE... SAGTE MAN MIR LACHEND, ICH SOLLE DOCH ZU *IHM* BETEN!!

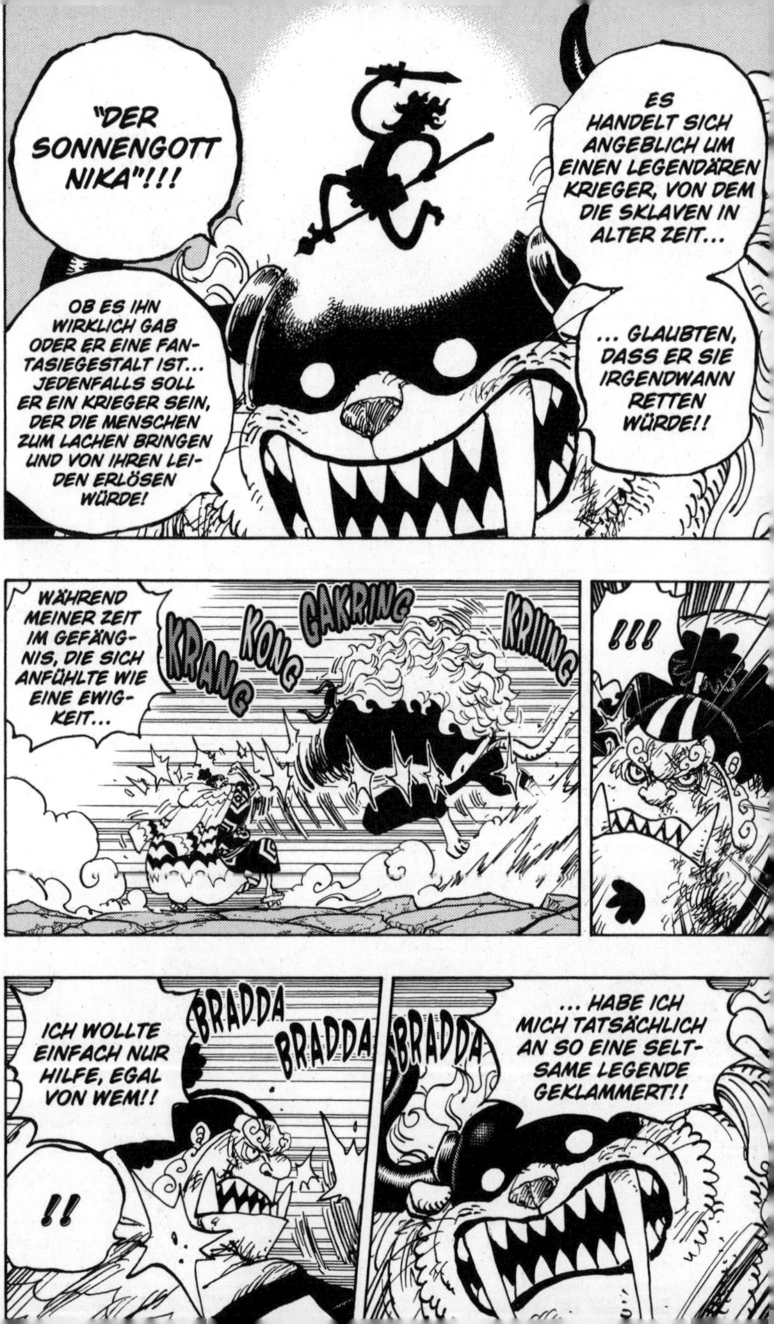
ES HANDELT SICH ANGEBLICH UM EINEN LEGENDÄREN KRIEGER, VON DEM DIE SKLAVEN IN ALTER ZEIT...
... GLAUBTEN, DASS ER SIE IRGENDWANN RETTEN WÜRDE!!
"DER SONNENGOTT NIKA"!!!
OB ES IHN WIRKLICH GAB ODER ER EINE FANTASIEGESTALT IST... JEDENFALLS SOLL ER EIN KRIEGER SEIN, DER DIE MENSCHEN ZUM LACHEN BRINGEN UND VON IHREN LEIDEN ERLÖSEN WÜRDE!
!!!
KRIIING
GAKRING
KONG
KRANG
WÄHREND MEINER ZEIT IM GEFÄNGNIS, DIE SICH ANFÜHLTE WIE EINE EWIGKEIT...
... HABE ICH MICH TATSÄCHLICH AN SO EINE SELTSAME LEGENDE GEKLAMMERT!!
BRADDA
BRADDA
BRADDA
ICH WOLLTE EINFACH NUR HILFE, EGAL VON WEM!!
!!

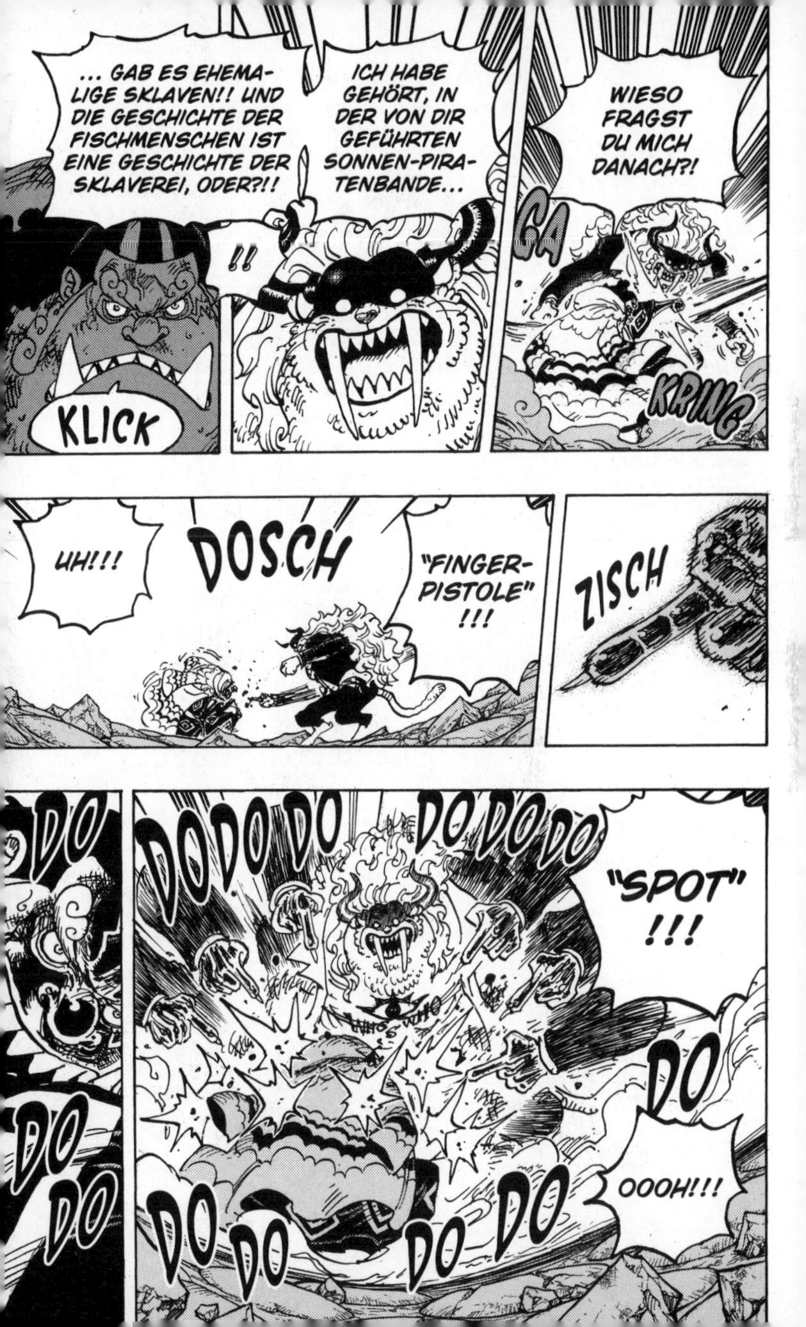
WIESO FRAGST DU MICH DANACH?!
GA
KRING
ICH HABE GEHÖRT, IN DER VON DIR GEFÜHRTEN SONNEN-PIRATENBANDE...
!!
... GAB ES EHEMALIGE SKLAVEN!! UND DIE GESCHICHTE DER FISCHMENSCHEN IST EINE GESCHICHTE DER SKLAVEREI, ODER?!!
KLICK
ZISCH
"FINGER-PISTOLE" !!!
DOSCH
UH!!!
"SPOT" !!!
DO DO DO DO DO DO DO DO DO DO DO DO DO DO DO DO DO DO
OOOH!!!

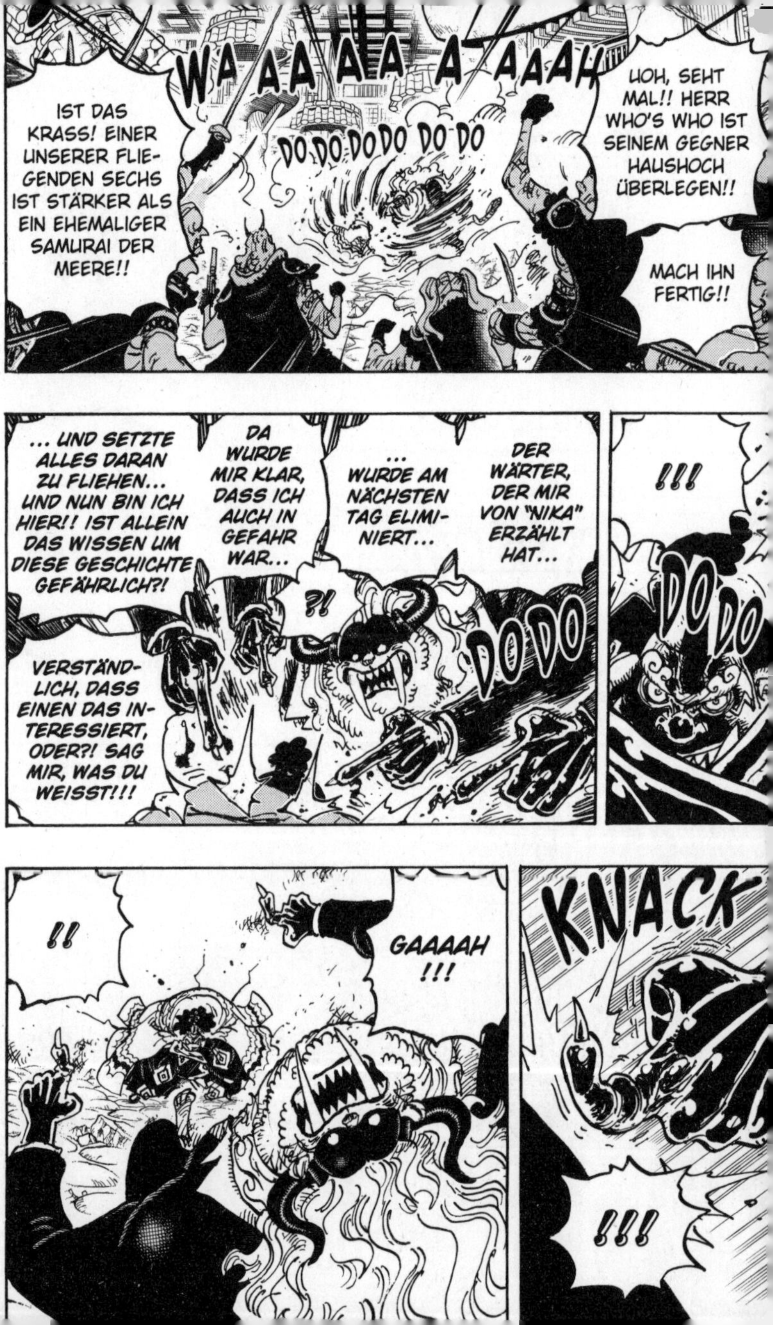

WA AA AA A AAAH
UOH, SEHT MAL!! HERR WHO'S WHO IST SEINEM GEGNER HAUSHOCH ÜBERLEGEN!!
IST DAS KRASS! EINER UNSERER FLIEGENDEN SECHS IST STÄRKER ALS EIN EHEMALIGER SAMURAI DER MEERE!!
DO DO DO DO DO DO
MACH IHN FERTIG!!
!!!
DO DO DO
DER WÄRTER, DER MIR VON "NIKA" ERZÄHLT HAT...
... WURDE AM NÄCHSTEN TAG ELIMINIERT...
DA WURDE MIR KLAR, DASS ICH AUCH IN GEFAHR WAR...
... UND SETZTE ALLES DARAN ZU FLIEHEN... UND NUN BIN ICH HIER!! IST ALLEIN DAS WISSEN UM DIESE GESCHICHTE GEFÄHRLICH?!
?!
DO DO
VERSTÄNDLICH, DASS EINEN DAS INTERESSIERT, ODER?! SAG MIR, WAS DU WEISST!!!
KNACK
!!!
GAAAAH !!!
!!

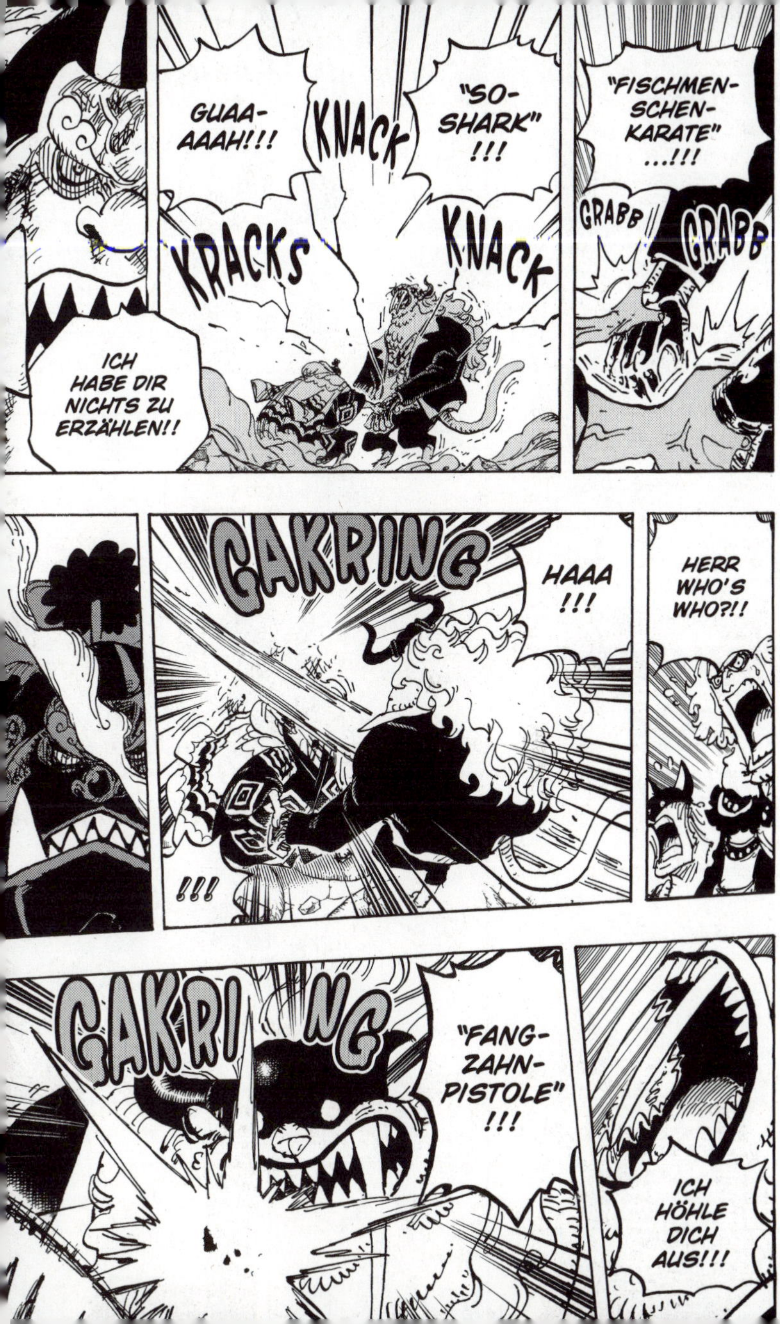
"FISCHMENSCHEN-KARATE" ...!!!
GRABB
GRABB
"SO-SHARK" !!!
KNACK
KNACK
GUAA-AAAH!!!
KRACKS
ICH HABE DIR NICHTS ZU ERZÄHLEN!!
HERR WHO'S WHO?!!
HAAA !!!
GAKRING
!!!
ICH HÖHLE DICH AUS!!!
"FANG-ZAHN-PISTOLE" !!!
GAKRING

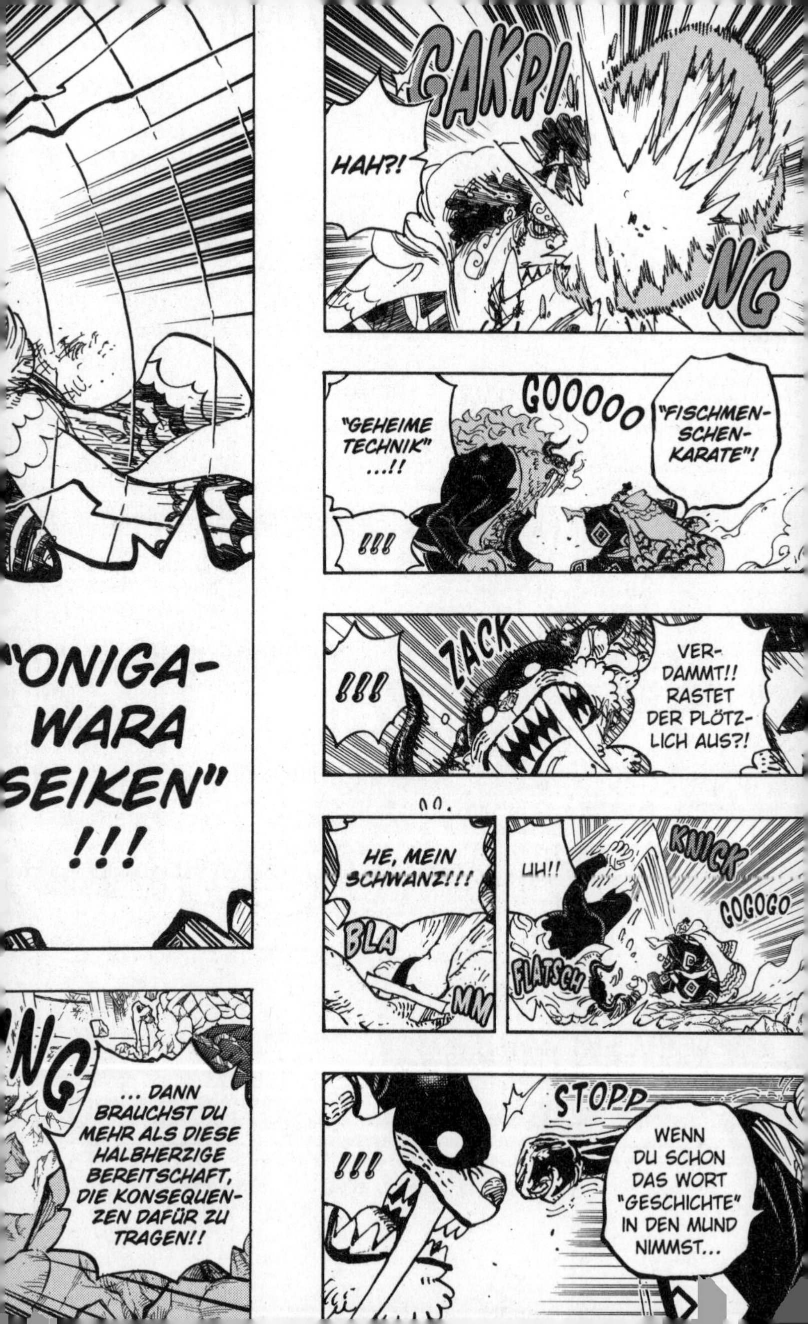
GAKRI
NG
HAH?!
"FISCHMEN-SCHEN-KARATE"!
GOOOOO
"GEHEIME TECHNIK" ...!!
!!!
VER-DAMMT!! RASTET DER PLÖTZ-LICH AUS?!
ZACK
!!!
KNICK
UH!!
GOGOGO
FLATSCH
HE, MEIN SCHWANZ!!!
BLA
MM
WENN DU SCHON DAS WORT "GESCHICHTE" IN DEN MUND NIMMST...
STOPP
!!!
"ONIGA-WARA SEIKEN" !!!
NG
... DANN BRAUCHST DU MEHR ALS DIESE HALBHERZIGE BEREITSCHAFT, DIE KONSEQUEN-ZEN DAFÜR ZU TRAGEN!!

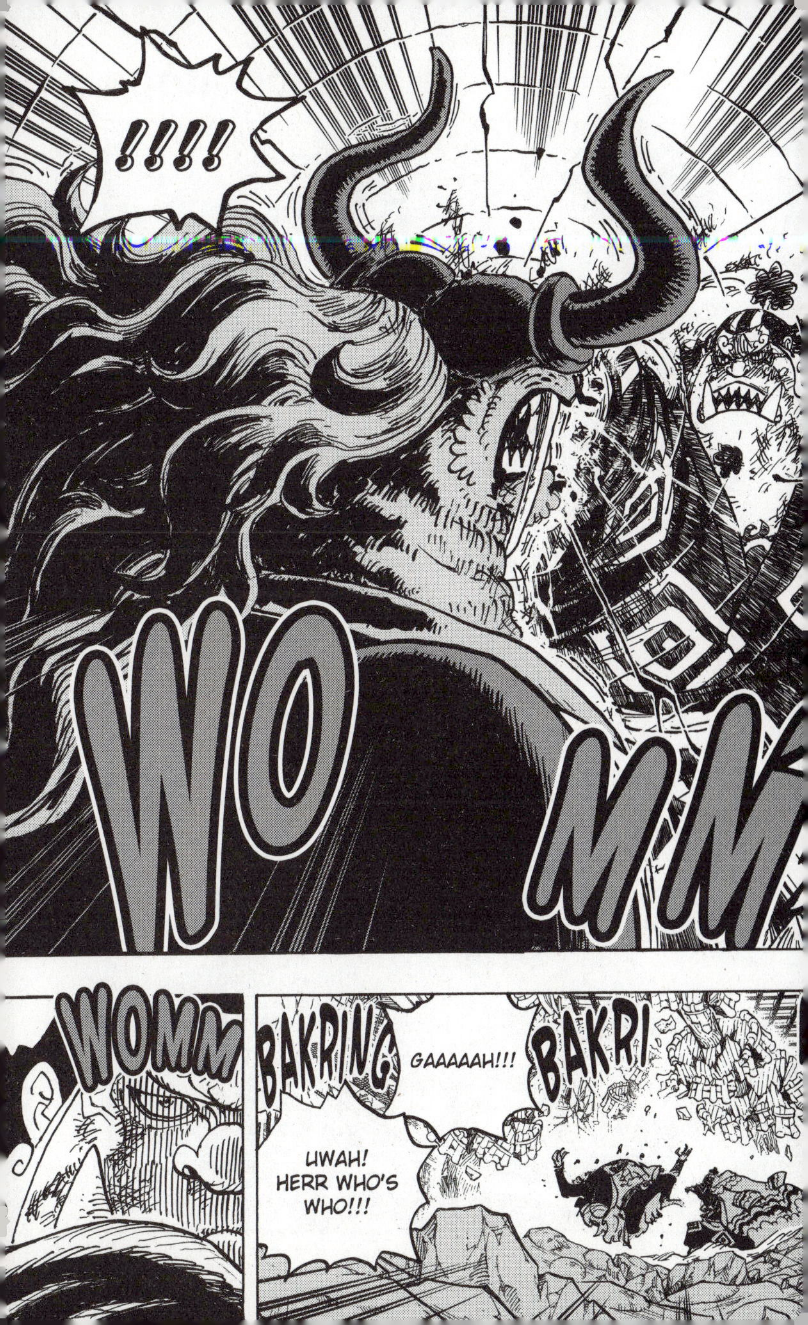

!!!!
WOMM
WOMM
BAKRING
GAAAAAH!!!
BAKRI
UWAH! HERR WHO'S WHO!!!

Heliceratops

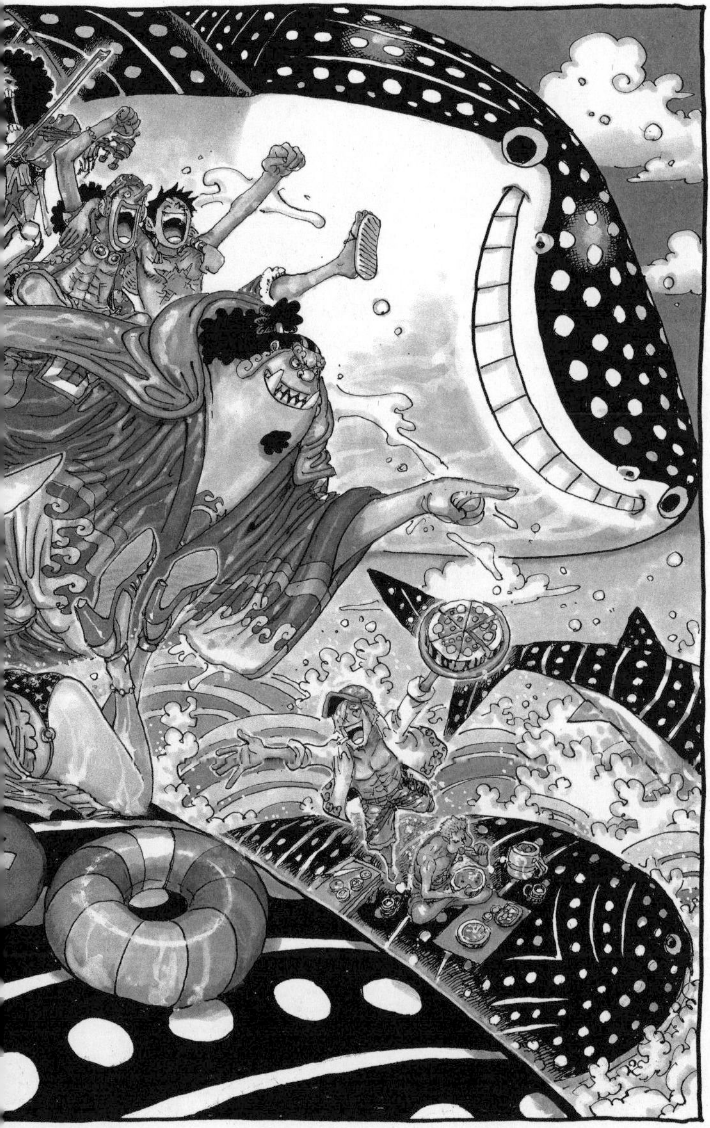

1019. Kapitel:

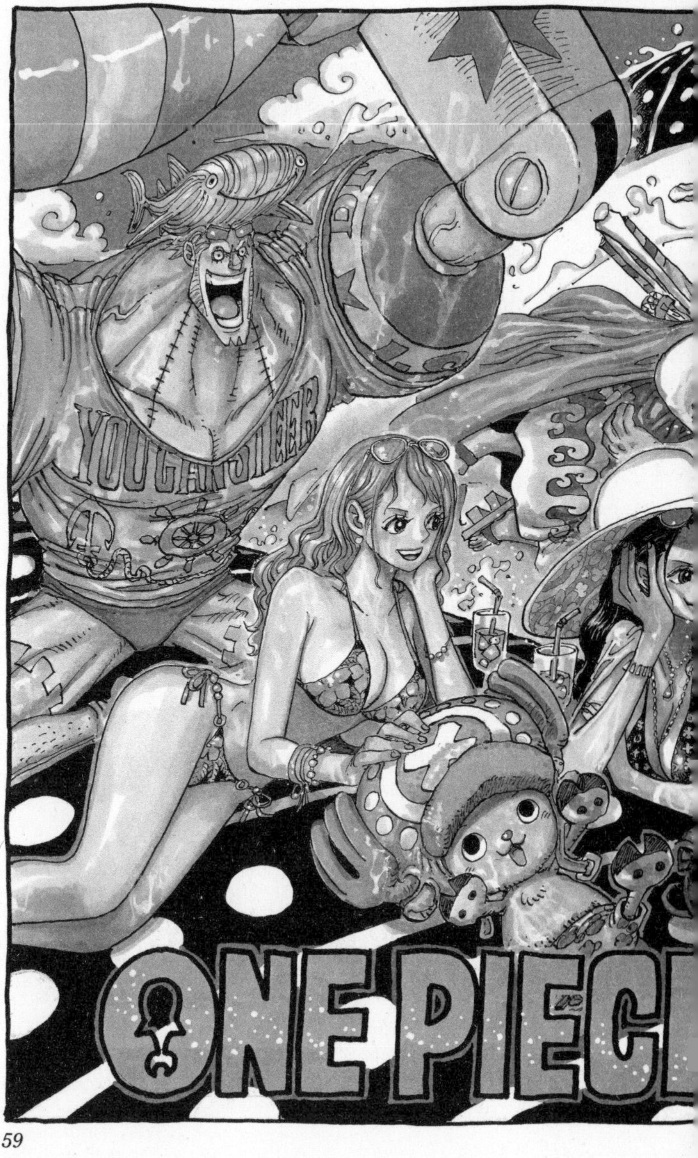

vol.101
ONE PIECE

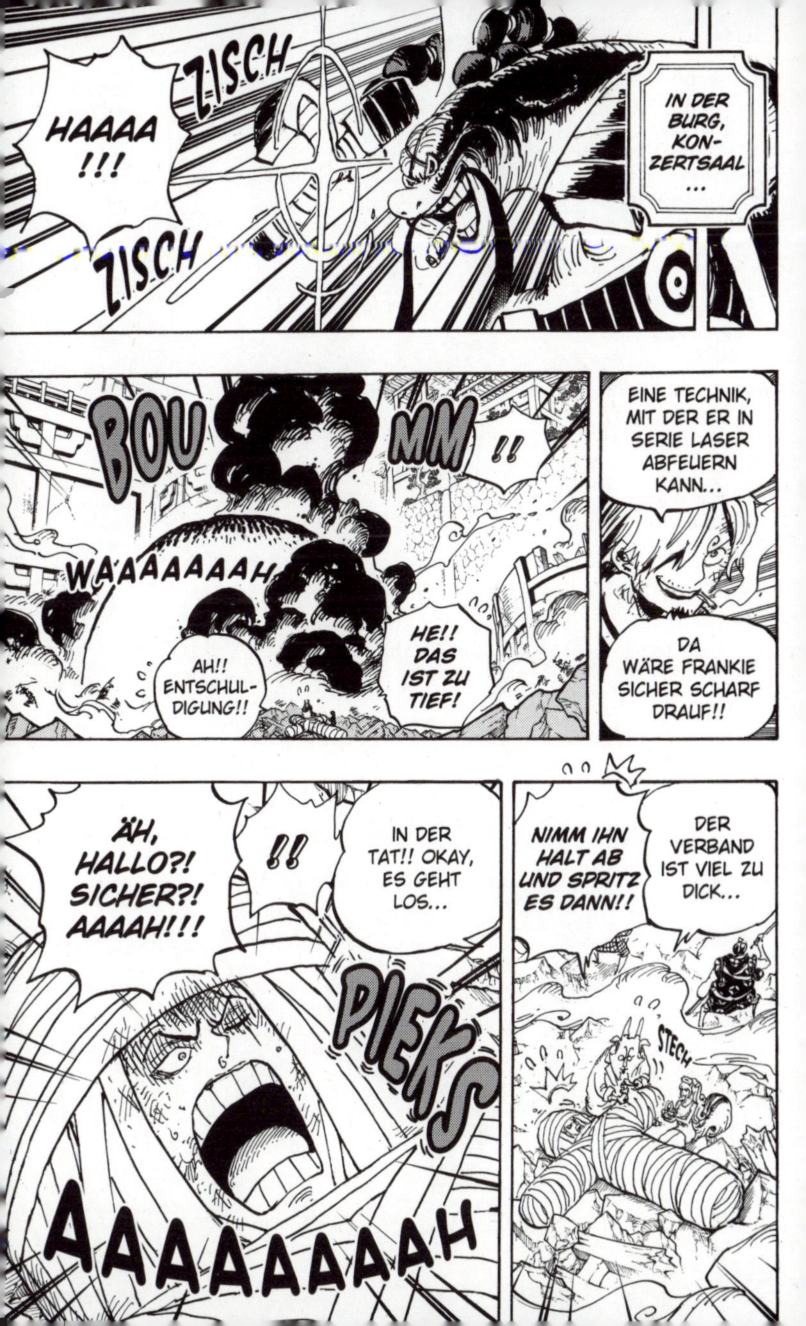
IN DER BURG, KON-ZERTSAAL ...
HAAAA !!!
ZISCH
ZISCH
EINE TECHNIK, MIT DER ER IN SERIE LASER ABFEUERN KANN...
DA WÄRE FRANKIE SICHER SCHARF DRAUF!!
BOU MM !!
WAAAAAAAH
HE!! DAS IST ZU TIEF!
AH!! ENTSCHUL-DIGUNG!!
DER VERBAND IST VIEL ZU DICK...
NIMM IHN HALT AB UND SPRITZ ES DANN!!
STECH
IN DER TAT!! OKAY, ES GEHT LOS...
!!
ÄH, HALLO?! SICHER?! AAAAH!!!
PIEKS
AAAAAAAAH

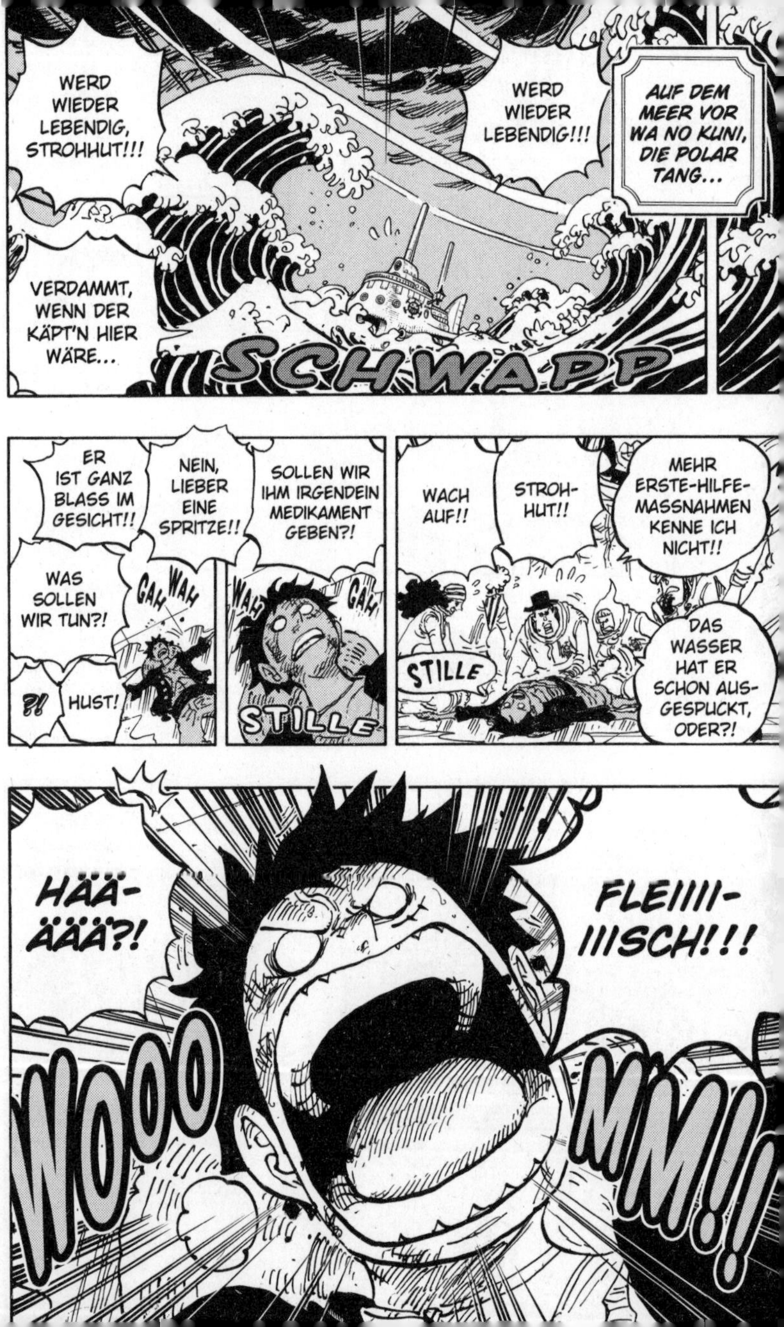
AUF DEM MEER VOR WA NO KUNI, DIE POLAR TANG…
WERD WIEDER LEBENDIG!!!
WERD WIEDER LEBENDIG, STROHHUT!!!
VERDAMMT, WENN DER KÄPT'N HIER WÄRE…
SCHWAPP
MEHR ERSTE-HILFE-MASSNAHMEN KENNE ICH NICHT!!
STROH-HUT!!
WACH AUF!!
DAS WASSER HAT ER SCHON AUS-GESPUCKT, ODER?!
STILLE
SOLLEN WIR IHM IRGENDEIN MEDIKAMENT GEBEN?!
GAH
WAH
STILLE
NEIN, LIEBER EINE SPRITZE!!
ER IST GANZ BLASS IM GESICHT!!
WAH
GAH
WAS SOLLEN WIR TUN?!
HUST!
?!
FLEIIII-IIISCH!!!
HÄÄ-ÄÄÄ?!
WOOO
MM!!

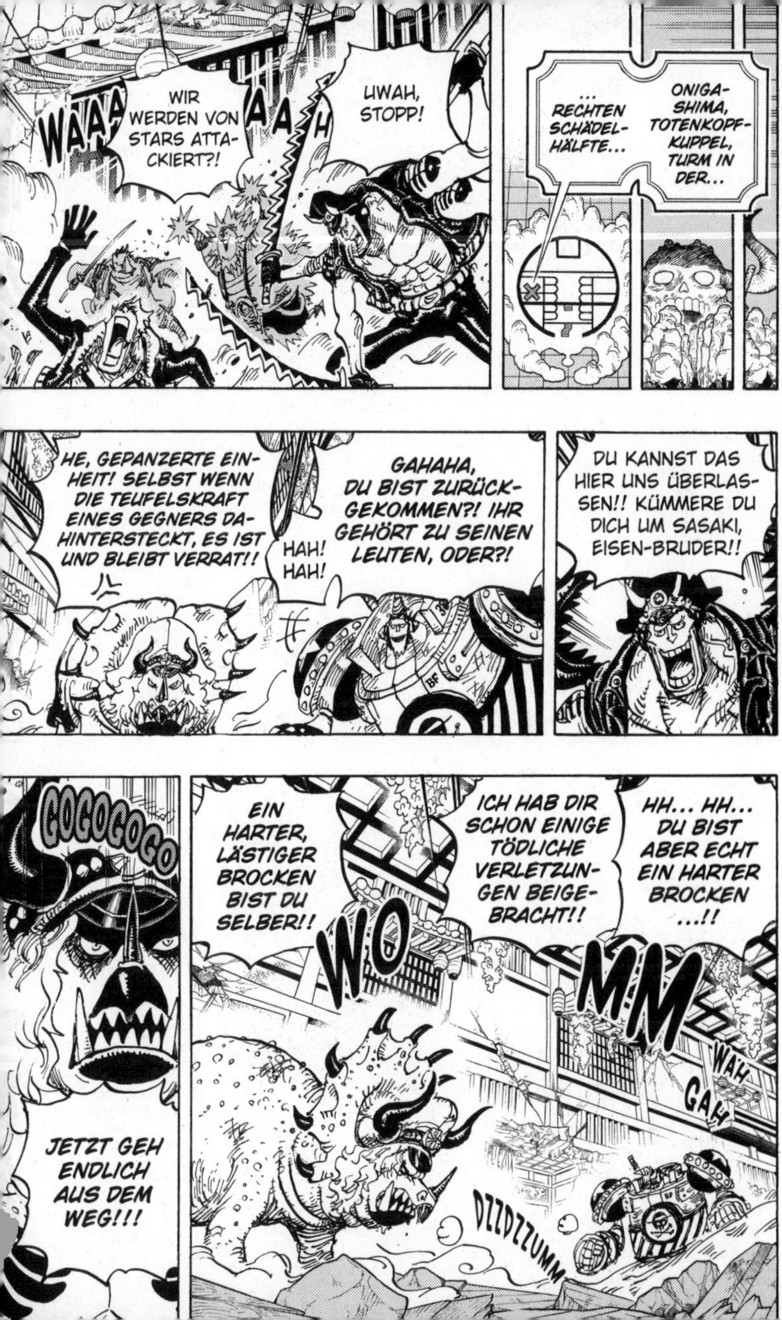
ONIGA-SHIMA, TOTENKOPF-KUPPEL, TURM IN DER...
...RECHTEN SCHÄDEL-HÄLFTE...
UWAH, STOPP!
WIR WERDEN VON STARS ATTACKIERT?!
WAAAAAH
DU KANNST DAS HIER UNS ÜBERLASSEN!! KÜMMERE DU DICH UM SASAKI, EISEN-BRUDER!!
GAHAHA, DU BIST ZURÜCKGEKOMMEN?! IHR GEHÖRT ZU SEINEN LEUTEN, ODER?!
HAH! HAH!
HE, GEPANZERTE EINHEIT! SELBST WENN DIE TEUFELSKRAFT EINES GEGNERS DAHINTERSTECKT, ES IST UND BLEIBT VERRAT!!
HH... HH... DU BIST ABER ECHT EIN HARTER BROCKEN ...!!
ICH HAB DIR SCHON EINIGE TÖDLICHE VERLETZUNGEN BEIGEBRACHT!!
EIN HARTER, LÄSTIGER BROCKEN BIST DU SELBER!!
WOMM
WAH GAH
DZZDZZUMM
GOGOGOGO
JETZT GEH ENDLICH AUS DEM WEG!!!

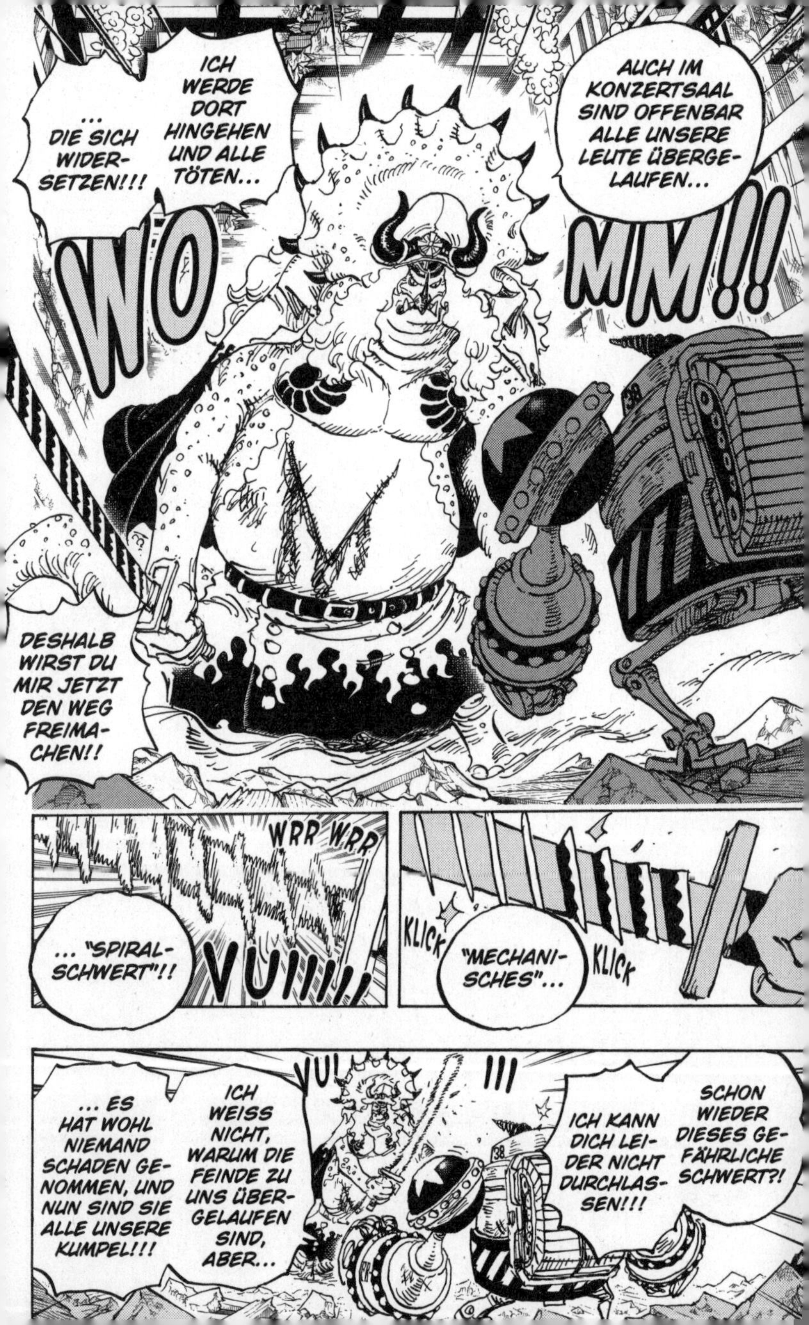
AUCH IM KONZERTSAAL SIND OFFENBAR ALLE UNSERE LEUTE ÜBERGE-LAUFEN...
ICH WERDE DORT HINGEHEN UND ALLE TÖTEN...
... DIE SICH WIDER-SETZEN!!!
WOMM!!
DESHALB WIRST DU MIR JETZT DEN WEG FREIMA-CHEN!!
KLICK
"MECHANI-SCHES"...
KLICK
WRR WRR
... "SPIRAL-SCHWERT"!!
VUIIIII
SCHON WIEDER DIESES GE-FÄHRLICHE SCHWERT?!
ICH KANN DICH LEI-DER NICHT DURCHLAS-SEN!!!
VUIIII
ICH WEISS NICHT, WARUM DIE FEINDE ZU UNS ÜBER-GELAUFEN SIND, ABER...
... ES HAT WOHL NIEMAND SCHADEN GE-NOMMEN, UND NUN SIND SIE ALLE UNSERE KUMPEL!!!

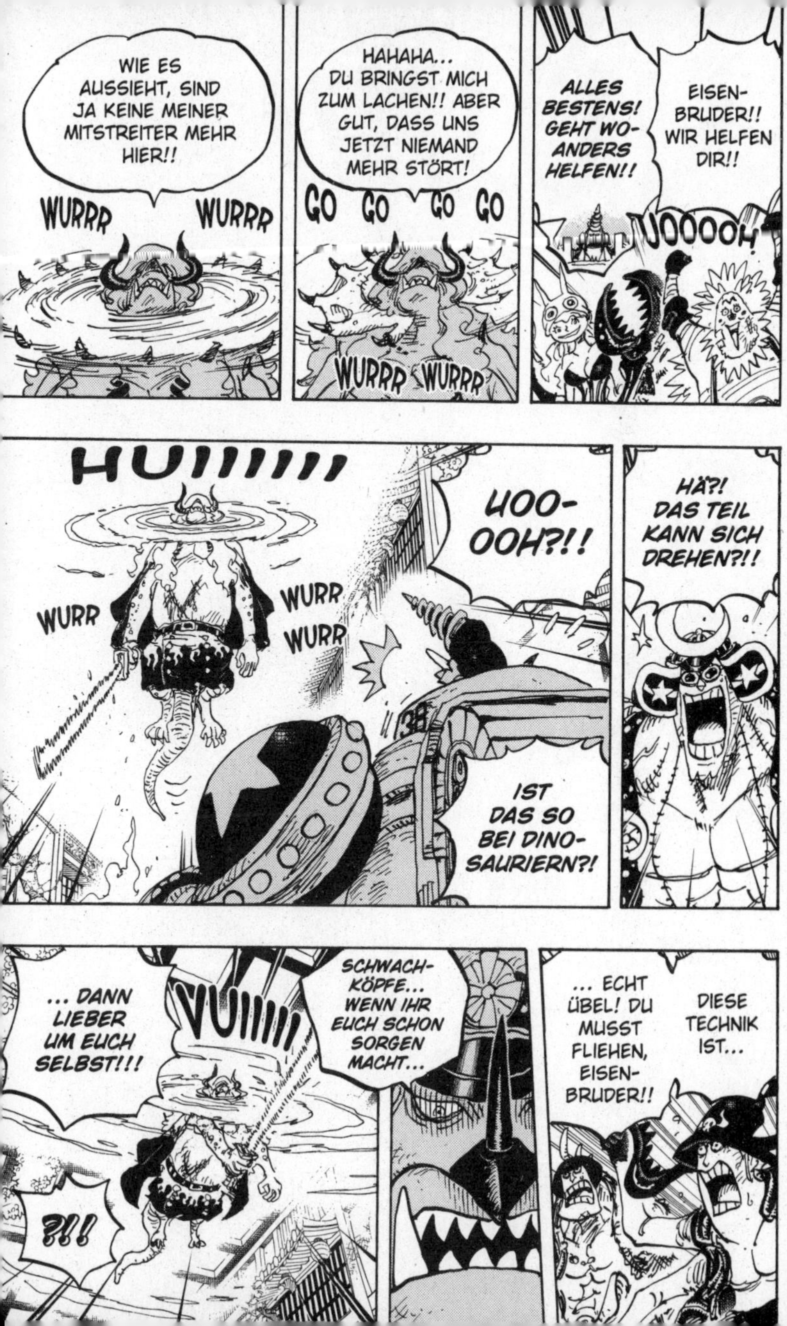
EISEN-
BRUDER!!
WIR HELFEN
DIR!!
ALLES
BESTENS!
GEHT WO-
ANDERS
HELFEN!!
UOOOOH
HAHAHA...
DU BRINGST MICH
ZUM LACHEN!! ABER
GUT, DASS UNS
JETZT NIEMAND
MEHR STÖRT!
GO GO GO GO
WURRR WURRR
WIE ES
AUSSIEHT, SIND
JA KEINE MEINER
MITSTREITER MEHR
HIER!!
WURRR WURRR
HÄ?!
DAS TEIL
KANN SICH
DREHEN?!!
UOO-
OOH?!!
IST
DAS SO
BEI DINO-
SAURIERN?!
HUIIIIII
WURR
WURR
WURR
DIESE
TECHNIK
IST...
... ECHT
ÜBEL! DU
MUSST
FLIEHEN,
EISEN-
BRUDER!!
SCHWACH-
KÖPFE...
WENN IHR
EUCH SCHON
SORGEN
MACHT...
VUIIIII
... DANN
LIEBER
UM EUCH
SELBST!!!
?!!

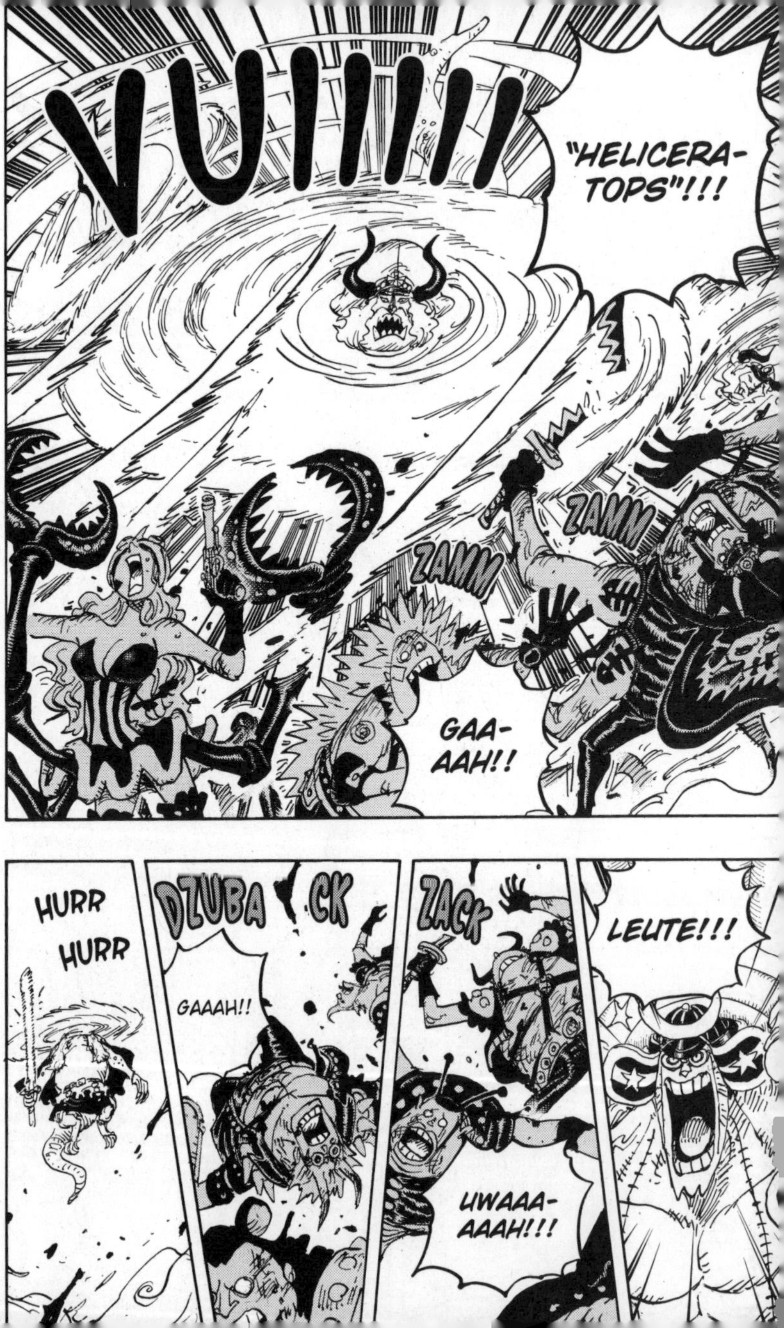
VUIIIIII
"HELICERA-TOPS"!!!
ZAMM
ZAMM
GAA-AAH!!
LEUTE!!!
ZACK
UWAAA-AAAH!!!
DZUBA CK
GAAAH!!
HURR HURR

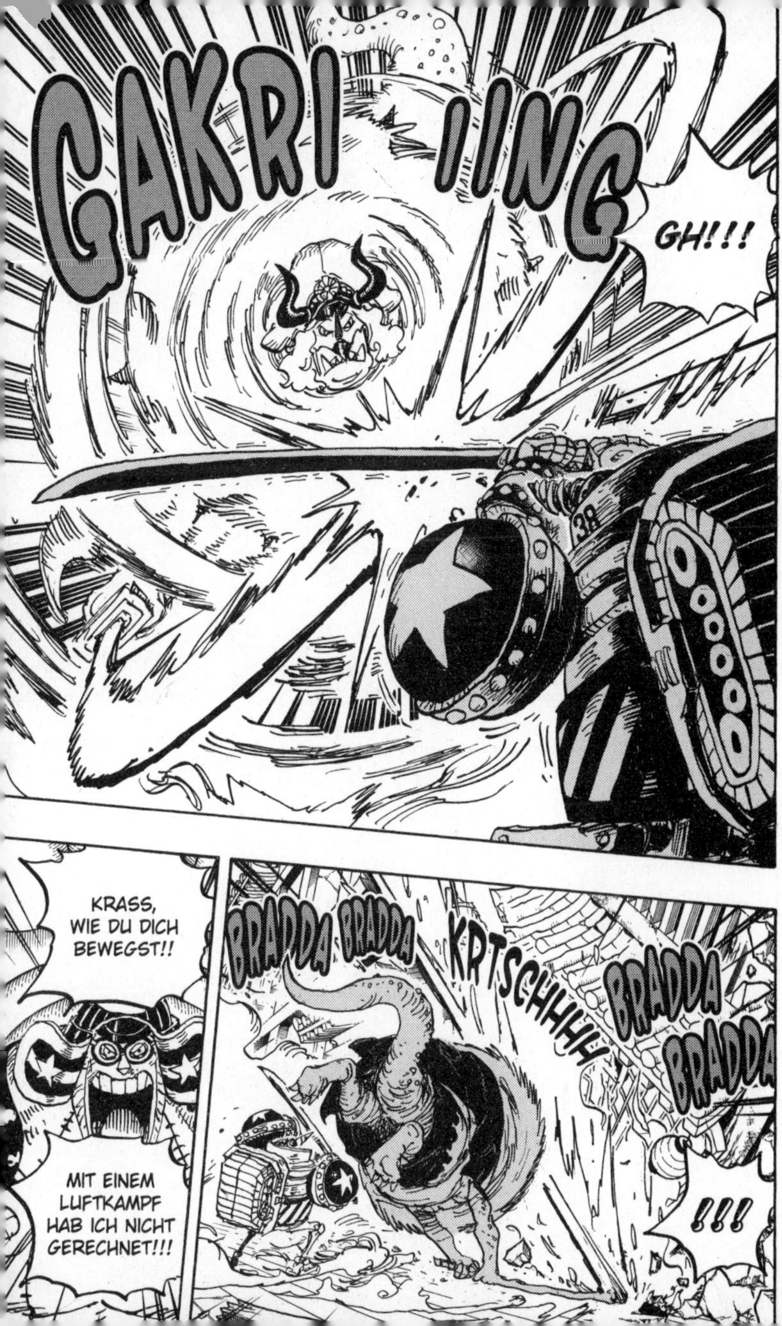
GAKRI IING
GH!!!
BRADDA BRADDA
KRTSCHHHH
BRADDA BRADDA
!!!
KRASS, WIE DU DICH BEWEGST!!
MIT EINEM LUFTKAMPF HAB ICH NICHT GERECHNET!!!

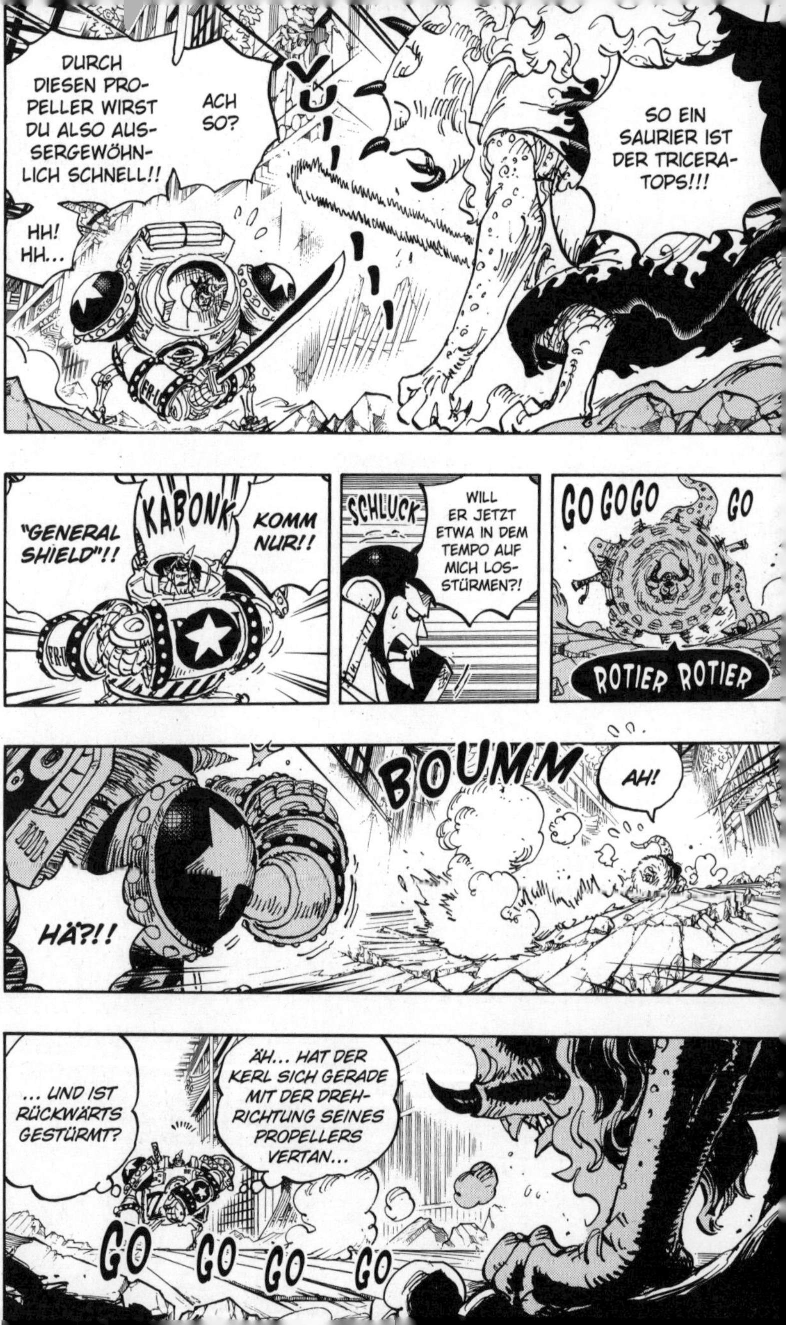
SO EIN SAURIER IST DER TRICERA-TOPS!!!
ACH SO?
DURCH DIESEN PRO-PELLER WIRST DU ALSO AUS-SERGEWÖHN-LICH SCHNELL!!
HH! HH...
GO GOGO GO
ROTIER ROTIER
SCHLUCK
WILL ER JETZT ETWA IN DEM TEMPO AUF MICH LOS-STÜRMEN?!
KOMM NUR!!
KABONK
"GENERAL SHIELD"!!
AH!
BOUMM
HÄ?!!
ÄH... HAT DER KERL SICH GERADE MIT DER DREH-RICHTUNG SEINES PROPELLERS VERTAN...
... UND IST RÜCKWÄRTS GESTÜRMT?
GO GO GO GO

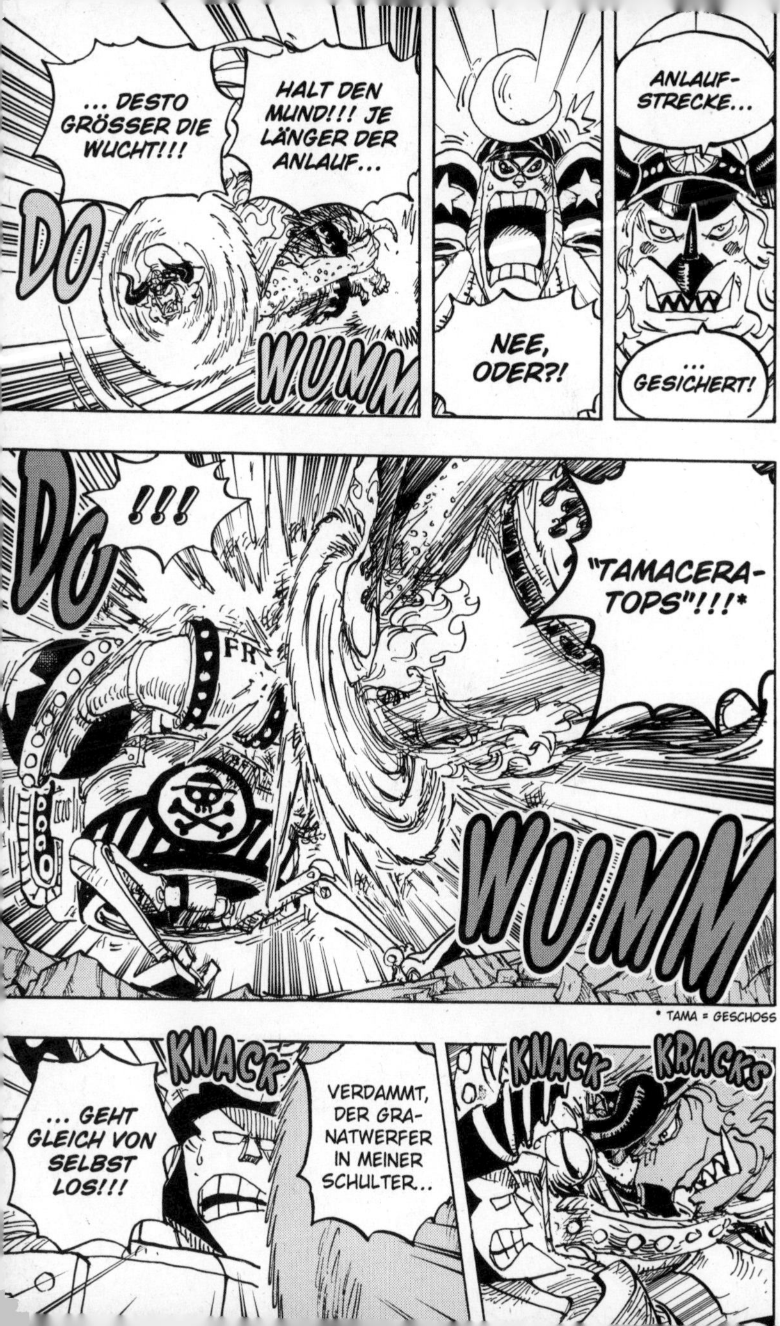

* TAMA = GESCHOSS

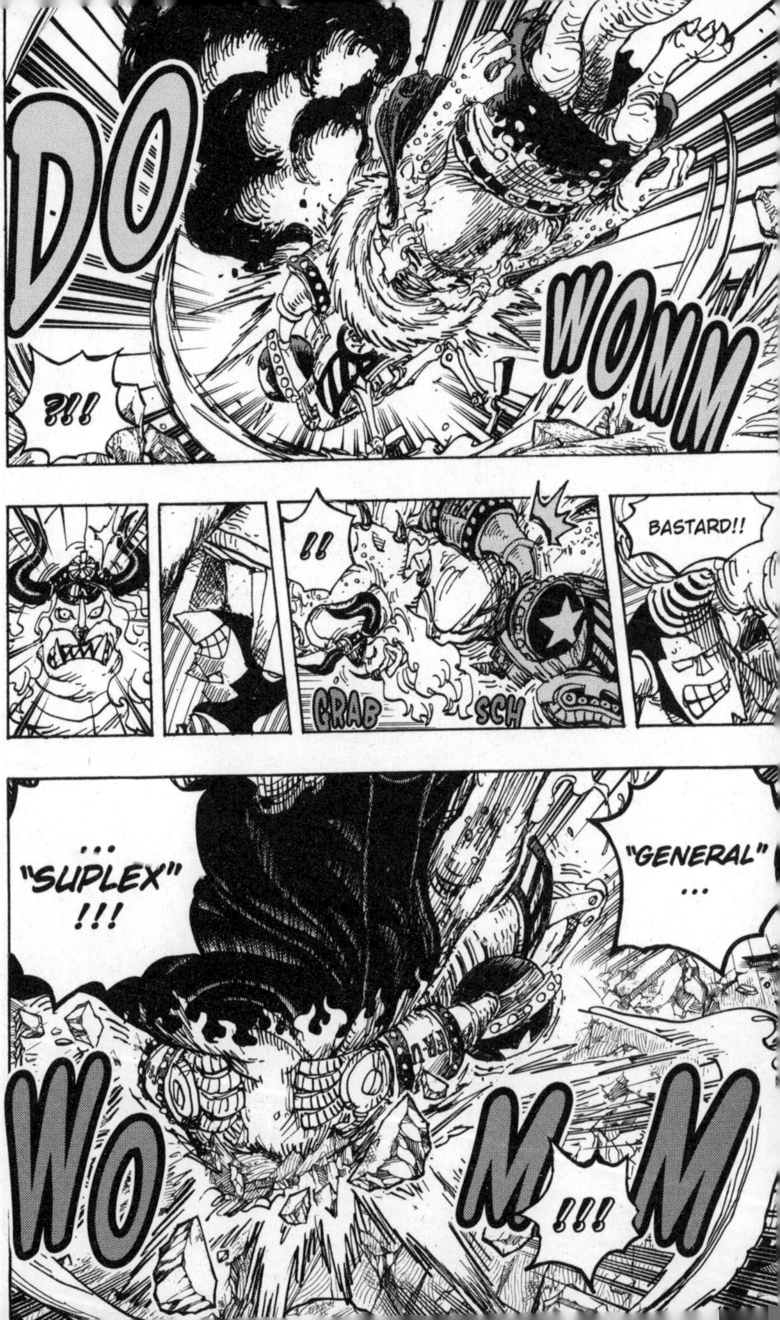
DO
WOMM
?!!
BASTARD!!
SCH
!!
GRAB
"GENERAL"
...
...
"SUPLEX"
!!!
WO
M
M
!!!

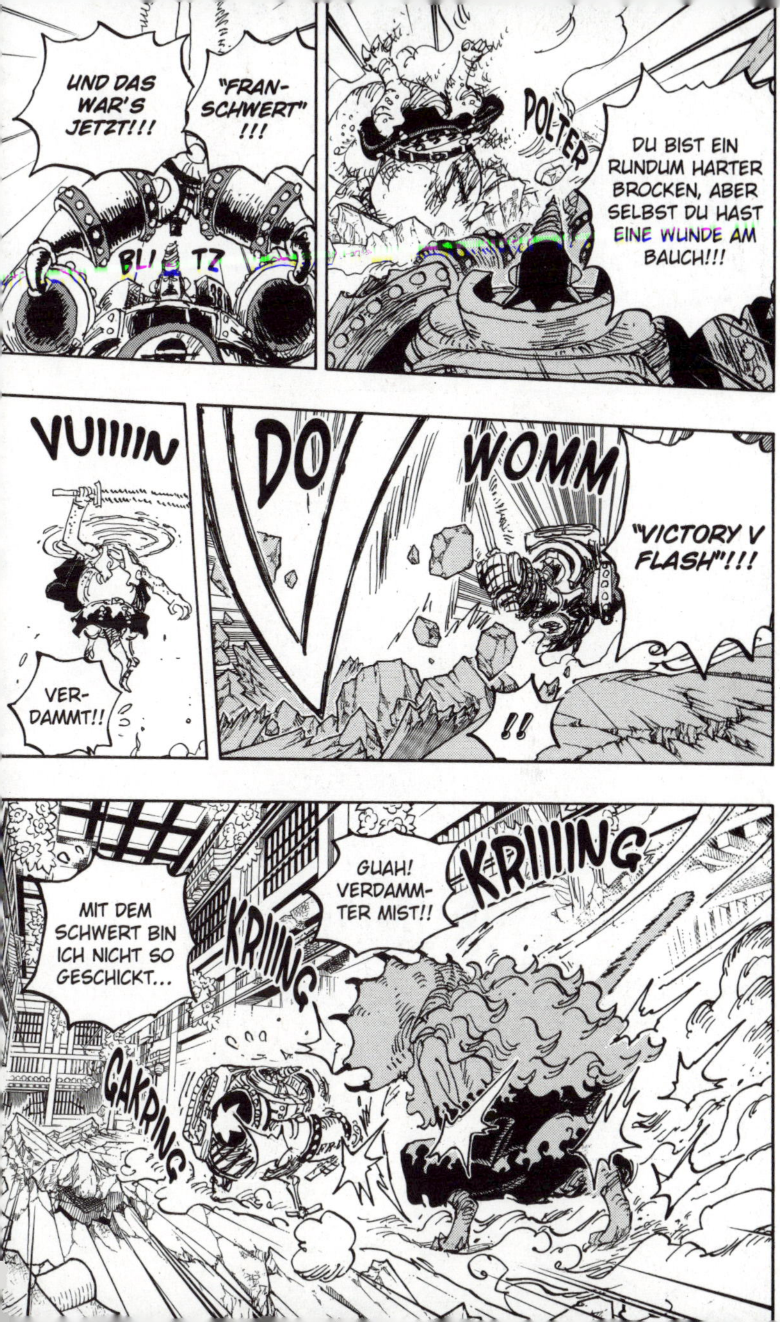
UND DAS WAR'S JETZT!!!
"FRAN-SCHWERT" !!!
BLITZ
POLTER
DU BIST EIN RUNDUM HARTER BROCKEN, ABER SELBST DU HAST EINE WUNDE AM BAUCH!!!
VUIIIIN
VER-DAMMT!!
DO
WOMM
"VICTORY V FLASH"!!!
!!
KRIIIING
GUAH! VERDAMM-TER MIST!!
KRIIING
MIT DEM SCHWERT BIN ICH NICHT SO GESCHICKT...
GAKRING

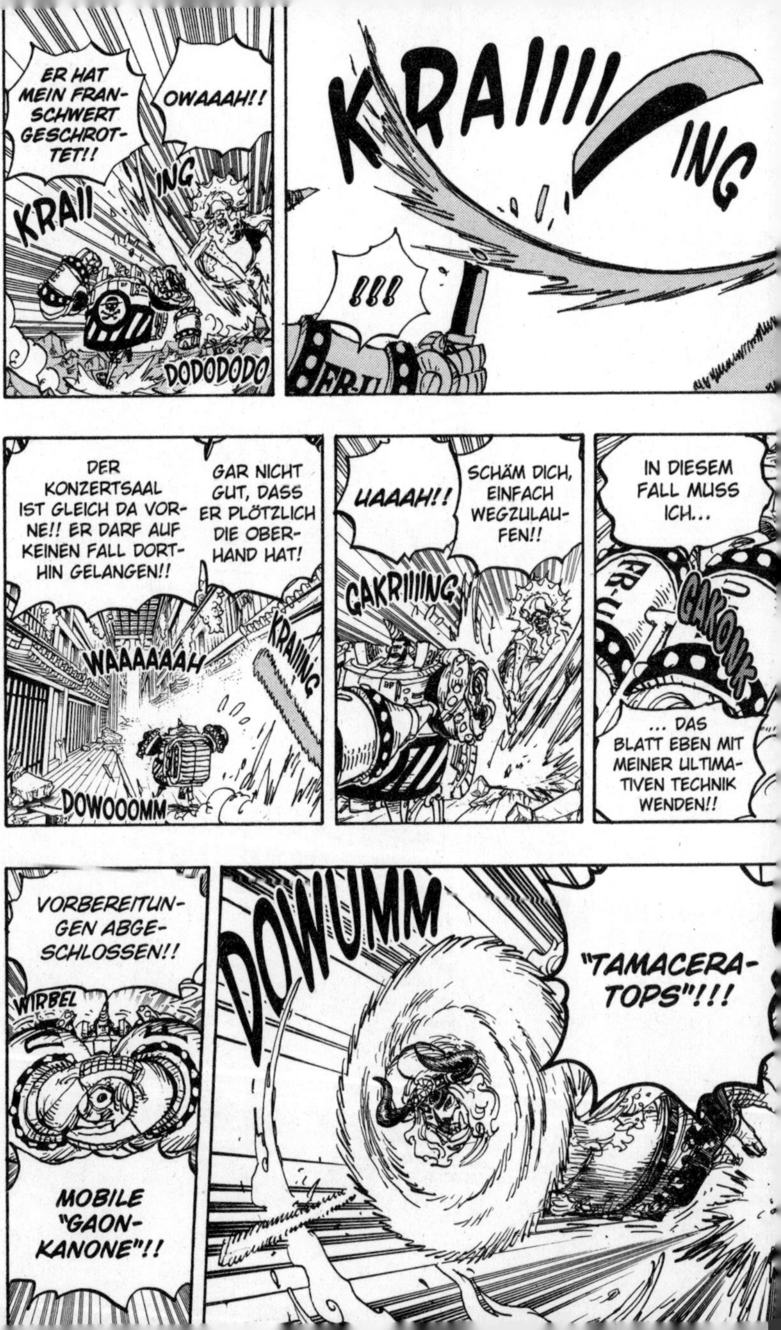
KRAIIIIIING
!!!
OWAAAH!!
ER HAT MEIN FRANSCHWERT GESCHROTTET!!
KRAII ING
DODODODO
IN DIESEM FALL MUSS ICH...
... DAS BLATT EBEN MIT MEINER ULTIMATIVEN TECHNIK WENDEN!!
GAKONK
SCHÄM DICH, EINFACH WEGZULAUFEN!!
UAAAH!!
GAKRIIIING
GAR NICHT GUT, DASS ER PLÖTZLICH DIE OBERHAND HAT!
DER KONZERTSAAL IST GLEICH DA VORNE!! ER DARF AUF KEINEN FALL DORTHIN GELANGEN!!
KRAIIING
WAAAAAAH
DOWOOOMM
"TAMACERATOPS"!!!
DOWUMM
VORBEREITUNGEN ABGESCHLOSSEN!!
WIRBEL
MOBILE "GAONKANONE"!!

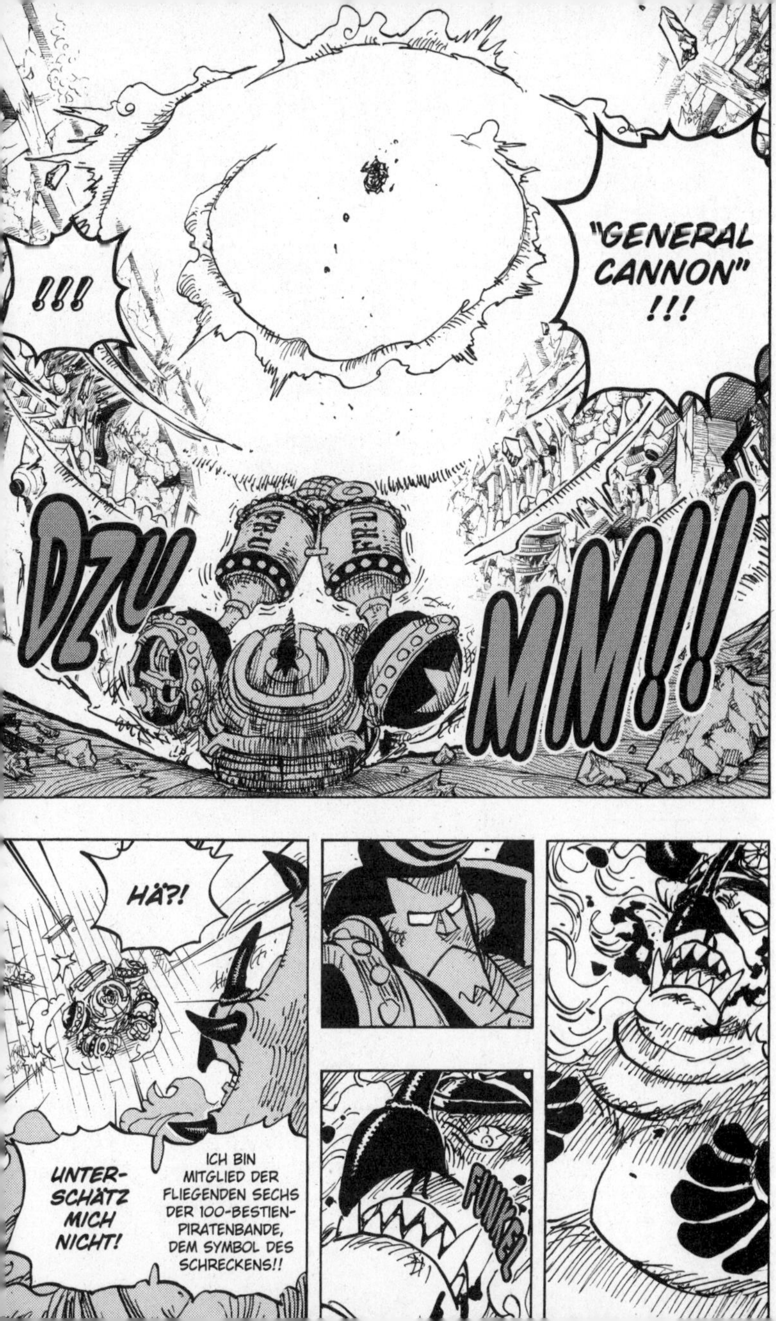
"GENERAL CANNON" !!!
!!!
DZUMM!!
FUNKEL
HÄ?!
ICH BIN MITGLIED DER FLIEGENDEN SECHS DER 100-BESTIEN-PIRATENBANDE, DEM SYMBOL DES SCHRECKENS!!
UNTER-SCHÄTZ MICH NICHT!

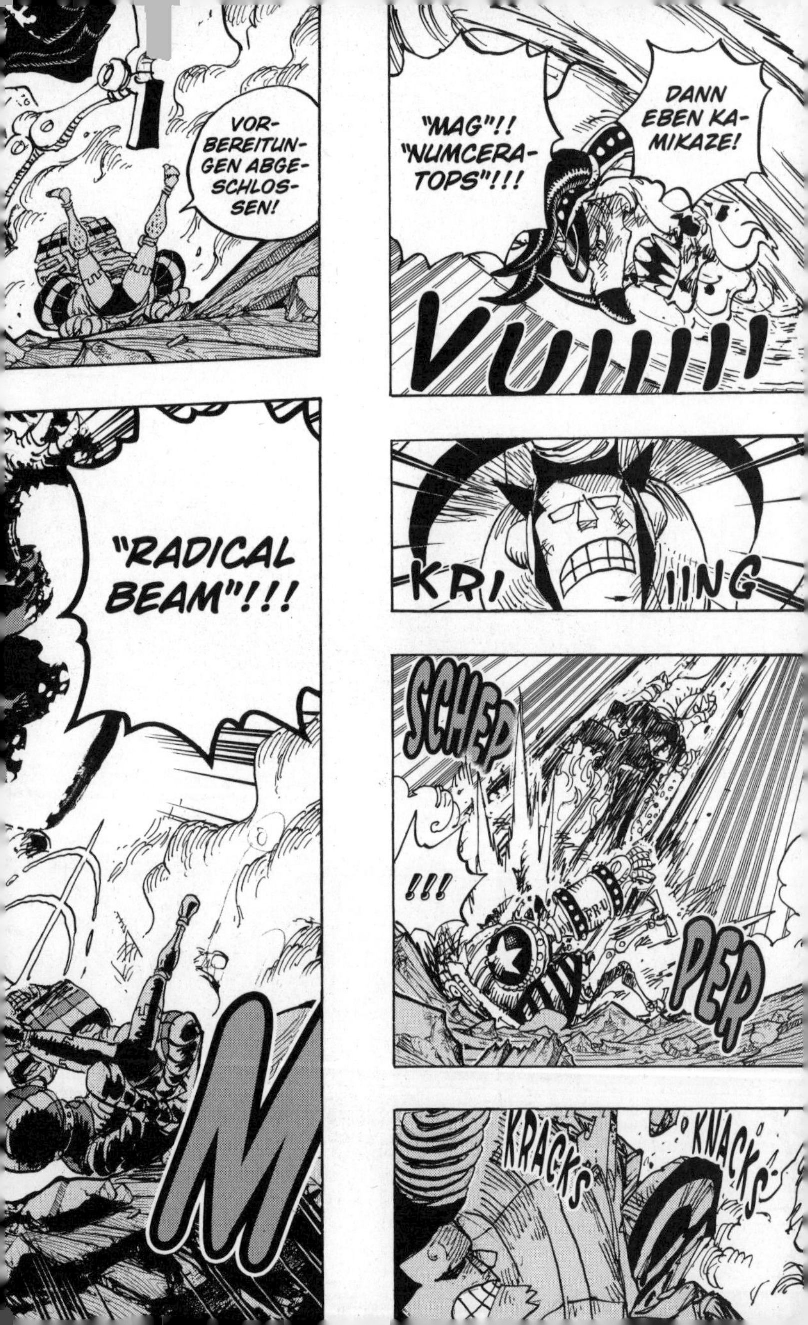

DANN EBEN KAMIKAZE!
"MAG"!! "NUMCERATOPS"!!!
VUIIIII
VORBEREITUNGEN ABGESCHLOSSEN!
KRI IING
SCHEP PEP
!!!
"RADICAL BEAM"!!!
M
KRACKS
KNACKS

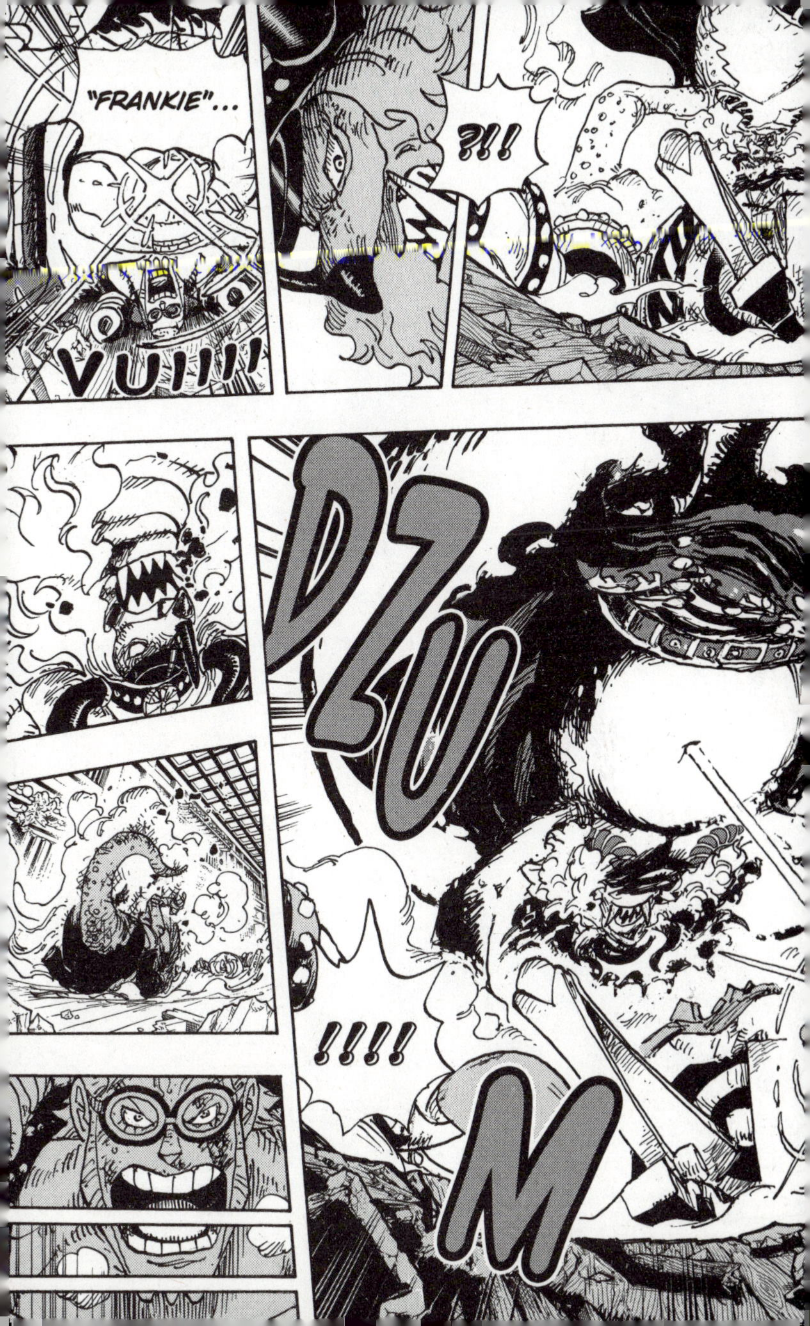

?!!
"FRANKIE"...
VUIII
DZOOM
!!!!

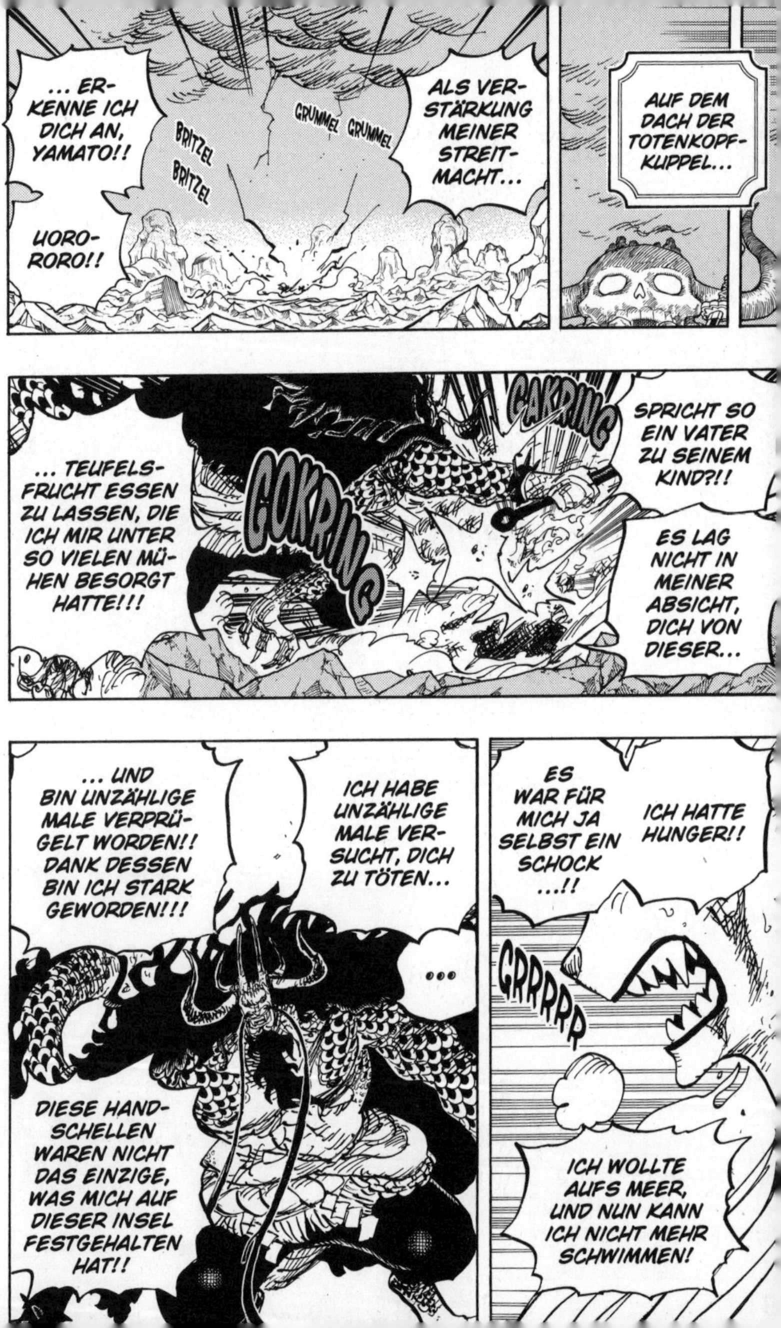
AUF DEM DACH DER TOTENKOPF-KUPPEL...
ALS VERSTÄRKUNG MEINER STREITMACHT...
GRUMMEL GRUMMEL
BRITZEL BRITZEL
... ERKENNE ICH DICH AN, YAMATO!!
UORO-RORO!!
SPRICHT SO EIN VATER ZU SEINEM KIND?!!
GAKRING
ES LAG NICHT IN MEINER ABSICHT, DICH VON DIESER...
GOKRING
... TEUFELSFRUCHT ESSEN ZU LASSEN, DIE ICH MIR UNTER SO VIELEN MÜHEN BESORGT HATTE!!!
ICH HATTE HUNGER!!
ES WAR FÜR MICH JA SELBST EIN SCHOCK ...!!
GRRRRR
ICH WOLLTE AUFS MEER, UND NUN KANN ICH NICHT MEHR SCHWIMMEN!
ICH HABE UNZÄHLIGE MALE VERSUCHT, DICH ZU TÖTEN...
... UND BIN UNZÄHLIGE MALE VERPRÜGELT WORDEN!! DANK DESSEN BIN ICH STARK GEWORDEN!!!
...
DIESE HANDSCHELLEN WAREN NICHT DAS EINZIGE, WAS MICH AUF DIESER INSEL FESTGEHALTEN HAT!!

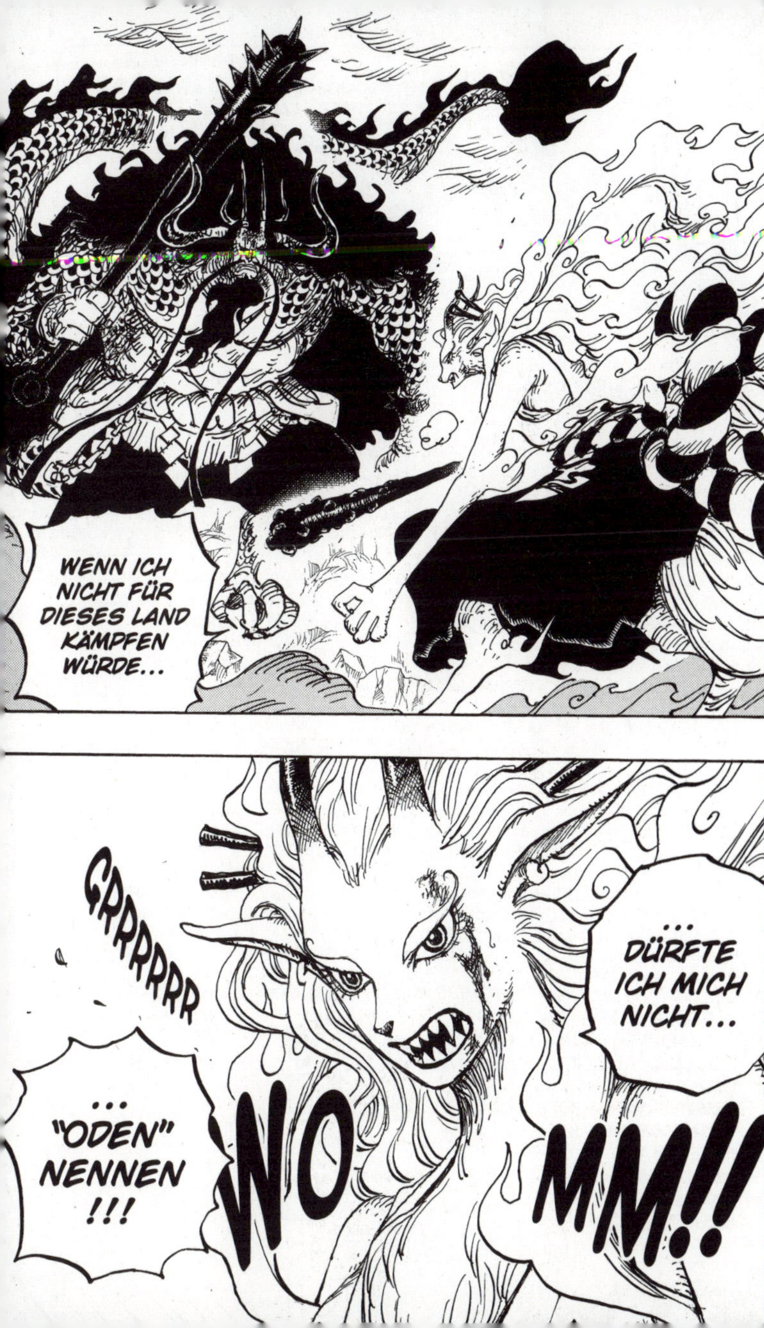
WENN ICH NICHT FÜR DIESES LAND KÄMPFEN WÜRDE...
... DÜRFTE ICH MICH NICHT...
GRRRRRRR
... "ODEN" NENNEN !!!
WOMM!!

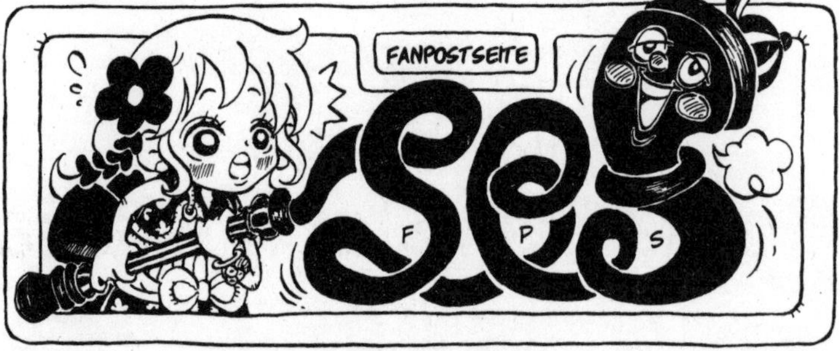

L: WIE NIMMT KING NAHRUNG UND GETRÄNKE ZU SICH?
PSEUDONYM: EBI

O: AH, OKAY. GEBEN WIR IHM EIN REISKLÖSSCHEN.

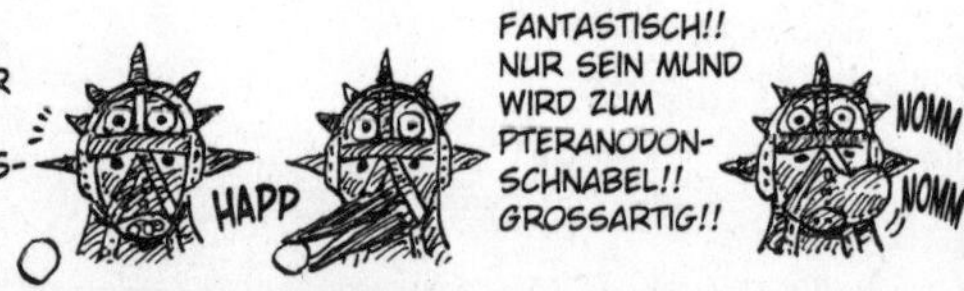

FANTASTISCH!! NUR SEIN MUND WIRD ZUM PTERANODON-SCHNABEL!! GROSSARTIG!!

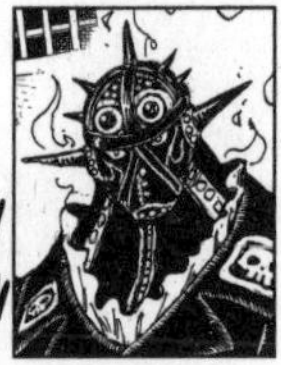

L: GUTEN TAG, ODA-CHI! IN LETZTER ZEIT SIND EINE MENGE LEUTE ALS EINE ART ONE-PIECE-KOMMENTAR-YOUTUBER AKTIV. SCHAUST DU DIR SOLCHE KANÄLE AUCH MAL AN? UNTER ONE-PIECE-NERDS GIBT ES KEINE SCHLECHTEN MENSCHEN!! (HAHA)
PSEUDONYM: MASSUN

O: ICH WEISS VON IHRER EXISTENZ UND HABE AUCH EIN PAARMAL REINGESCHAUT. ICH FINDE ES ERSTAUNLICH, WIE GUT DIE SICH ALLE AUSKENNEN. AUCH IHRE KOMMENTARE. DA SIE VERMUTUNGEN ÜBER DEN FORTGANG DER GESCHICHTE ANSTELLEN, SCHAUE ICH SIE MIR LIEBER NICHT AN, HAHA. FÜR MICH IST ES GEFÄHRLICH, WENN ICH DARÜBER NACHDENKE, DASS LEUTE VON DIESEM LEVEL MEINE LESER SIND, UND DA ES AUSSERDEM AUCH SEHR VIELE FANS GIBT, DIE DEN MANGA WENIGER INTENSIV LESEN, MUSS ICH ONE PIECE SO ZEICHNEN, DASS ALLE ETWAS DAVON HABEN. ICH HABE DIE BEFÜRCHTUNG, WENN ICH MIR DIESE LEUTE ANSCHAUEN WÜRDE, DIE DIE STORY SO GRÜNDLICH INTERPRETIEREN, WÜRDE ICH NACHLÄSSIG WERDEN, SO NACH DEM MOTTO: "OKAY, DAS MUSS ICH DANN JA WOHL NICHT MEHR ERKLÄREN", HAHA. ES FINDET ALSO MEINERSEITS KEINE STRENGE ÜBERPRÜFUNG STATT. HABT SPASS DABEI UND SEID NETT ZUEINANDER! AH, ES GIBT JETZT AUCH DEN OFFIZIELLEN YOUTUBE-KANAL "NAKAMA GA IRU YO TUBE", ALSO SCHAUT MAL REIN!

L: GUTEN TAG, ODA-CHI!! IN BAND 100 HABEN WIR DEN NAMEN UND DIE PERSONIFIKATION VON KAIDOS EISENKEULE KENNENGELERNT, DESHALB WÜSSTE ICH JETZT GERNE DEN NAMEN VON YAMATOS EISENKEULE UND WÜRDE GERNE DIE PERSONIFIKATION SEHEN!!!!
PSEUDONYM: KOTA

O: JA, DARIN BIN ICH GUT! SIE HEISST "TAKERU".

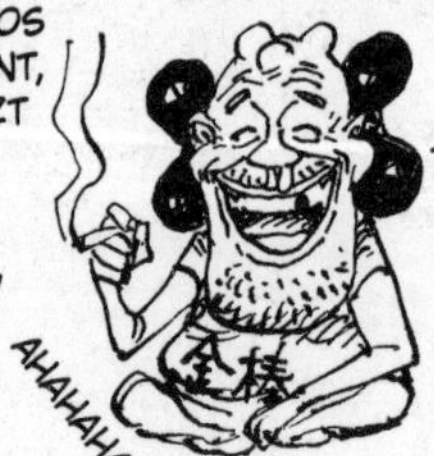

JA, TAKERU!

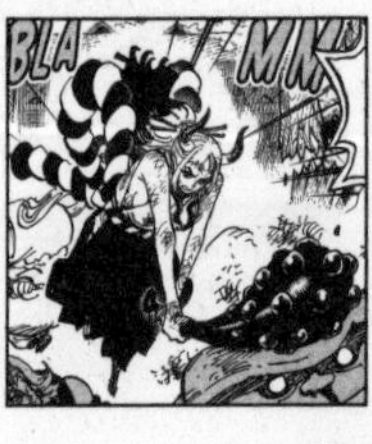

1020. Kapitel:

Robin vs. Black Maria

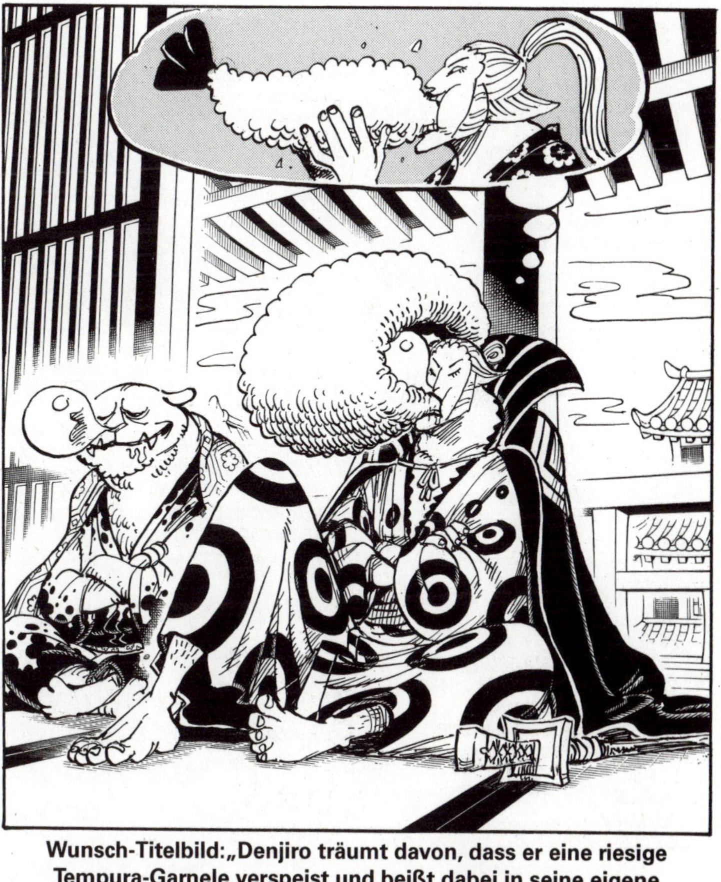

Wunsch-Titelbild: „Denjiro träumt davon, dass er eine riesige Tempura-Garnele verspeist und beißt dabei in seine eigene Elvistolle" – Pseudonym: 420land

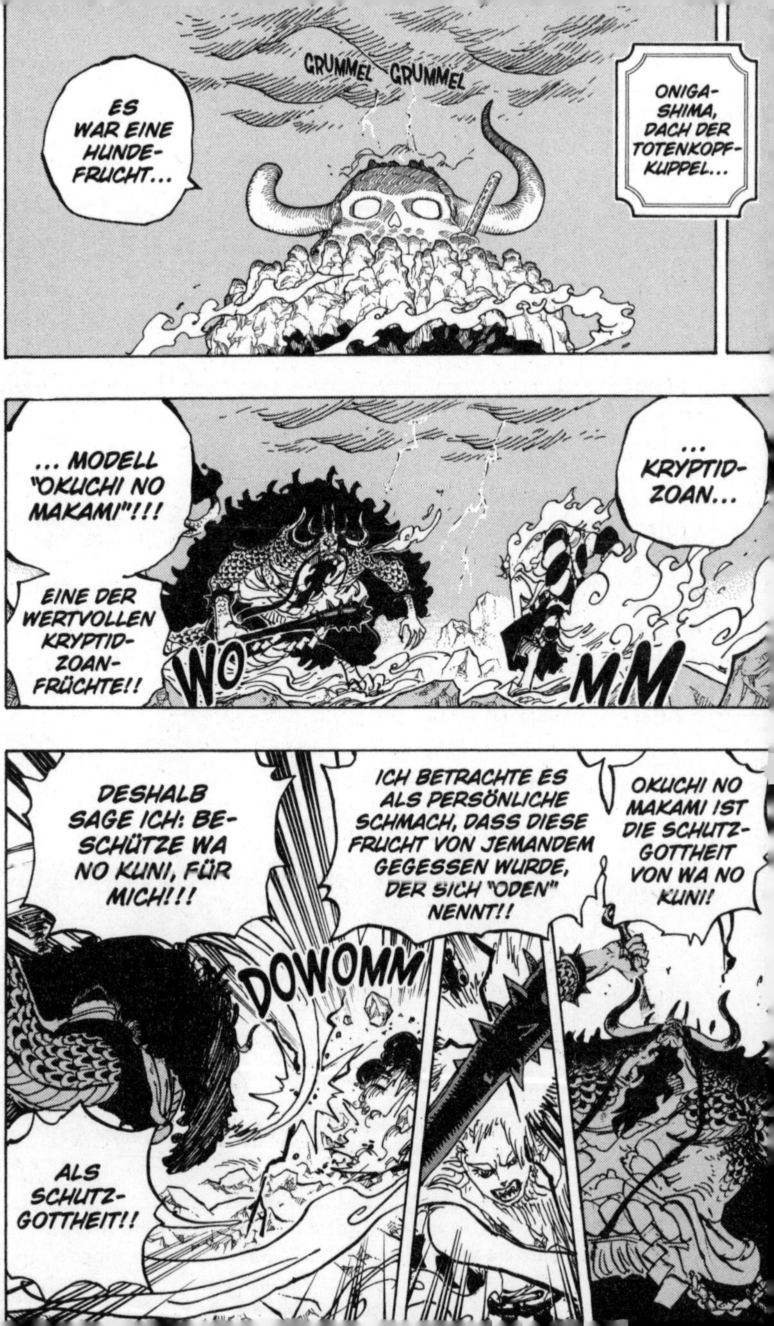
ONIGASHIMA, DACH DER TOTENKOPFKUPPEL...
GRUMMEL GRUMMEL
ES WAR EINE HUNDEFRUCHT...
... KRYPTIDZOAN...
... MODELL "OKUCHI NO MAKAMI"!!!
EINE DER WERTVOLLEN KRYPTIDZOANFRÜCHTE!!
WOMM
OKUCHI NO MAKAMI IST DIE SCHUTZGOTTHEIT VON WA NO KUNI!
ICH BETRACHTE ES ALS PERSÖNLICHE SCHMACH, DASS DIESE FRUCHT VON JEMANDEM GEGESSEN WURDE, DER SICH "ODEN" NENNT!!
DESHALB SAGE ICH: BESCHÜTZE WA NO KUNI, FÜR MICH!!!
DOWOMM
ALS SCHUTZGOTTHEIT!!

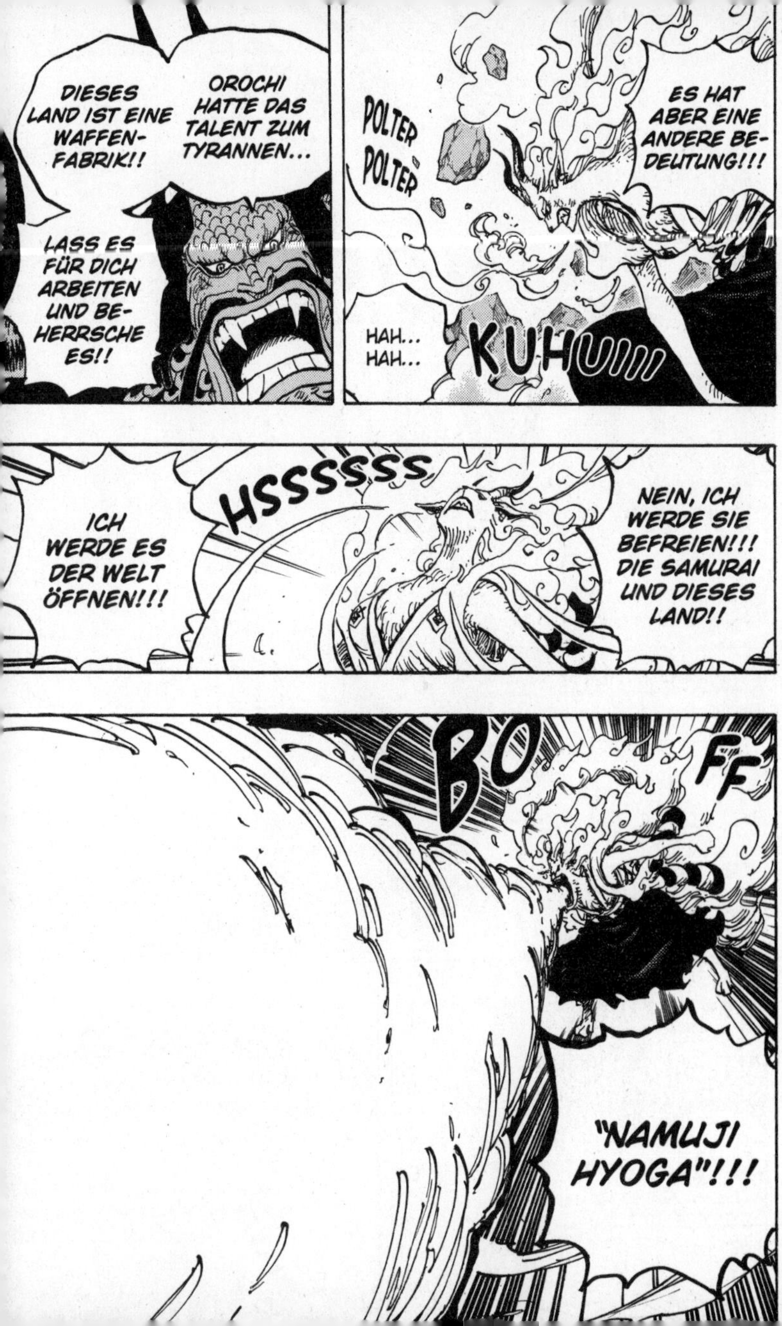
ES HAT ABER EINE ANDERE BEDEUTUNG!!!
POLTER POLTER
HAH... HAH...
KUHUIII
OROCHI HATTE DAS TALENT ZUM TYRANNEN...
DIESES LAND IST EINE WAFFENFABRIK!!
LASS ES FÜR DICH ARBEITEN UND BEHERRSCHE ES!!
NEIN, ICH WERDE SIE BEFREIEN!!! DIE SAMURAI UND DIESES LAND!!
HSSSSSS
ICH WERDE ES DER WELT ÖFFNEN!!!
BOFF
"NAMUJI HYOGA"!!!

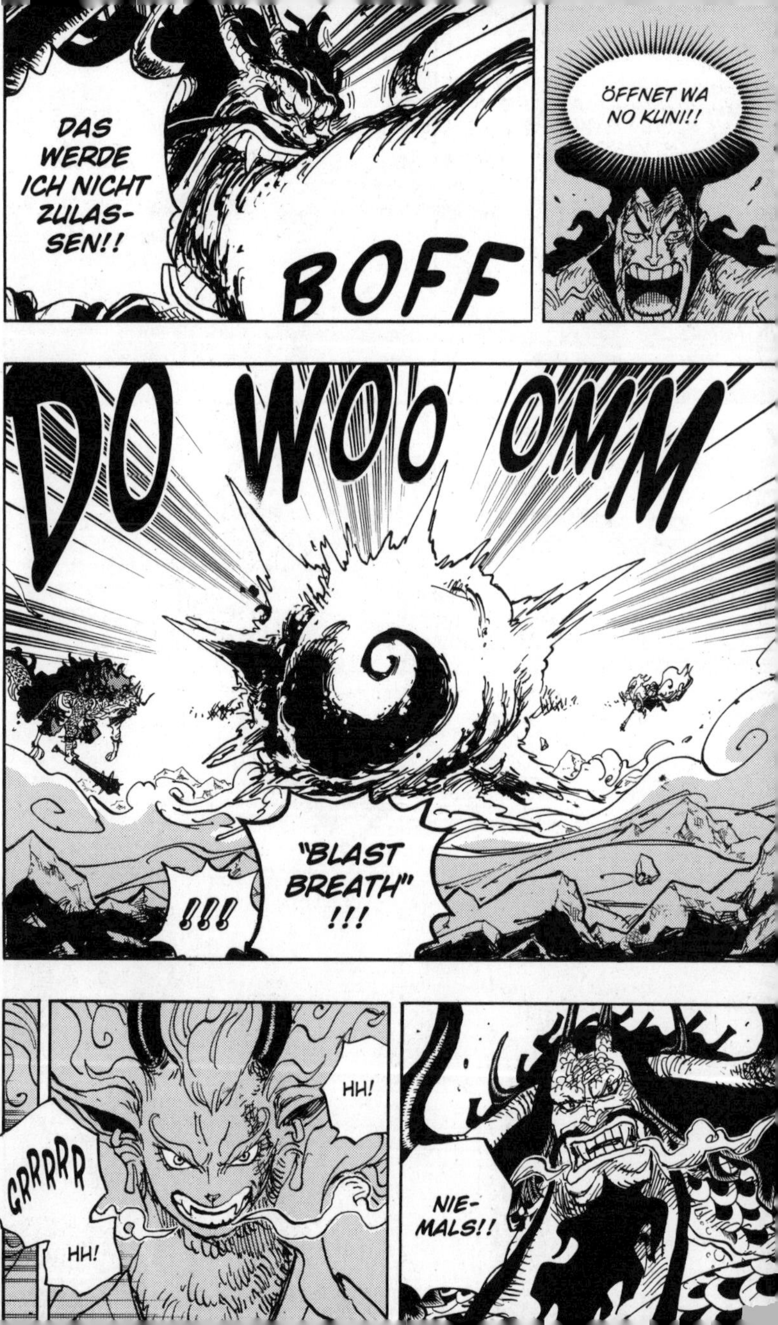
ÖFFNET WA NO KUNI!!
DAS WERDE ICH NICHT ZULAS-SEN!!
BOFF
DO WOO OMM
"BLAST BREATH"!!!
!!!
NIE-MALS!!
HH!
GRRRRR
HH!

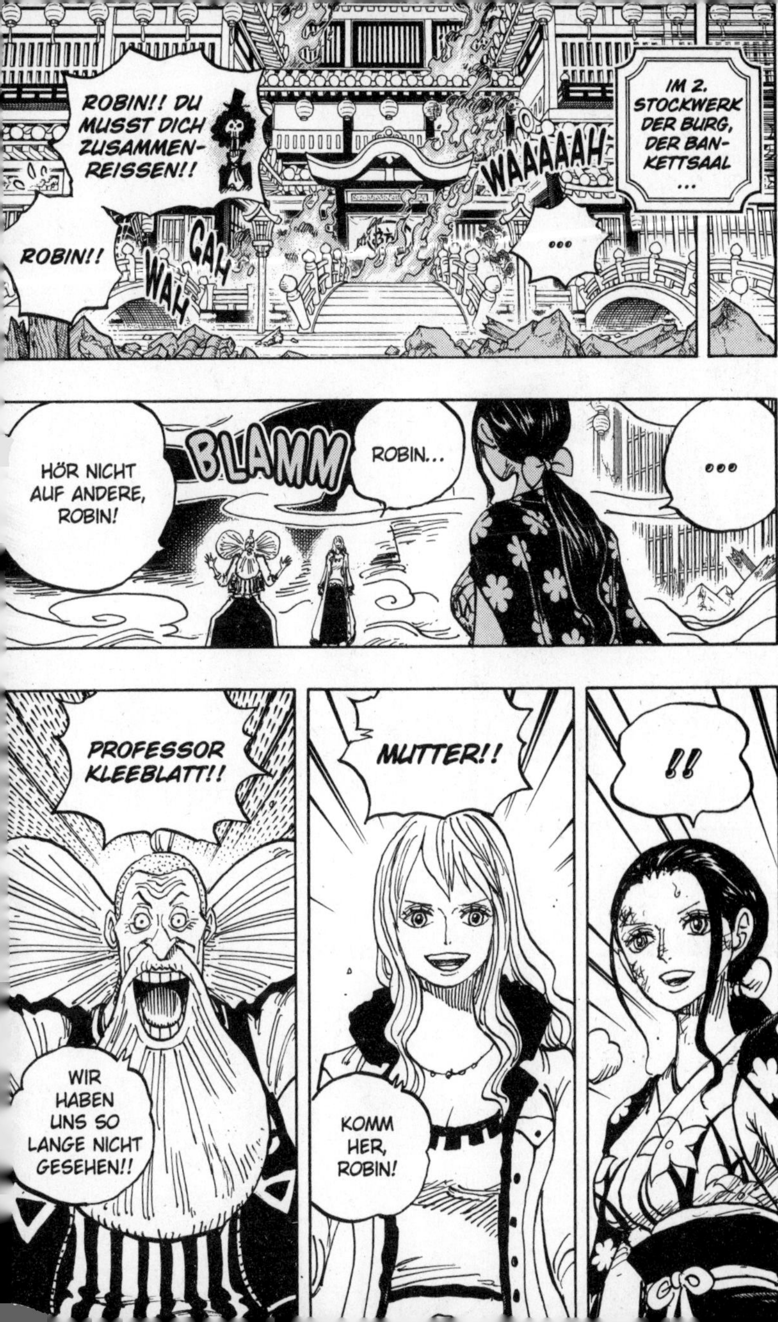

IM 2. STOCKWERK DER BURG, DER BANKETTSAAL ...
...
WAAAAAH
ROBIN!! DU MUSST DICH ZUSAMMENREISSEN!!
GAH
WAH
ROBIN!!
...
ROBIN...
BLAMM
HÖR NICHT AUF ANDERE, ROBIN!
!!
MUTTER!!
KOMM HER, ROBIN!
PROFESSOR KLEEBLATT!!
WIR HABEN UNS SO LANGE NICHT GESEHEN!!

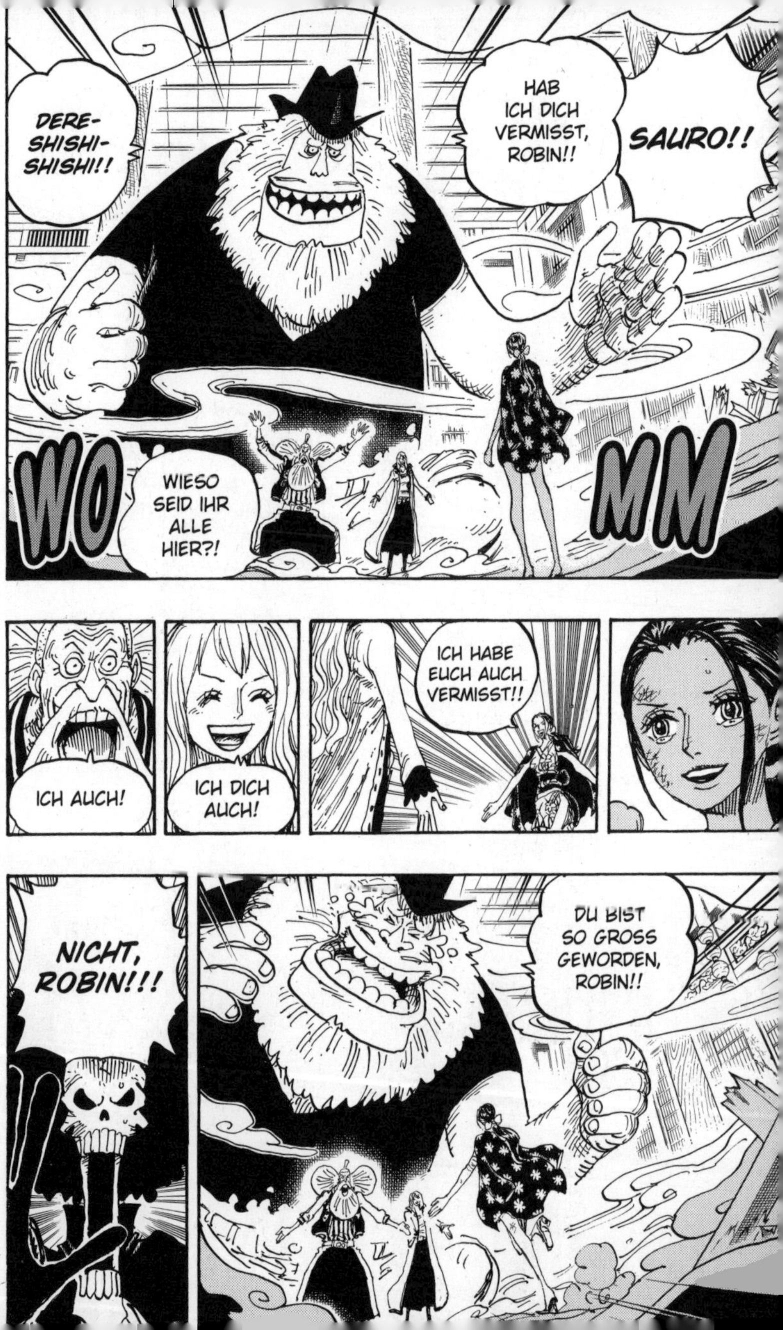
SAURO!!
HAB ICH DICH VERMISST, ROBIN!!
DERE-SHISHI-SHISHI!!
WO MM
WIESO SEID IHR ALLE HIER?!
ICH HABE EUCH AUCH VERMISST!!
ICH DICH AUCH!
ICH AUCH!
DU BIST SO GROSS GEWORDEN, ROBIN!!
NICHT, ROBIN!!!

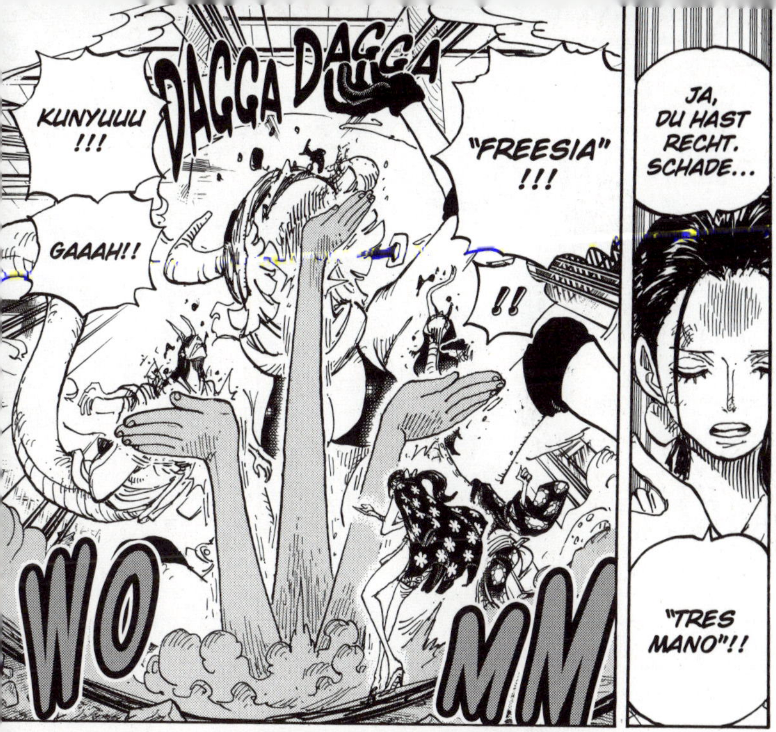

* JAPANISCHER GEIST, "NASSE FRAU" ** EIN VON DER DECKE HERABHÄNGENDER JAPANISCHER GEIST

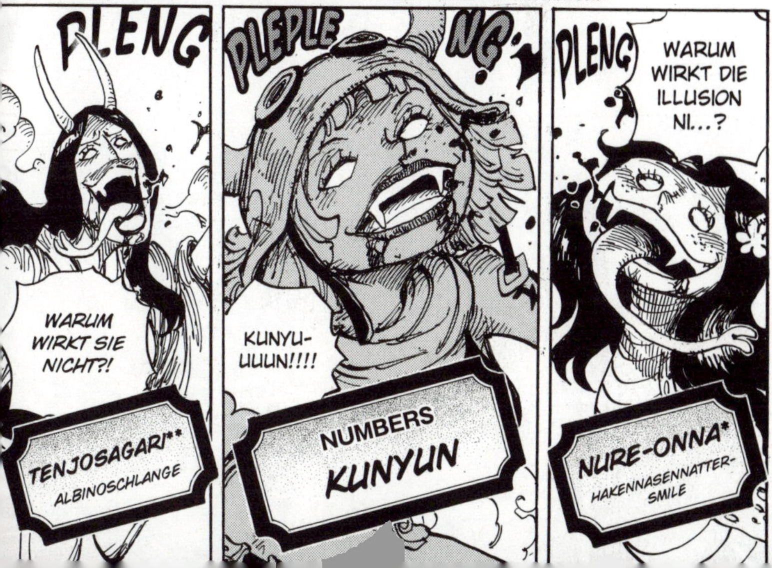

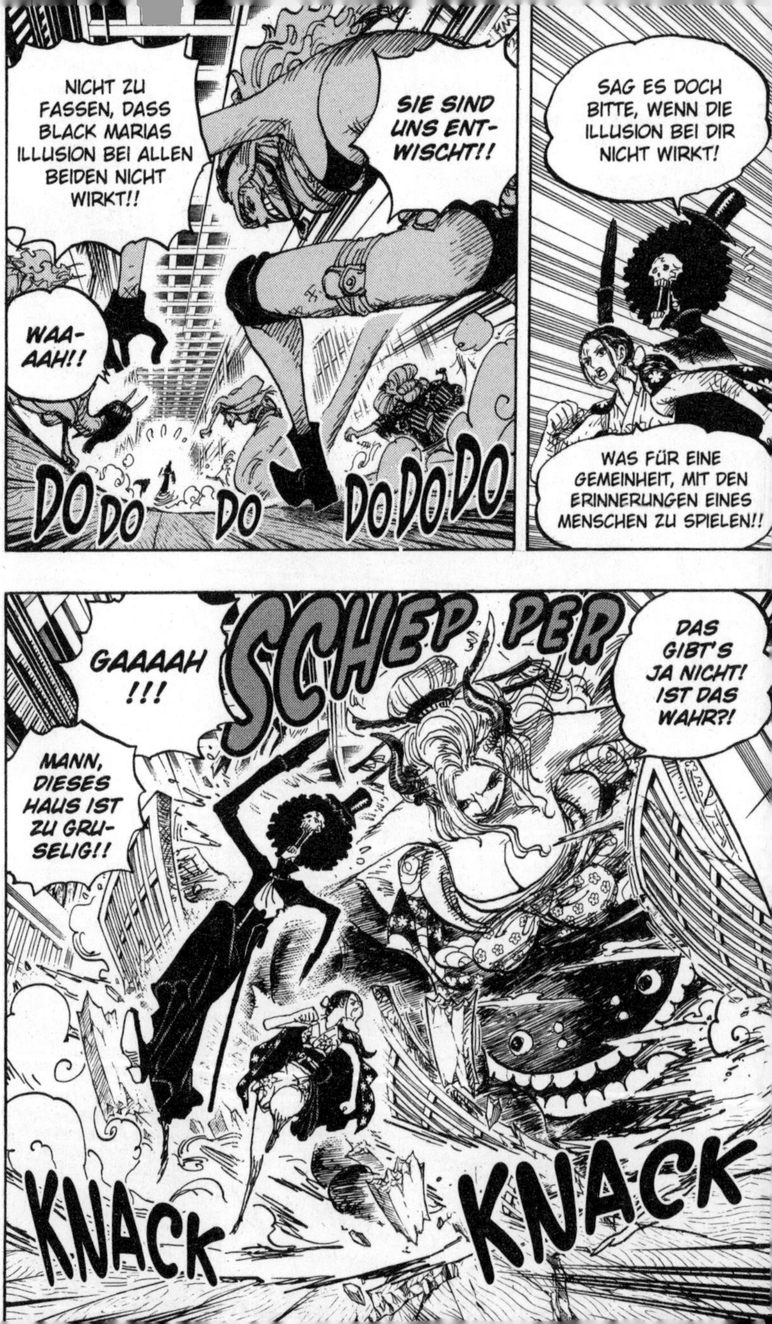
SAG ES DOCH BITTE, WENN DIE ILLUSION BEI DIR NICHT WIRKT!
WAS FÜR EINE GEMEINHEIT, MIT DEN ERINNERUNGEN EINES MENSCHEN ZU SPIELEN!!
SIE SIND UNS ENT-WISCHT!!
NICHT ZU FASSEN, DASS BLACK MARIAS ILLUSION BEI ALLEN BEIDEN NICHT WIRKT!!
WAA-AAH!!
DO DO DO DO DO DO
DAS GIBT'S JA NICHT! IST DAS WAHR?!
SCHEP PER
GAAAAH !!!
MANN, DIESES HAUS IST ZU GRU-SELIG!!
KNACK
KNACK

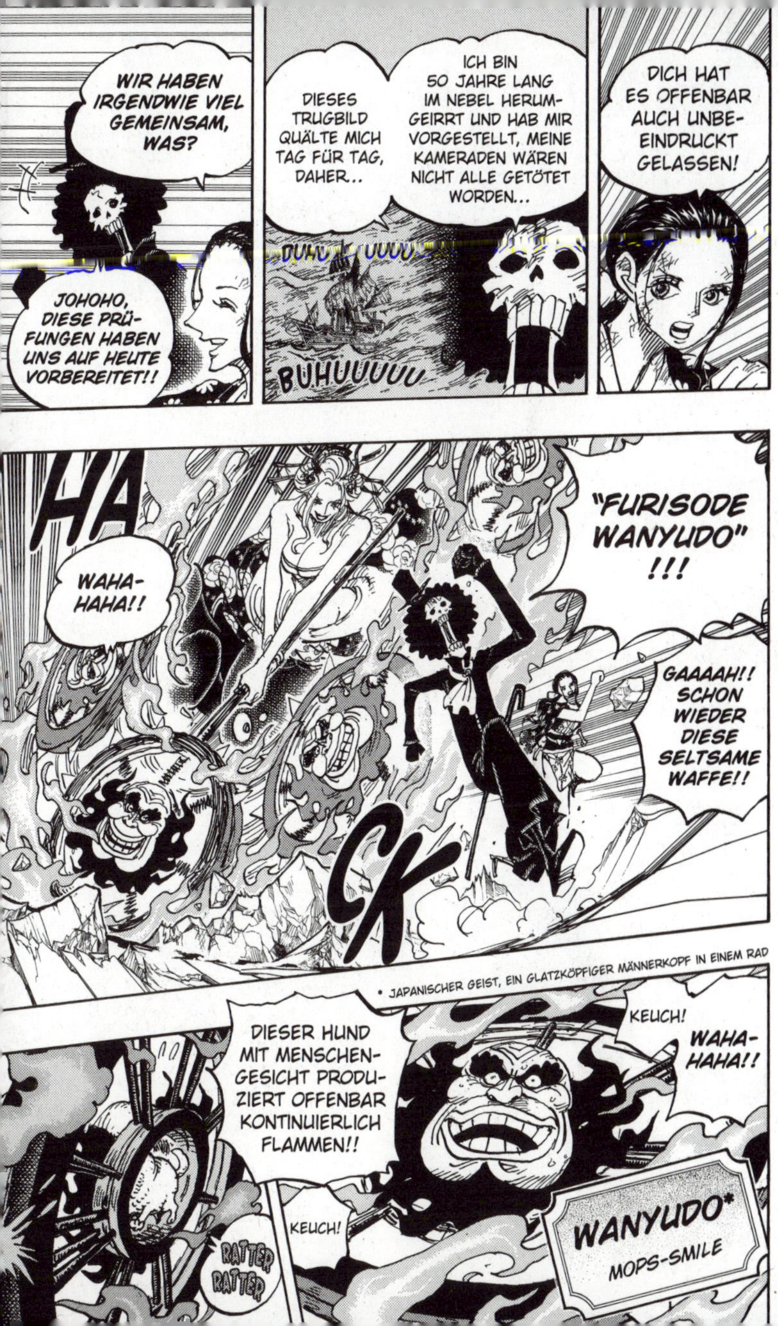
DICH HAT ES OFFENBAR AUCH UNBE-EINDRUCKT GELASSEN!
ICH BIN 50 JAHRE LANG IM NEBEL HERUM-GEIRRT UND HAB MIR VORGESTELLT, MEINE KAMERADEN WÄREN NICHT ALLE GETÖTET WORDEN...
DIESES TRUGBILD QUÄLTE MICH TAG FÜR TAG, DAHER...
BUHUUUUU
WIR HABEN IRGENDWIE VIEL GEMEINSAM, WAS?
JOHOHO, DIESE PRÜ-FUNGEN HABEN UNS AUF HEUTE VORBEREITET!!
"FURISODE WANYUDO" !!!
GAAAAH!! SCHON WIEDER DIESE SELTSAME WAFFE!!
HA
WAHA-HAHA!!
CK
* JAPANISCHER GEIST, EIN GLATZKÖPFIGER MÄNNERKOPF IN EINEM RAD
KEUCH!
WAHA-HAHA!!
DIESER HUND MIT MENSCHEN-GESICHT PRODU-ZIERT OFFENBAR KONTINUIERLICH FLAMMEN!!
WANYUDO*
MOPS-SMILE
KEUCH!
RATTER RATTER

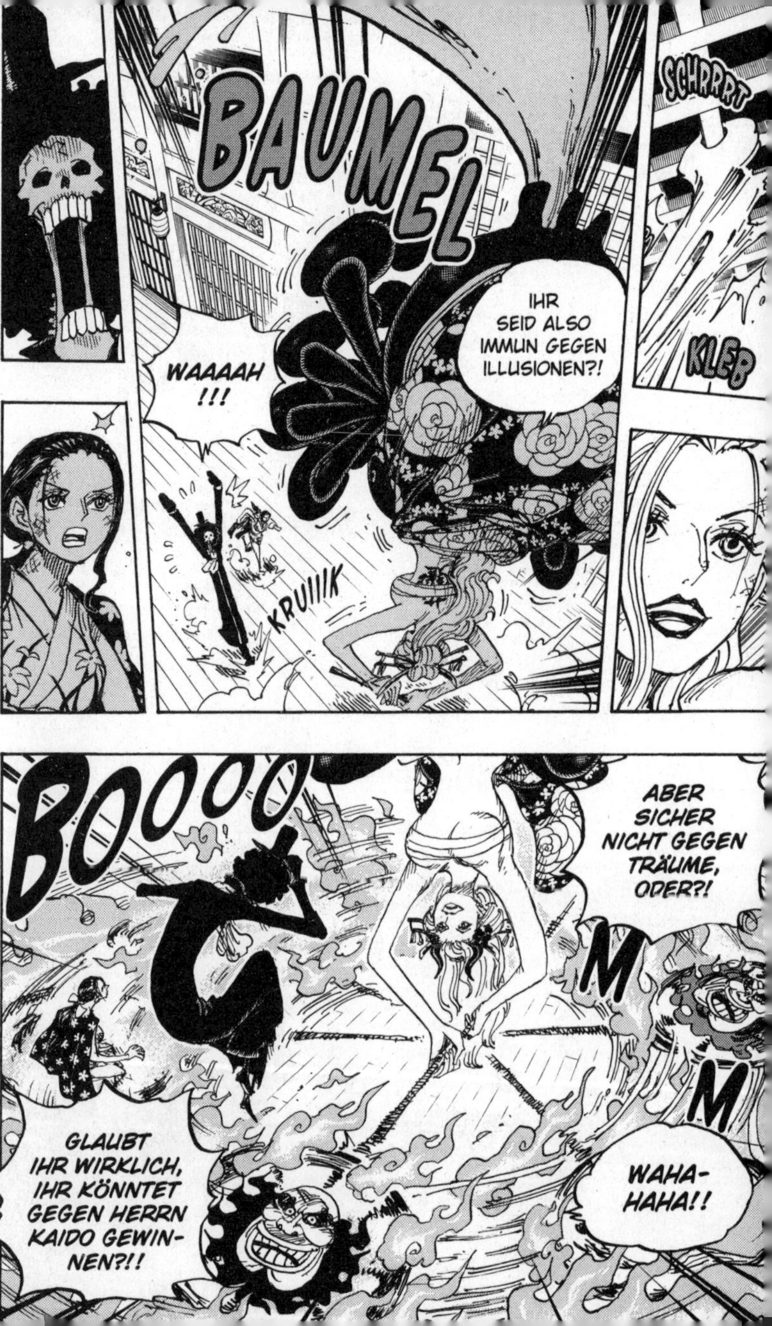

SCHRRRT
KLEB
BAUMEL
IHR SEID ALSO IMMUN GEGEN ILLUSIONEN?!
WAAAAH!!!
KRUIIIK
ABER SICHER NICHT GEGEN TRÄUME, ODER?!
M
M
BOOOO
WAHA-HAHA!!
GLAUBT IHR WIRKLICH, IHR KÖNNTET GEGEN HERRN KAIDO GEWIN-NEN?!!

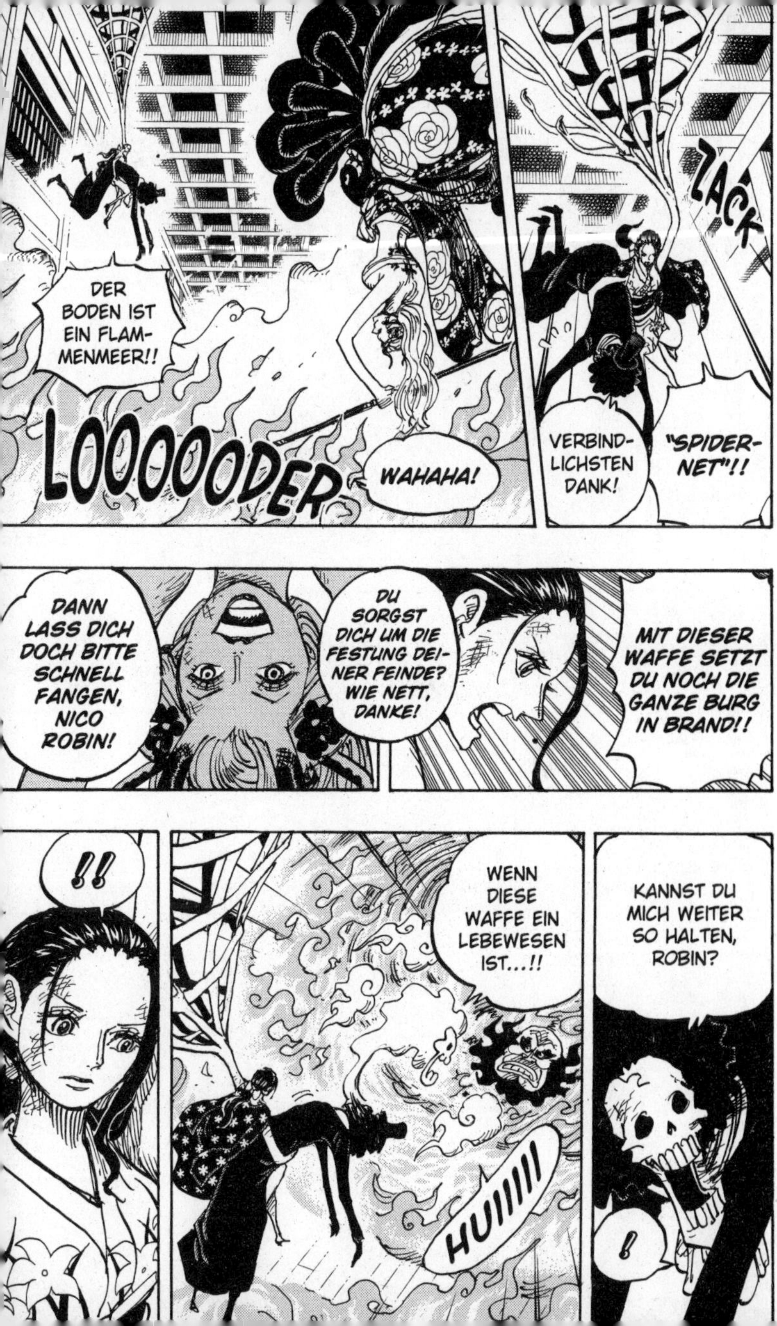
ZACK
"SPIDER-NET"!!
VERBINDLICHSTEN DANK!
WAHAHA!
DER BODEN IST EIN FLAMMENMEER!!
LOOOOODER
MIT DIESER WAFFE SETZT DU NOCH DIE GANZE BURG IN BRAND!!
DU SORGST DICH UM DIE FESTUNG DEINER FEINDE? WIE NETT, DANKE!
DANN LASS DICH DOCH BITTE SCHNELL FANGEN, NICO ROBIN!
KANNST DU MICH WEITER SO HALTEN, ROBIN?
!
WENN DIESE WAFFE EIN LEBEWESEN IST...!!
HUIIIII
!!

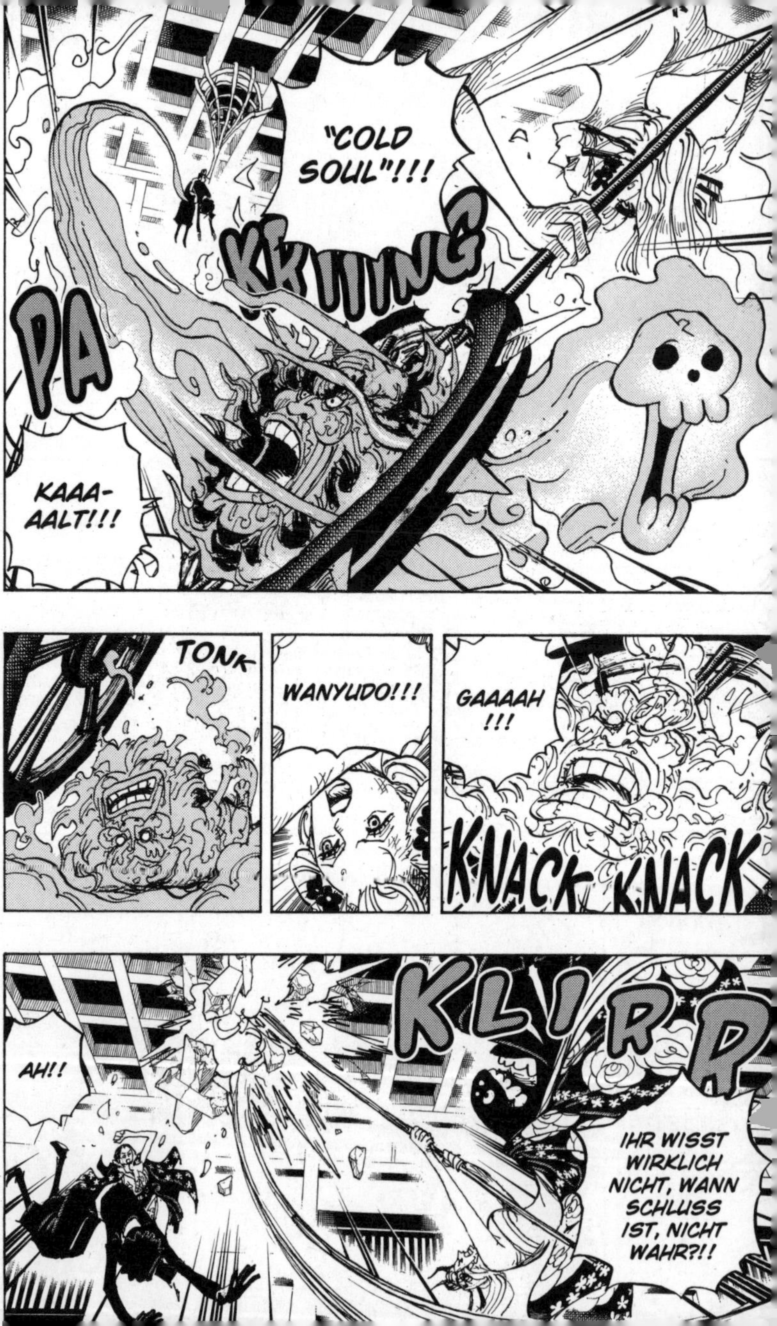

"COLD SOUL"!!!
KKIIING
PA
KAAA-AALT!!!
TONK
WANYUDO!!!
GAAAAH!!!
KNACK KNACK
KLIRR
AH!!
IHR WISST WIRKLICH NICHT, WANN SCHLUSS IST, NICHT WAHR?!!

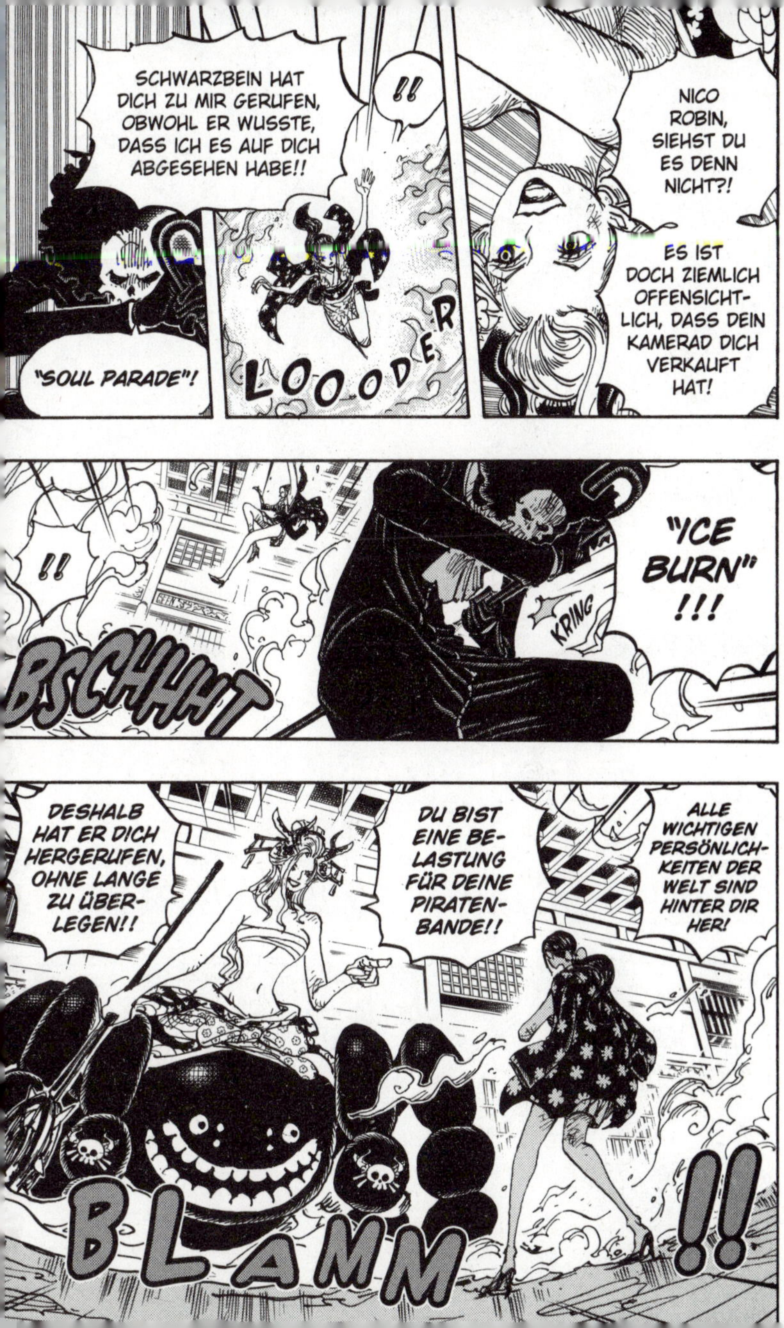
NICO ROBIN, SIEHST DU ES DENN NICHT?!
ES IST DOCH ZIEMLICH OFFENSICHTLICH, DASS DEIN KAMERAD DICH VERKAUFT HAT!
!!
LOOODER
SCHWARZBEIN HAT DICH ZU MIR GERUFEN, OBWOHL ER WUSSTE, DASS ICH ES AUF DICH ABGESEHEN HABE!!
"SOUL PARADE"!
"ICE BURN"!!!
KRING
!!
BSCHHHT
ALLE WICHTIGEN PERSÖNLICHKEITEN DER WELT SIND HINTER DIR HER!
DU BIST EINE BELASTUNG FÜR DEINE PIRATENBANDE!!
DESHALB HAT ER DICH HERGERUFEN, OHNE LANGE ZU ÜBERLEGEN!!
BLAMM!!

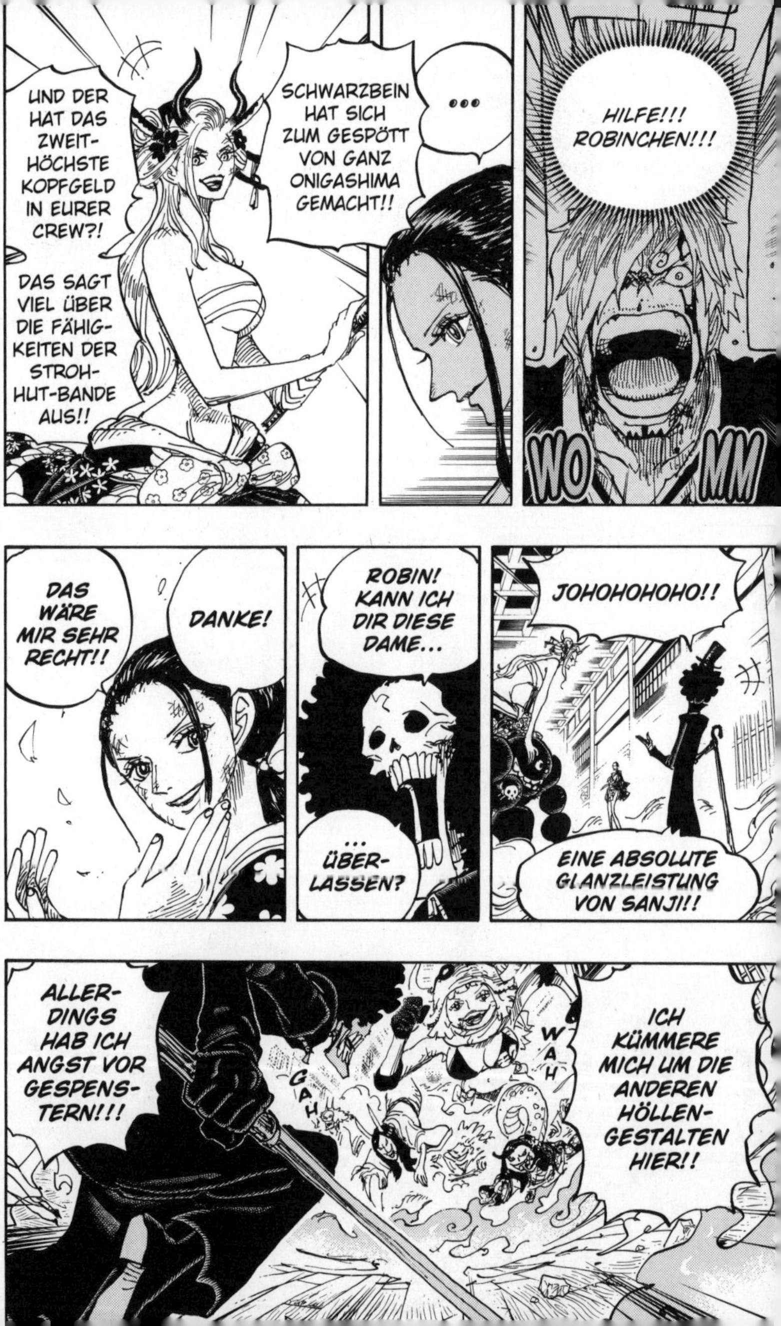
HILFE!!! ROBINCHEN!!!
WOMM
...
SCHWARZBEIN HAT SICH ZUM GESPÖTT VON GANZ ONIGASHIMA GEMACHT!!
UND DER HAT DAS ZWEIT-HÖCHSTE KOPFGELD IN EURER CREW?!
DAS SAGT VIEL ÜBER DIE FÄHIG-KEITEN DER STROH-HUT-BANDE AUS!!
JOHOHOHOHO!!
EINE ABSOLUTE GLANZLEISTUNG VON SANJI!!
ROBIN! KANN ICH DIR DIESE DAME...
... ÜBER-LASSEN?
DANKE!
DAS WÄRE MIR SEHR RECHT!!
ICH KÜMMERE MICH UM DIE ANDEREN HÖLLEN-GESTALTEN HIER!!
WAH
GAH
ALLER-DINGS HAB ICH ANGST VOR GESPENS-TERN!!!

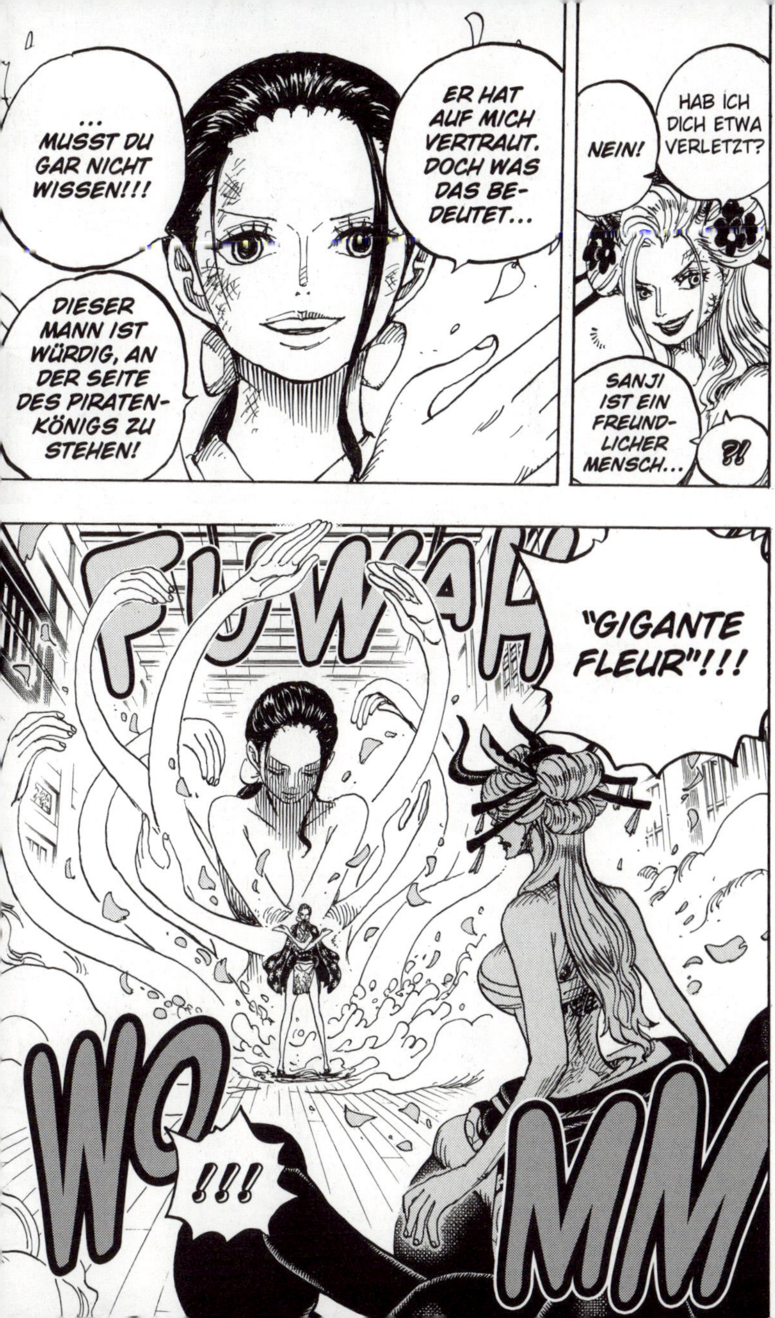
HAB ICH DICH ETWA VERLETZT?
NEIN!
SANJI IST EIN FREUND-LICHER MENSCH...
?!
ER HAT AUF MICH VERTRAUT. DOCH WAS DAS BE-DEUTET...
... MUSST DU GAR NICHT WISSEN!!!
DIESER MANN IST WÜRDIG, AN DER SEITE DES PIRATEN-KÖNIGS ZU STEHEN!
"GIGANTE FLEUR"!!!
FUWAH
WOMM
!!!

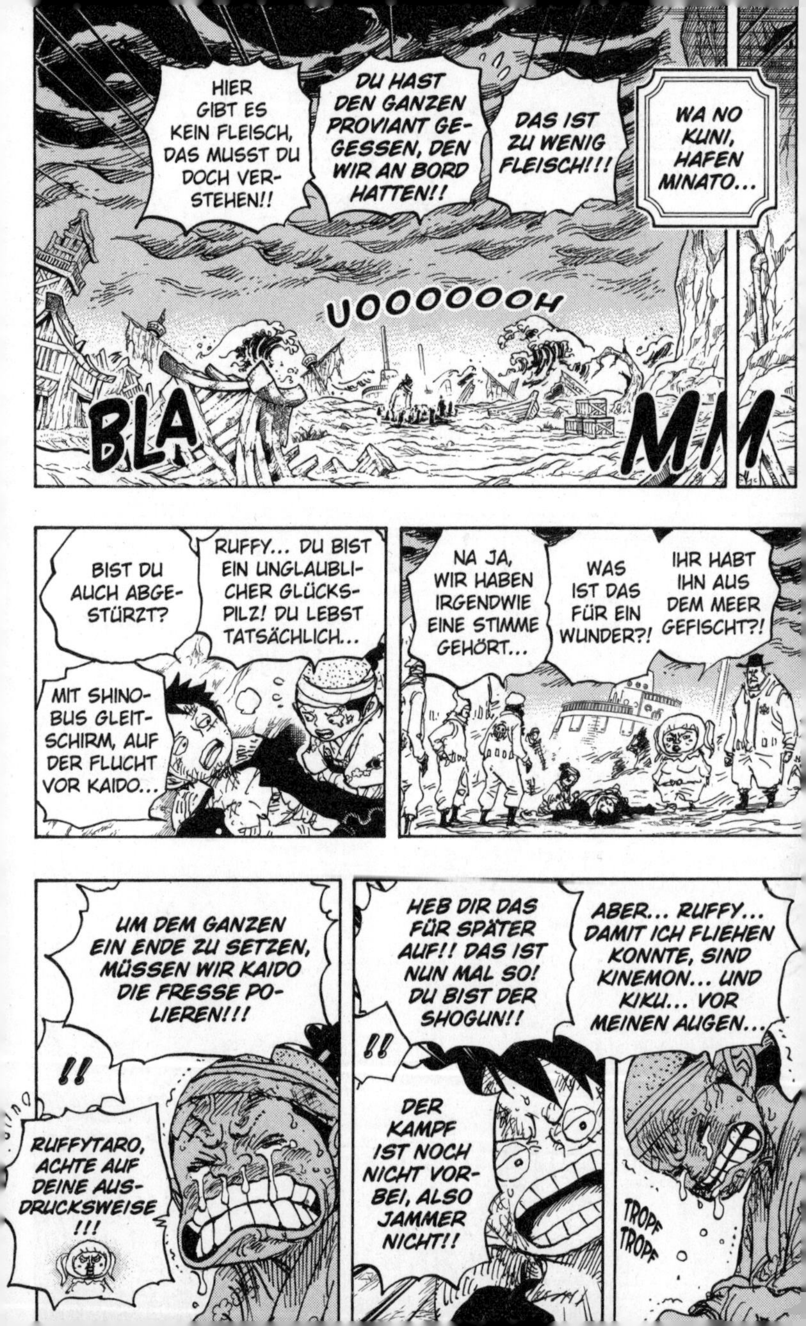
WA NO KUNI, HAFEN MINATO…
DAS IST ZU WENIG FLEISCH!!!
DU HAST DEN GANZEN PROVIANT GEGESSEN, DEN WIR AN BORD HATTEN!!
HIER GIBT ES KEIN FLEISCH, DAS MUSST DU DOCH VERSTEHEN!!
UOOOOOOH
BLAMM
IHR HABT IHN AUS DEM MEER GEFISCHT?!
WAS IST DAS FÜR EIN WUNDER?!
NA JA, WIR HABEN IRGENDWIE EINE STIMME GEHÖRT…
RUFFY… DU BIST EIN UNGLAUBLICHER GLÜCKSPILZ! DU LEBST TATSÄCHLICH…
BIST DU AUCH ABGESTÜRZT?
MIT SHINOBUS GLEITSCHIRM, AUF DER FLUCHT VOR KAIDO…
ABER… RUFFY… DAMIT ICH FLIEHEN KONNTE, SIND KINEMON… UND KIKU… VOR MEINEN AUGEN…
TROPF
TROPF
HEB DIR DAS FÜR SPÄTER AUF!! DAS IST NUN MAL SO! DU BIST DER SHOGUN!!
!!
DER KAMPF IST NOCH NICHT VORBEI, ALSO JAMMER NICHT!!
UM DEM GANZEN EIN ENDE ZU SETZEN, MÜSSEN WIR KAIDO DIE FRESSE POLIEREN!!!
!!
RUFFYTARO, ACHTE AUF DEINE AUSDRUCKSWEISE!!!

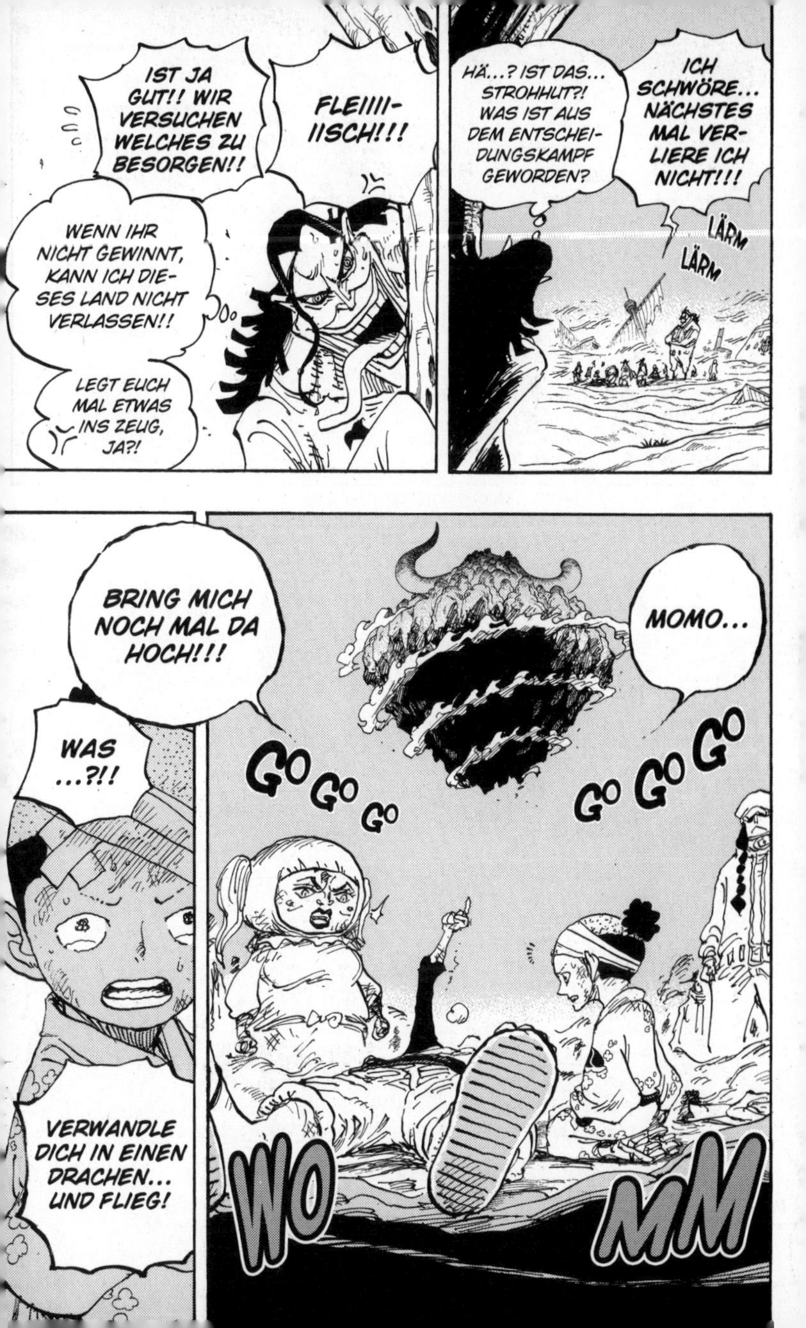

ICH SCHWÖRE... NÄCHSTES MAL VERLIERE ICH NICHT!!!
LÄRM
LÄRM
HÄ...? IST DAS... STROHHUT?! WAS IST AUS DEM ENTSCHEIDUNGSKAMPF GEWORDEN?
FLEIIII-IISCH!!!
IST JA GUT!! WIR VERSUCHEN WELCHES ZU BESORGEN!!
WENN IHR NICHT GEWINNT, KANN ICH DIESES LAND NICHT VERLASSEN!!
LEGT EUCH MAL ETWAS INS ZEUG, JA?!
MOMO...
GO GO GO
GO GO GO
WOMM
BRING MICH NOCH MAL DA HOCH!!!
WAS ...?!!
VERWANDLE DICH IN EINEN DRACHEN... UND FLIEG!

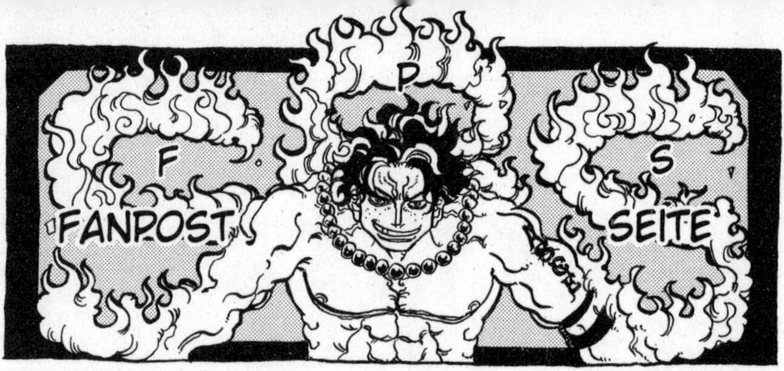

L: GUTEN TAG, ODA-SENSEI. ICH KOMME GLEICH ZUR SACHE, ICH HABE EINE FRAGE. BITTE VERRATEN SIE MIR DIE NAMEN DER ANDEREN CREWMITGLIEDER DER ROTHAAR-PIRATENBANDE, ABGESEHEN VON "LUCKY LOU", "BEN BECKMAN", "YASOPP" UND "ROCKSTAR".
PSEUDONYM: ICH LIEBE KANINCHEN

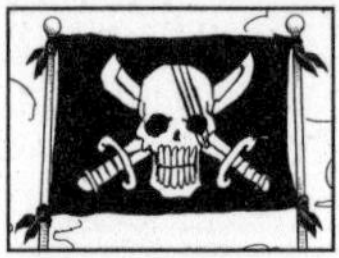

O: MITTLERWEILE IST DIE ROTHAAR-PIRATENBANDE INKLUSIVE DER UNTER IHRER SCHIRMHERRSCHAFT STEHENDEN PIRATEN EIN GIGANTISCHES TEAM. DIE LEUTE, DIE BEI DER GIPFELSCHLACHT SO EINDRUCKSVOLL AUFGETAUCHT SIND, SIND JETZT KOMMANDANTEN. SIE ALLE KENNEN RUFFY.

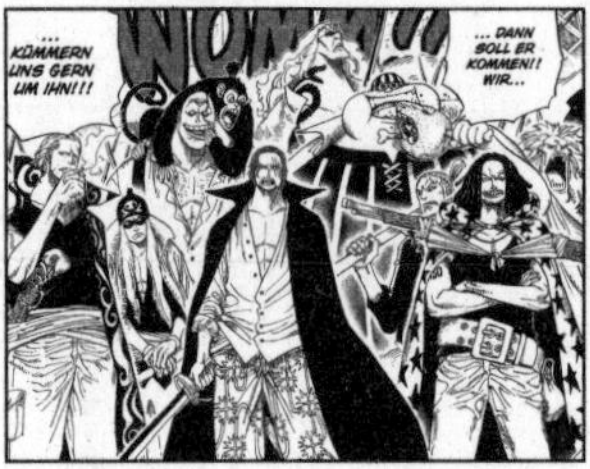

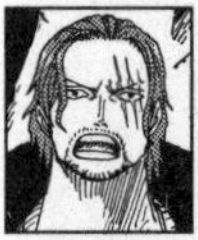
SHANKS

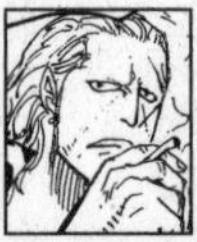
BEN BECKMAN

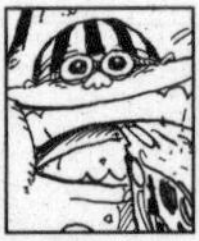
LUCKY LOU

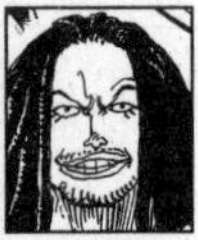
YASOPP

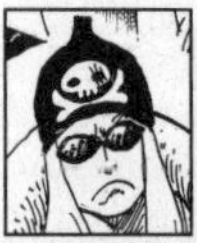
LIME JUICE

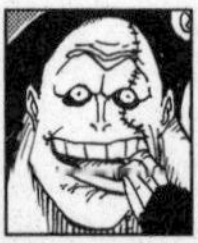
BONK PUNCH

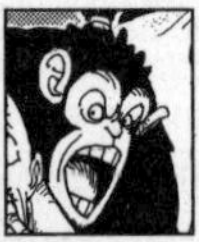
MONSTER

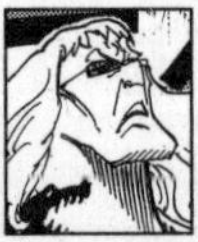
BUILDING SNAKE

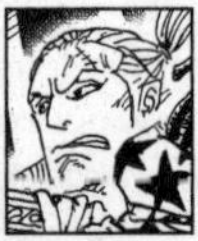
HONGOU

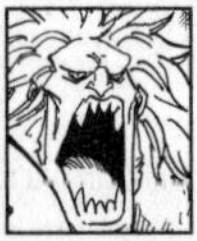
HOWLING GAB

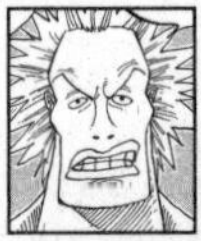
ROCKSTAR

ROCKSTAR IST EIN FÄHIGER KÄMPFER, TRÄGT ABER NICHT DEN TITEL "KOMMANDANT".

L: FAFAFA!! ODA-CHI, ICH MAG DEN FRÖHLICHEN KILLER AUCH, ABER WAS FÜR EIN SMILE-NUTZER WÄRE ER EIGENTLICH GEWORDEN, WENN ES KEIN FEHLSCHLAG GEWESEN WÄRE?
PSEUDONYM: 420LAND

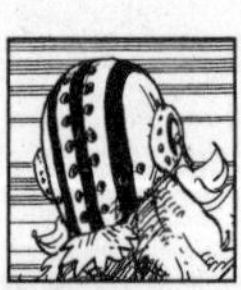

O: JA, DAS IST EINE INTERESSANTE FRAGE. IN DER TAT GIBT ES UNTER DEN SMILE-NUTZERN EINIGE PERSONEN, BEI DENEN MAN NICHT GANZ SICHER IST, OB ES EIN ERFOLG ODER EIN FEHLSCHLAG WAR. VERSUCHEN WIR ES MAL... WENN DIE SMILE-FRUCHT BEI KILLER FUNKTIONIERT HÄTTE...?! WAS... MEINST DU HIERZU...?!

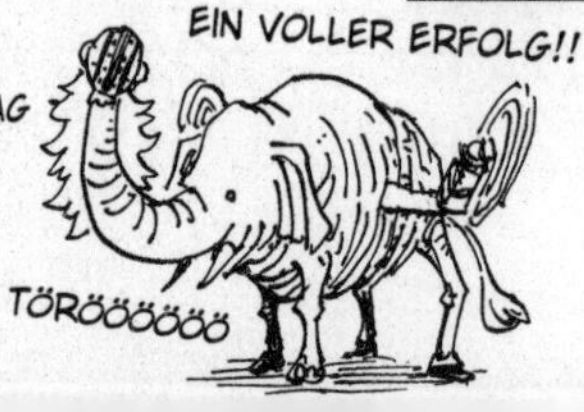

1021. Kapitel:
Demonio

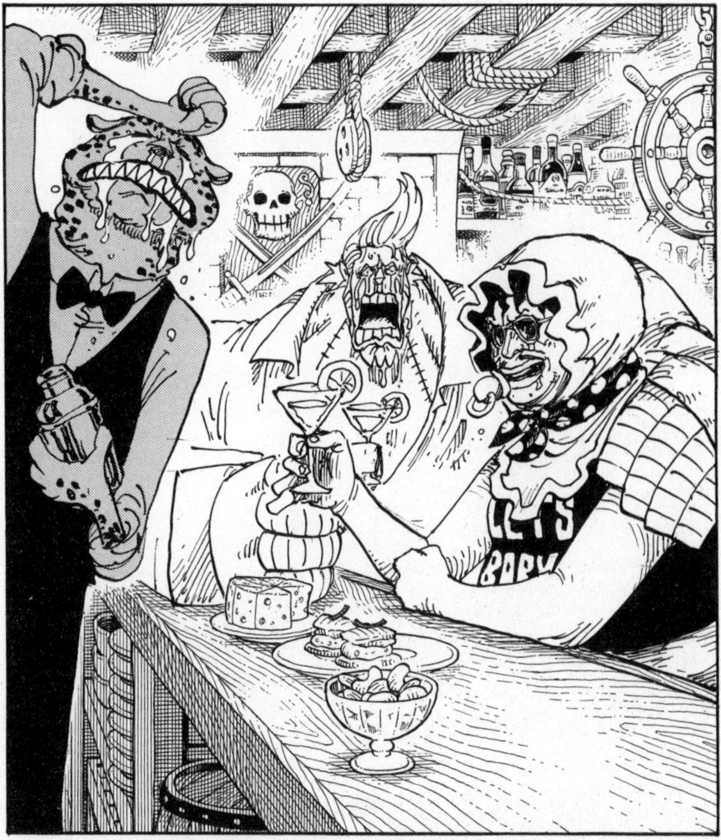

Wunsch-Titelbild: „Señor Pink und Frankie betrinken sich in der Bar eines Leoparden (Barkeeper)" – Pseudonym: Roggen

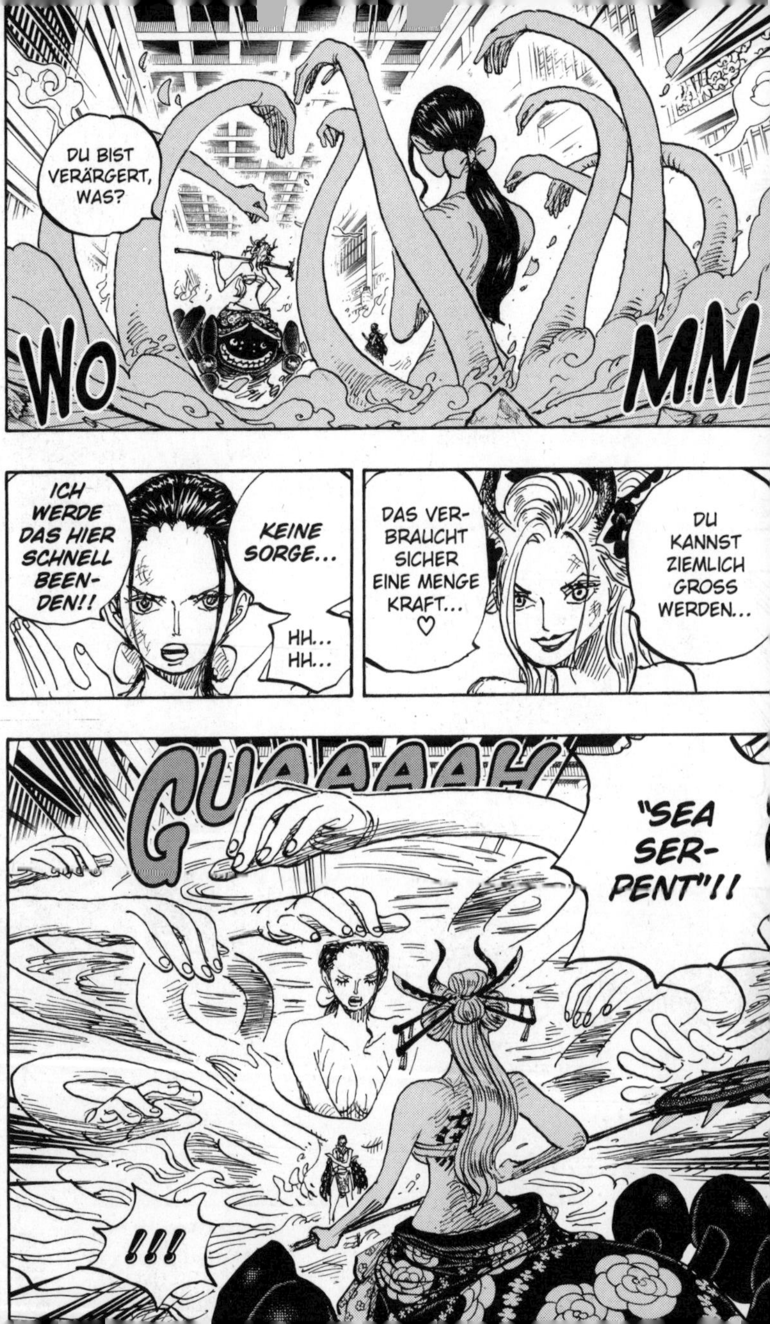
DU BIST VERÄRGERT, WAS?
WOMM
DU KANNST ZIEMLICH GROSS WERDEN...
DAS VERBRAUCHT SICHER EINE MENGE KRAFT... ♡
HH... HH...
KEINE SORGE...
ICH WERDE DAS HIER SCHNELL BEENDEN!!
GUAAAAH
"SEA SERPENT"!!
!!!

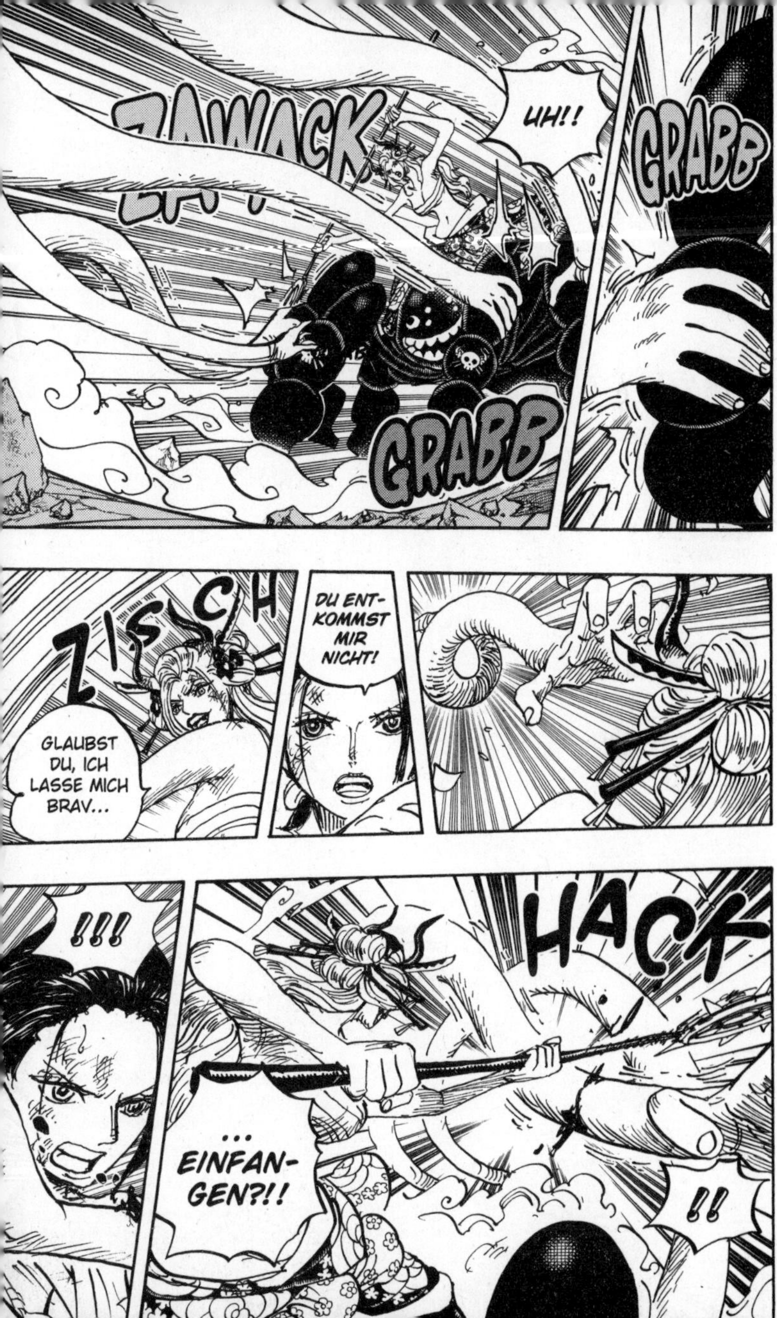

GRABB
UH!!
ZAWACK
GRABB
DU ENT-
KOMMST
MIR
NICHT!
ZISCH
GLAUBST
DU, ICH
LASSE MICH
BRAV...
HACK
!!
...
EINFAN-
GEN?!!
!!!

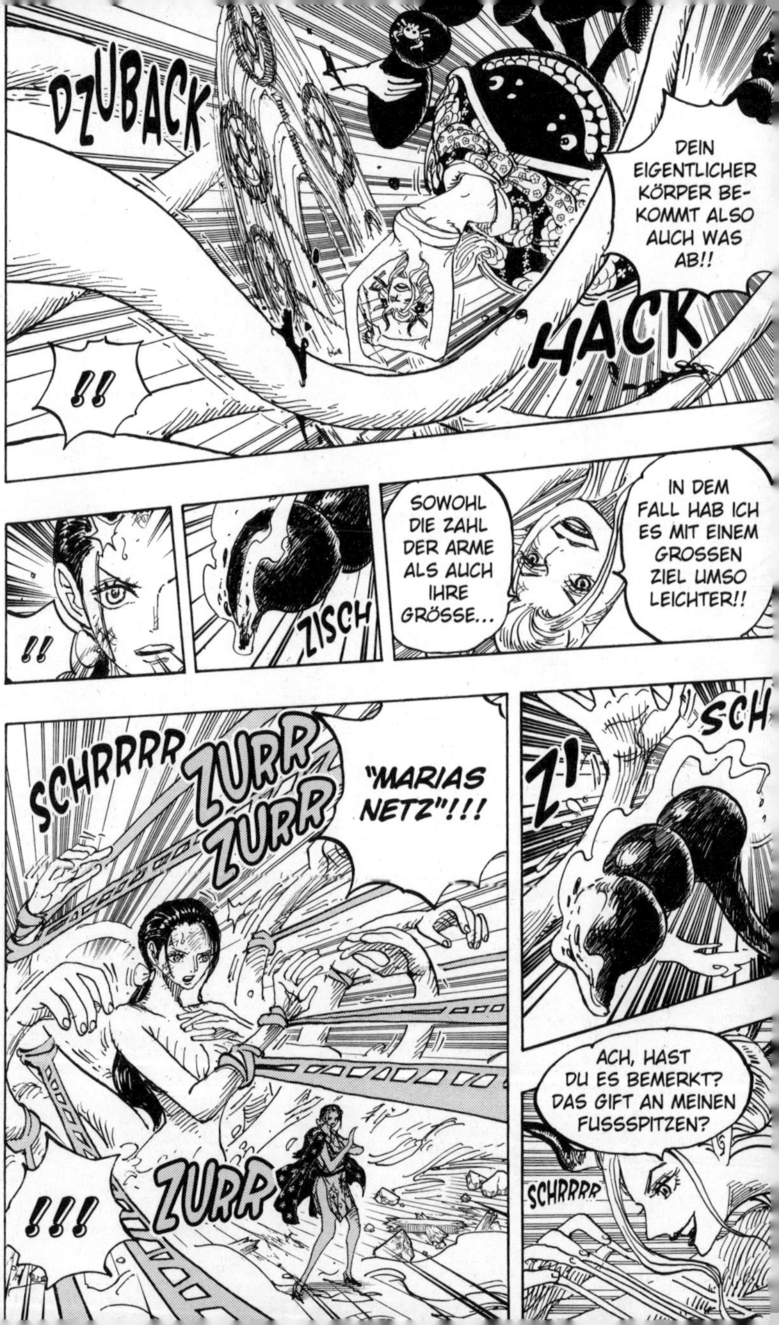
DZUBACK
DEIN EIGENTLICHER KÖRPER BEKOMMT ALSO AUCH WAS AB!!
HACK
!!
IN DEM FALL HAB ICH ES MIT EINEM GROSSEN ZIEL UMSO LEICHTER!!
SOWOHL DIE ZAHL DER ARME ALS AUCH IHRE GRÖSSE...
ZISCH
!!
SCH
Z
"MARIAS NETZ"!!!
SCHRRRRR
ZURR
ZURR
ACH, HAST DU ES BEMERKT? DAS GIFT AN MEINEN FUSSSPITZEN?
SCHRRRR
ZURR
!!!

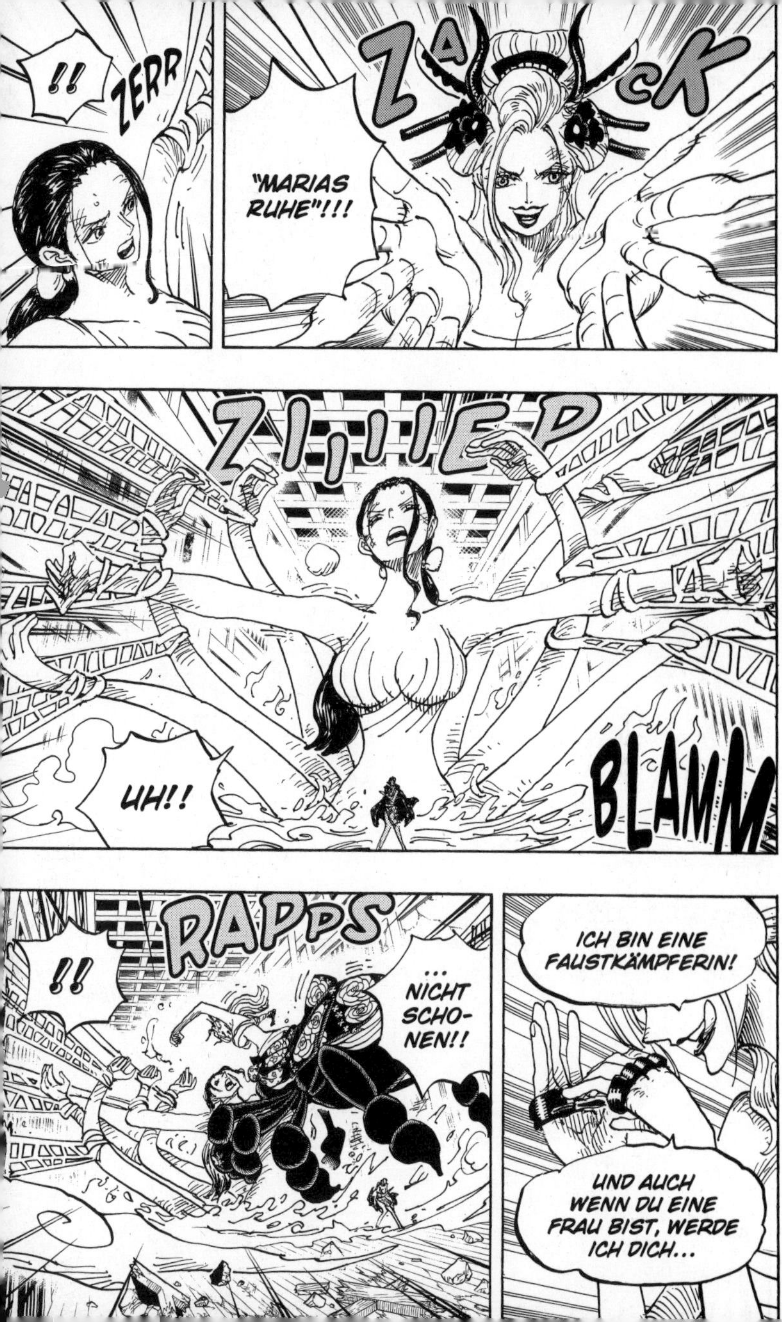
ZACK
"MARIAS RUHE"!!!
!!
ZERR
ZIIIEP
UH!!
BLAMM
ICH BIN EINE FAUSTKÄMPFERIN!
UND AUCH WENN DU EINE FRAU BIST, WERDE ICH DICH...
RAPPS
!!
... NICHT SCHONEN!!

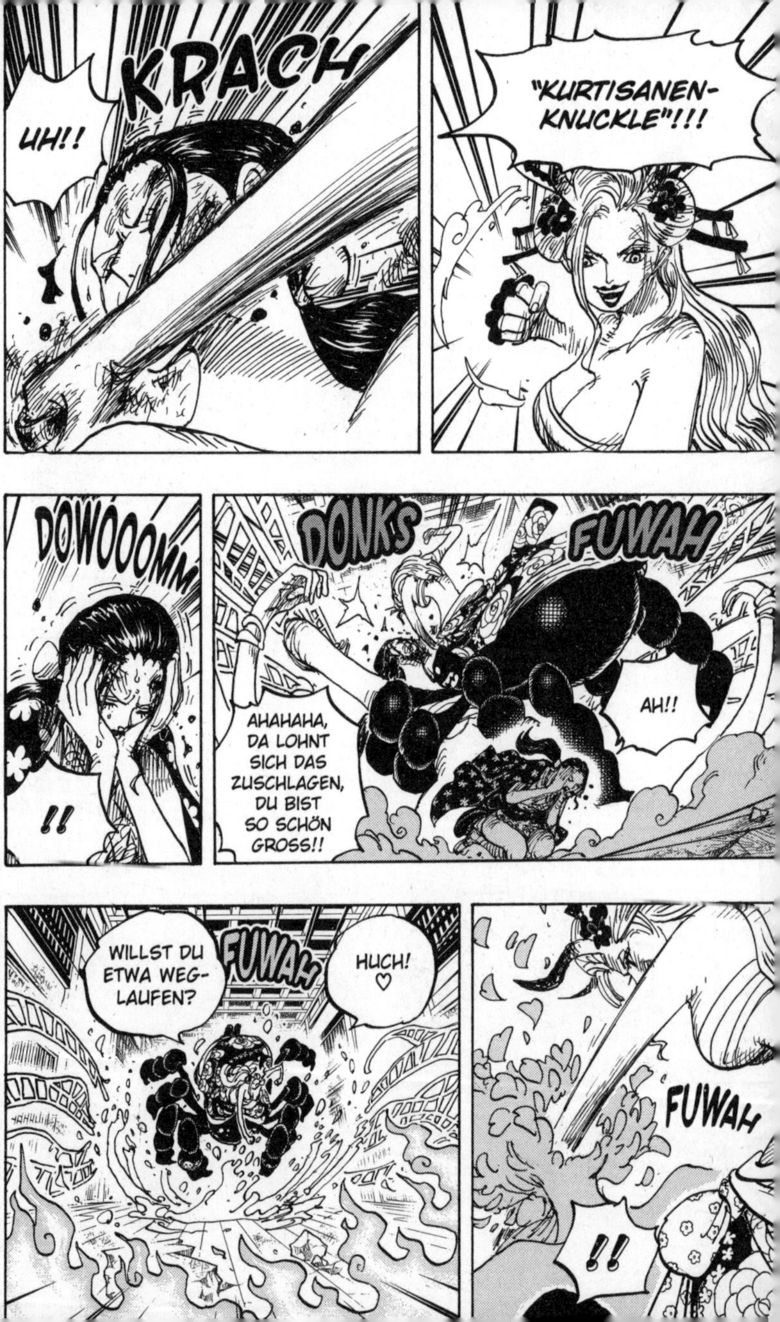

"KURTISANEN-KNUCKLE"!!!
KRACH
UH!!
FUWAH
AH!!
DONKS
AHAHAHA, DA LOHNT SICH DAS ZUSCHLAGEN, DU BIST SO SCHÖN GROSS!!
DOWOOOMM
!!
FUWAH
!!
HUCH! ♡
FUWAH
WILLST DU ETWA WEG-LAUFEN?

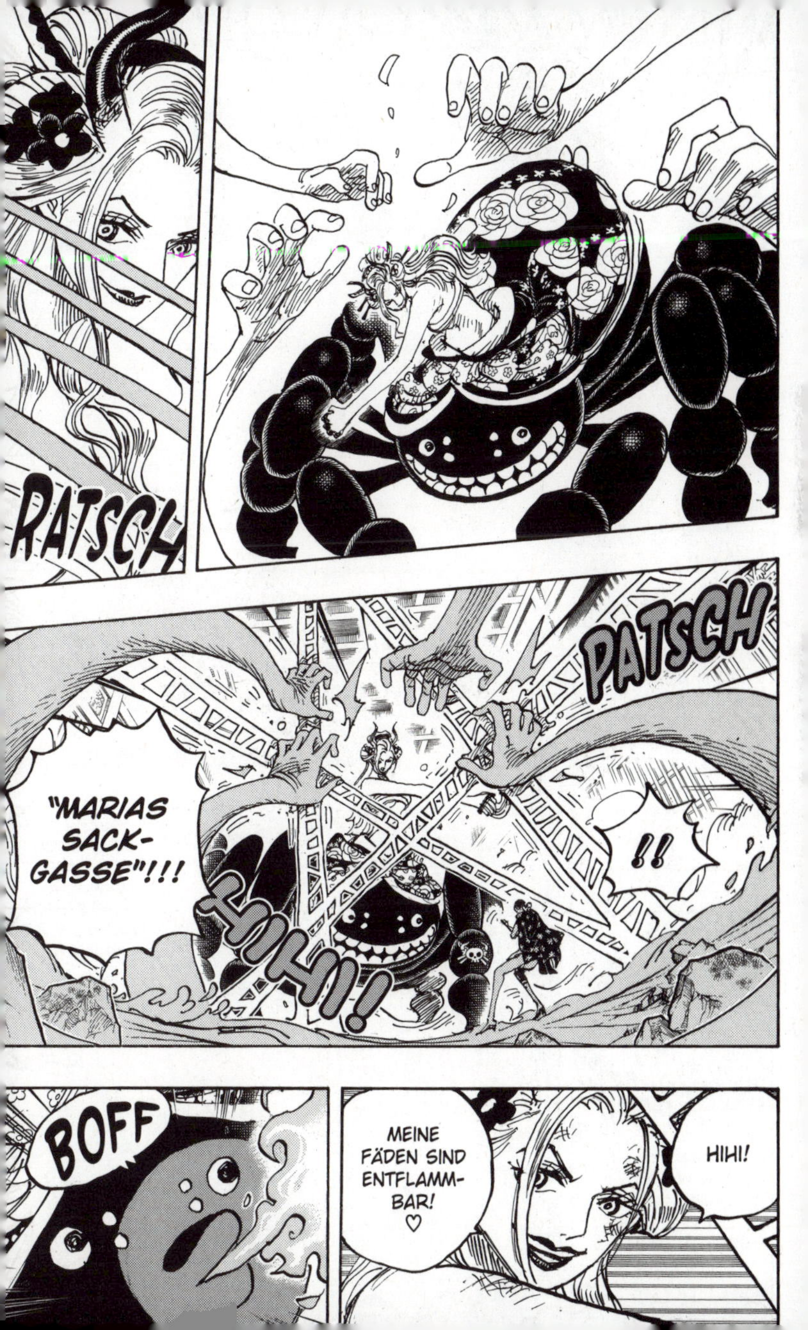
RATSCH
PATSCH
"MARIAS SACK- GASSE"!!!
!!
HIHI!
BOFF
HIHI!
MEINE FÄDEN SIND ENTFLAMM- BAR! ♡

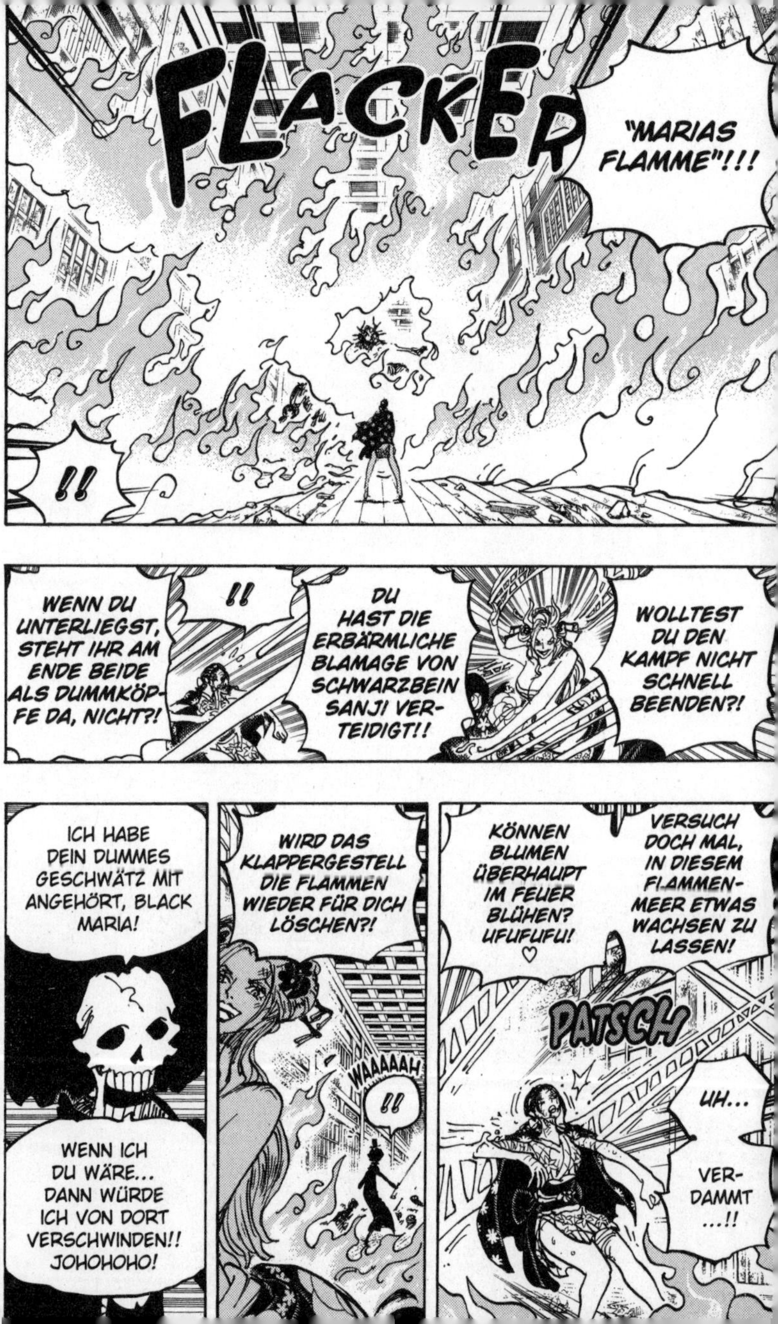
"MARIAS FLAMME"!!!
FLACKER
!!
WOLLTEST DU DEN KAMPF NICHT SCHNELL BEENDEN?!
DU HAST DIE ERBÄRMLICHE BLAMAGE VON SCHWARZBEIN SANJI VERTEIDIGT!!
!!
WENN DU UNTERLIEGST, STEHT IHR AM ENDE BEIDE ALS DUMMKÖPFE DA, NICHT?!
VERSUCH DOCH MAL, IN DIESEM FLAMMENMEER ETWAS WACHSEN ZU LASSEN!
KÖNNEN BLUMEN ÜBERHAUPT IM FEUER BLÜHEN? UFUFUFU! ♡
PATSCH
UH...
VERDAMMT ...!!
WIRD DAS KLAPPERGESTELL DIE FLAMMEN WIEDER FÜR DICH LÖSCHEN?!
WAAAAAH
!!
ICH HABE DEIN DUMMES GESCHWÄTZ MIT ANGEHÖRT, BLACK MARIA!
WENN ICH DU WÄRE... DANN WÜRDE ICH VON DORT VERSCHWINDEN!! JOHOHOHO!

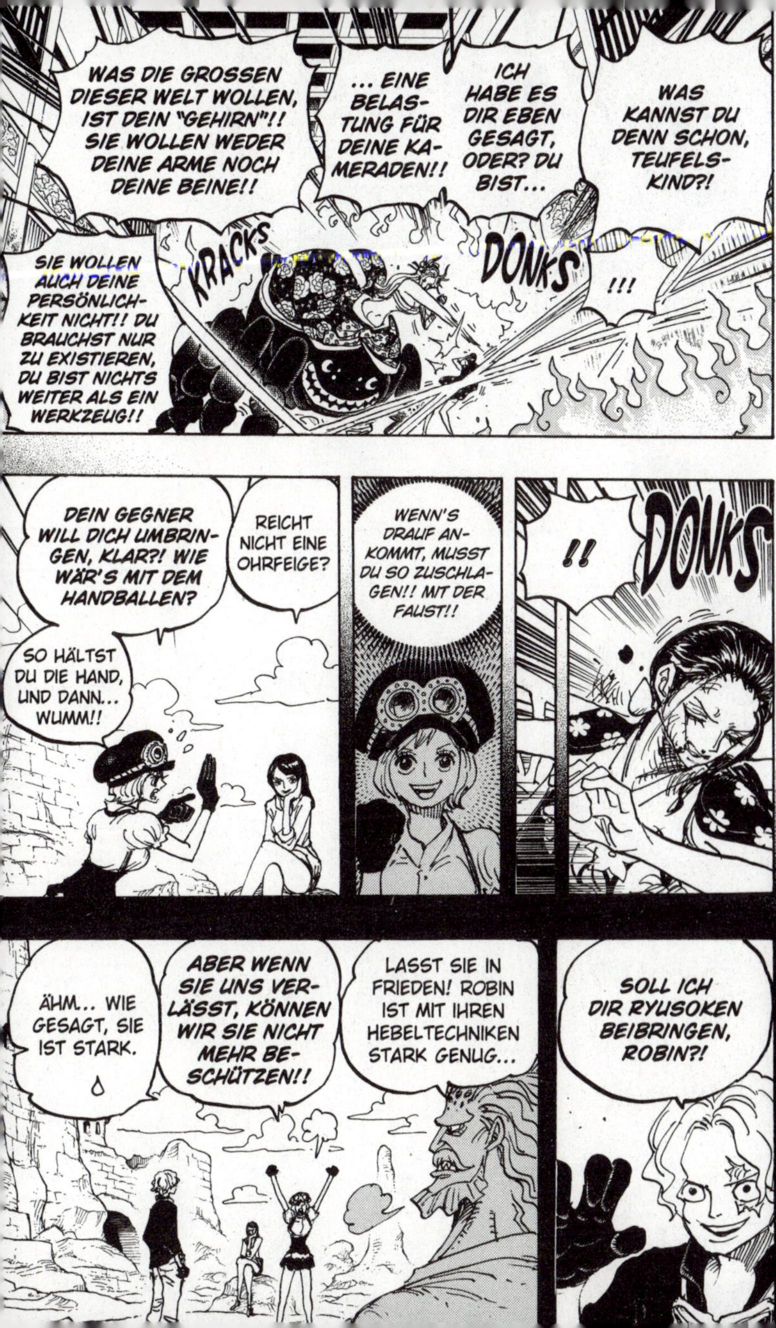
WAS KANNST DU DENN SCHON, TEUFELSKIND?!
ICH HABE ES DIR EBEN GESAGT, ODER? DU BIST…
… EINE BELASTUNG FÜR DEINE KAMERADEN!!
WAS DIE GROSSEN DIESER WELT WOLLEN, IST DEIN "GEHIRN"!! SIE WOLLEN WEDER DEINE ARME NOCH DEINE BEINE!!
!!!
DONKS
KRACKS
SIE WOLLEN AUCH DEINE PERSÖNLICHKEIT NICHT!! DU BRAUCHST NUR ZU EXISTIEREN, DU BIST NICHTS WEITER ALS EIN WERKZEUG!!
DONKS
!!
WENN'S DRAUF ANKOMMT, MUSST DU SO ZUSCHLAGEN!! MIT DER FAUST!!
REICHT NICHT EINE OHRFEIGE?
DEIN GEGNER WILL DICH UMBRINGEN, KLAR?! WIE WÄR'S MIT DEM HANDBALLEN?
SO HÄLTST DU DIE HAND, UND DANN… WUMM!!
SOLL ICH DIR RYUSOKEN BEIBRINGEN, ROBIN?!
LASST SIE IN FRIEDEN! ROBIN IST MIT IHREN HEBELTECHNIKEN STARK GENUG…
ABER WENN SIE UNS VERLÄSST, KÖNNEN WIR SIE NICHT MEHR BESCHÜTZEN!!
ÄHM… WIE GESAGT, SIE IST STARK.

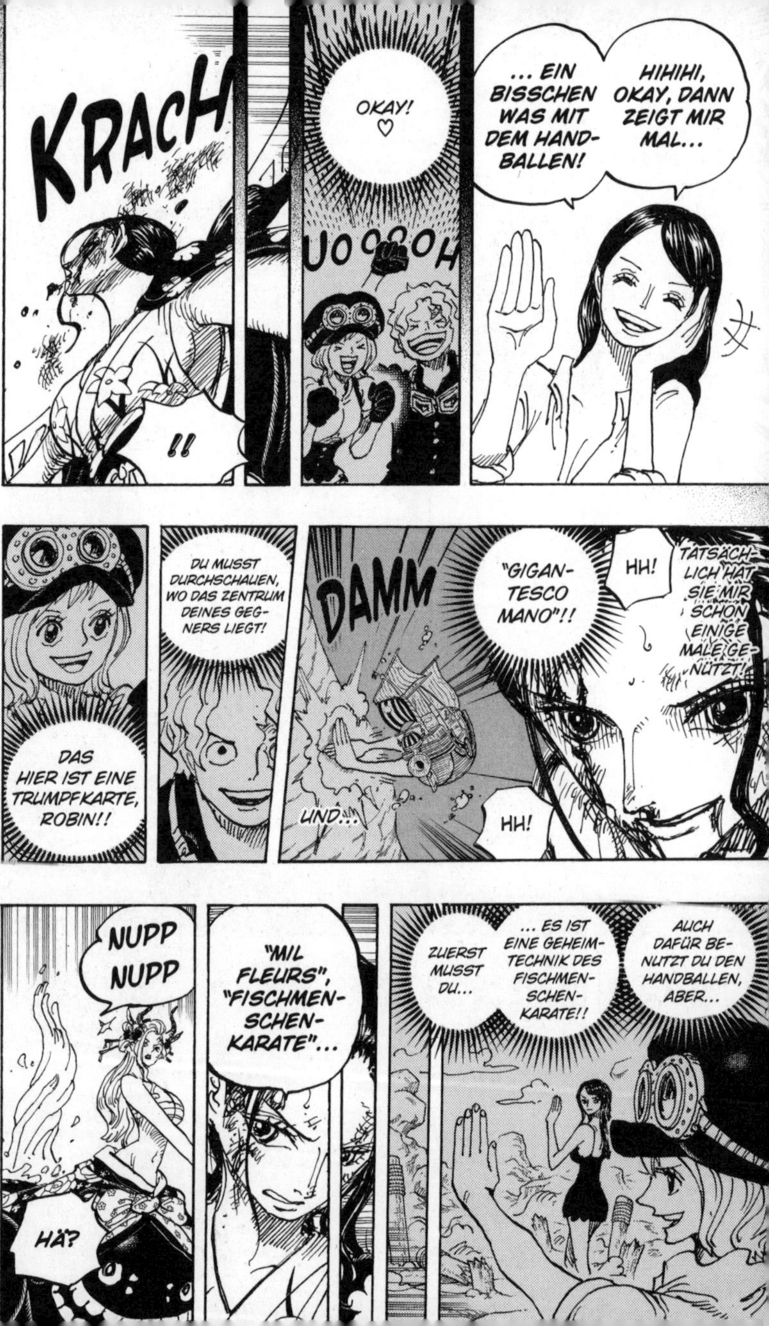
HIHIHI, OKAY, DANN ZEIGT MIR MAL...
... EIN BISSCHEN WAS MIT DEM HANDBALLEN!
OKAY! ♡
UOOOOH
KRACH
!!
TATSÄCHLICH HAT SIE MIR SCHON EINIGE MALE GENÜTZT!
HH!
HH!
"GIGANTESCO MANO"!!
DAMM
UND...
DU MUSST DURCHSCHAUEN, WO DAS ZENTRUM DEINES GEGNERS LIEGT!
DAS HIER IST EINE TRUMPFKARTE, ROBIN!!
AUCH DAFÜR BENUTZT DU DEN HANDBALLEN, ABER...
... ES IST EINE GEHEIMTECHNIK DES FISCHMENSCHENKARATE!!
ZUERST MUSST DU...
"MIL FLEURS", "FISCHMENSCHENKARATE"...
NUPP NUPP
HÄ?

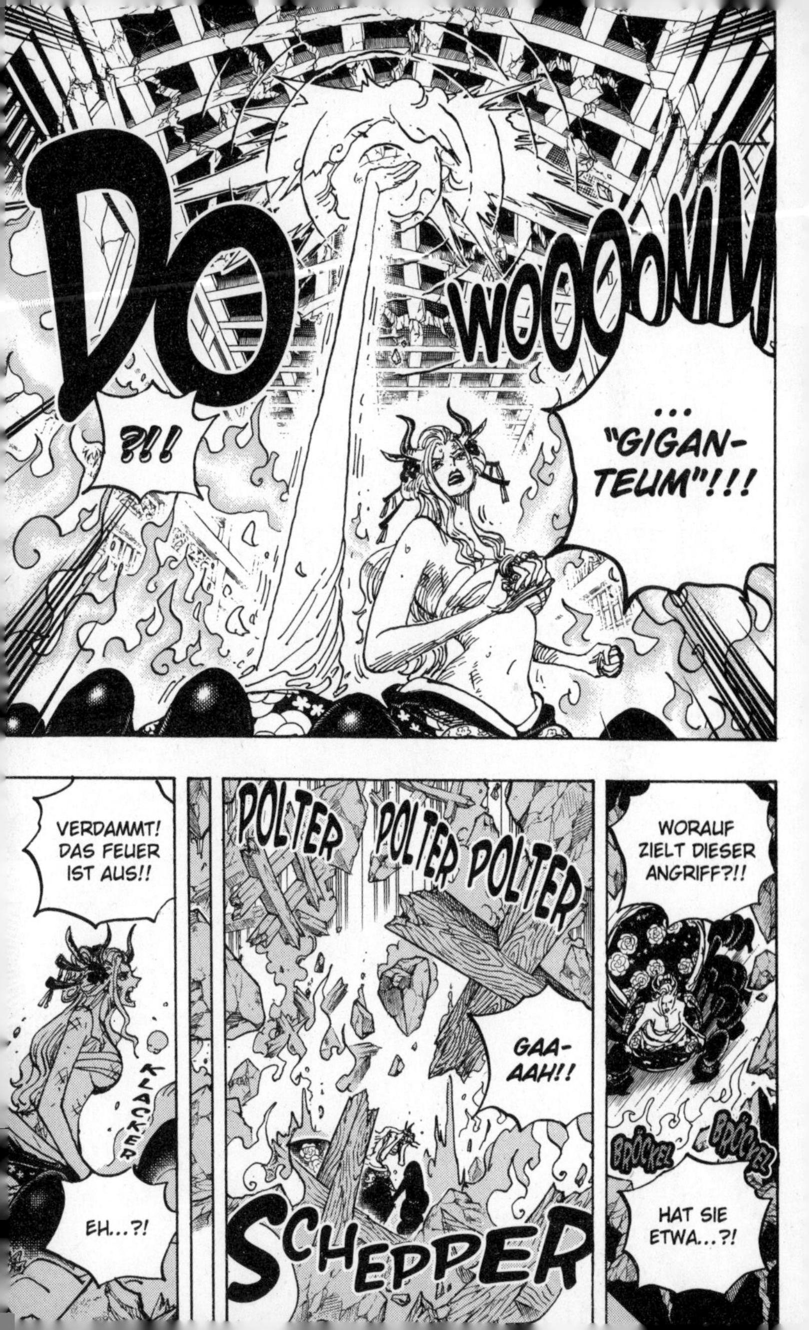
DOWOOOOMM
... "GIGAN-
TEUM"!!!
?!!
WORAUF ZIELT DIESER ANGRIFF?!!
BRÖCKEL
BRÖCKEL
HAT SIE ETWA...?!
POLTER
POLTER
POLTER
GAA-AAH!!
SCHEPPER
VERDAMMT! DAS FEUER IST AUS!!
KLACKER
EH...?!

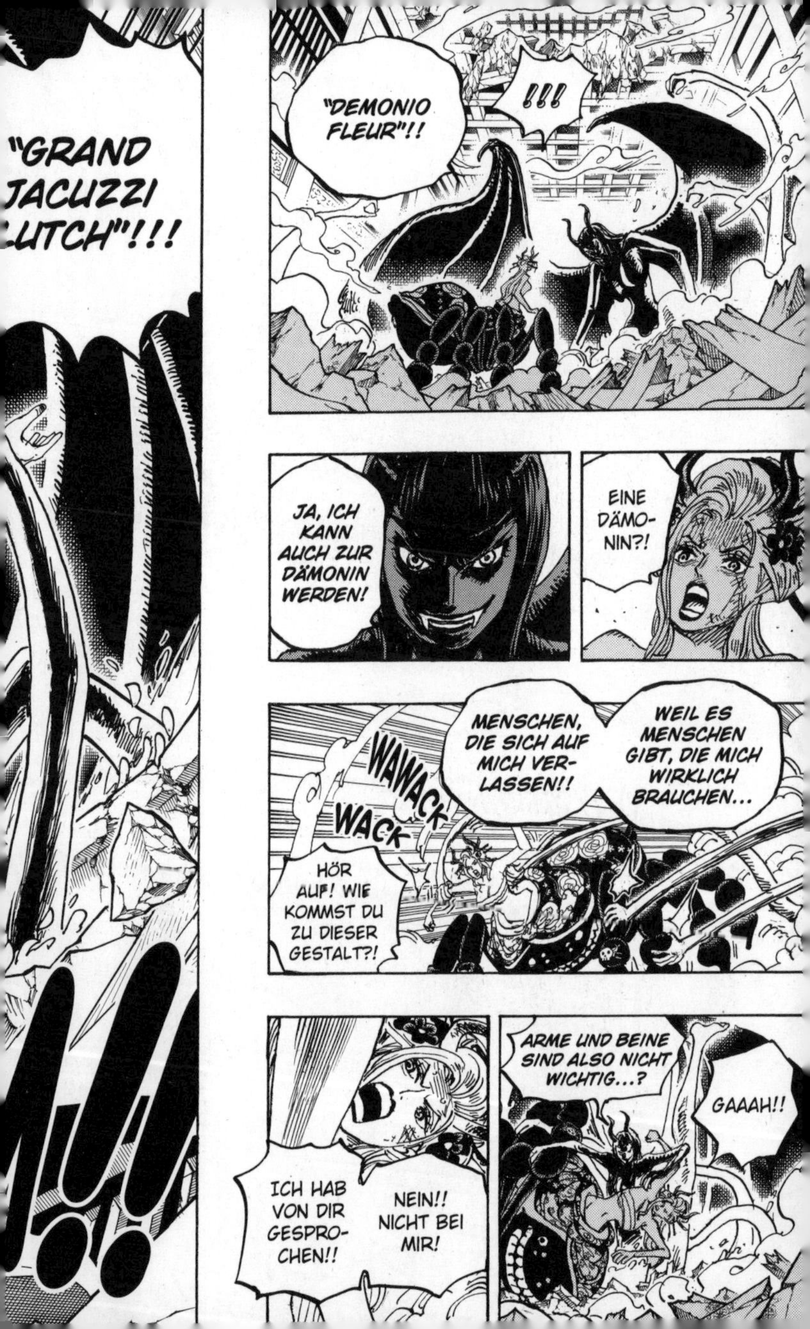
"GRAND JACUZZI -UTCH"!!!
"DEMONIO FLEUR"!!
!!!
EINE DÄMO-NIN?!
JA, ICH KANN AUCH ZUR DÄMONIN WERDEN!
WEIL ES MENSCHEN GIBT, DIE MICH WIRKLICH BRAUCHEN...
MENSCHEN, DIE SICH AUF MICH VER-LASSEN!!
WAWACK
WACK
HÖR AUF! WIE KOMMST DU ZU DIESER GESTALT?!
GAAAH!!
ARME UND BEINE SIND ALSO NICHT WICHTIG...?
NEIN!! NICHT BEI MIR!
ICH HAB VON DIR GESPRO-CHEN!!

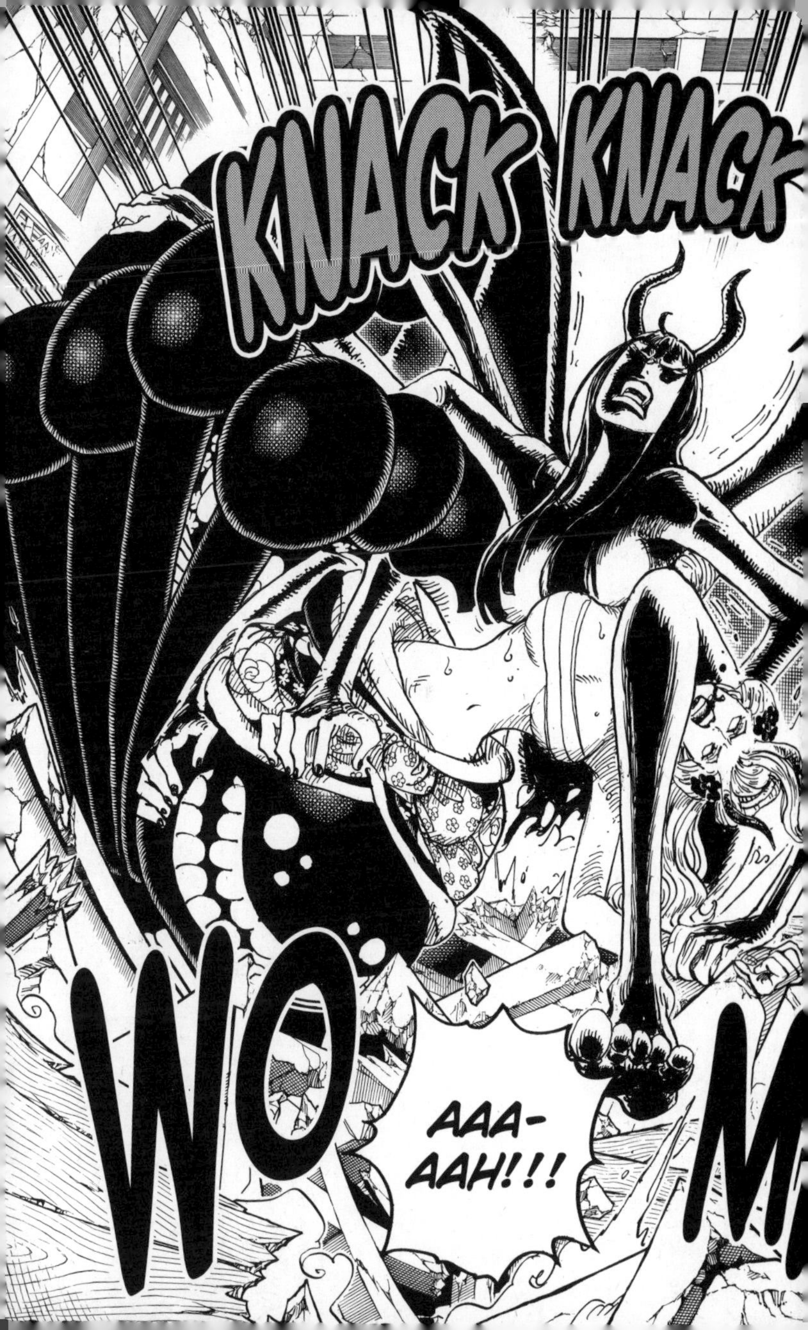
KNACK KNACK
WOM
AAA-
AAH!!!

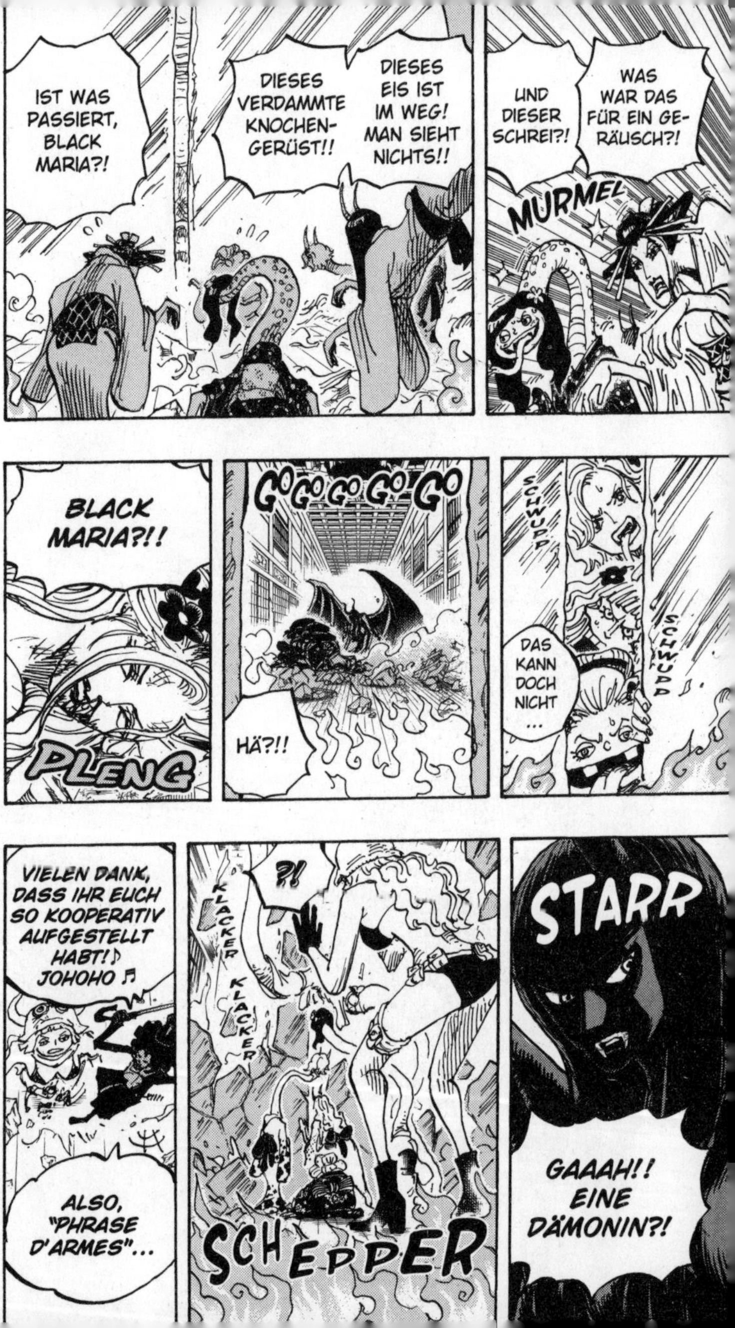
WAS WAR DAS FÜR EIN GE-RÄUSCH?!
UND DIESER SCHREI?!
MURMEL
DIESES EIS IST IM WEG! MAN SIEHT NICHTS!!
DIESES VERDAMMTE KNOCHEN-GERÜST!!
IST WAS PASSIERT, BLACK MARIA?!
SCHWUPP
DAS KANN DOCH NICHT ...
SCHWUPP
GOGOGOGOGO
HÄ?!!
BLACK MARIA?!!
PLENG
STARR
GAAAH!! EINE DÄMONIN?!
?!
KLACKER
KLACKER
SCHEPPER
VIELEN DANK, DASS IHR EUCH SO KOOPERATIV AUFGESTELLT HABT!♪ JOHOHO ♫
ALSO, "PHRASE D'ARMES"...

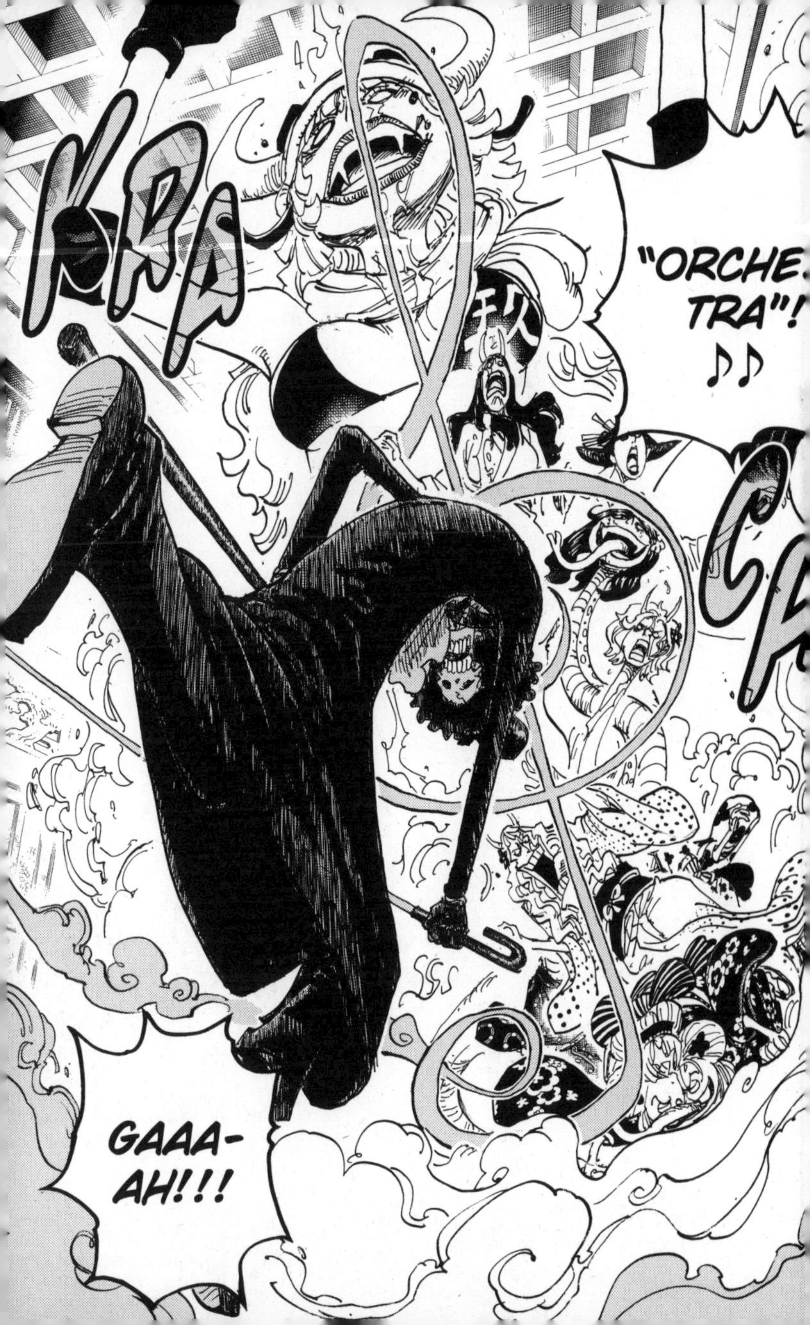
KRA
"ORCHE
TRA"! ♪♪
GAAA-
AH!!!

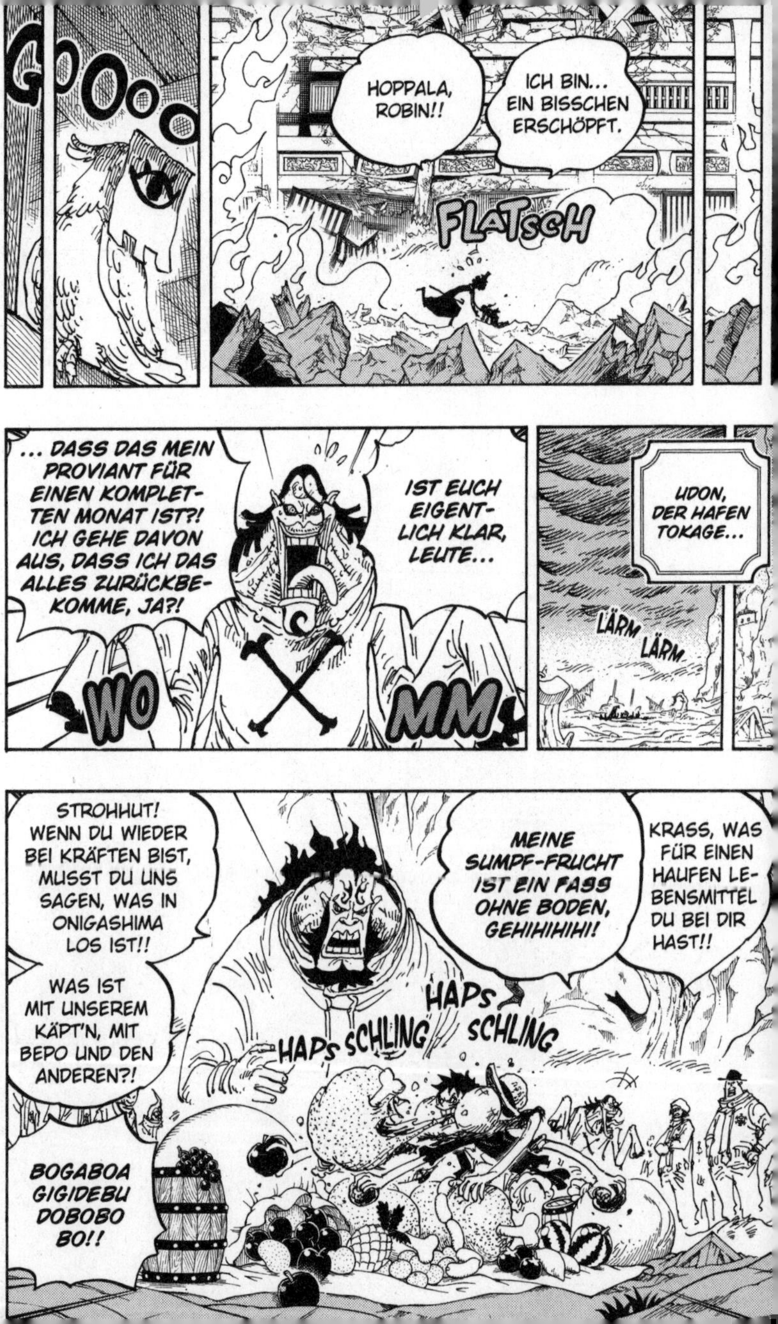
ICH BIN… EIN BISSCHEN ERSCHÖPFT.
HOPPALA, ROBIN!!
FLATSCH
GOOOO
UDON, DER HAFEN TOKAGE…
LÄRM
LÄRM
IST EUCH EIGENTLICH KLAR, LEUTE…
… DASS DAS MEIN PROVIANT FÜR EINEN KOMPLETTEN MONAT IST?! ICH GEHE DAVON AUS, DASS ICH DAS ALLES ZURÜCKBEKOMME, JA?!
WOMM
KRASS, WAS FÜR EINEN HAUFEN LEBENSMITTEL DU BEI DIR HAST!!
MEINE SUMPF-FRUCHT IST EIN FASS OHNE BODEN, GEHIHIHIHI!
HAPS
SCHLING
HAPS
SCHLING
STROHHUT! WENN DU WIEDER BEI KRÄFTEN BIST, MUSST DU UNS SAGEN, WAS IN ONIGASHIMA LOS IST!!
WAS IST MIT UNSEREM KÄPT'N, MIT BEPO UND DEN ANDEREN?!
BOGABOA GIGIDEBU DOBOBO BO!!

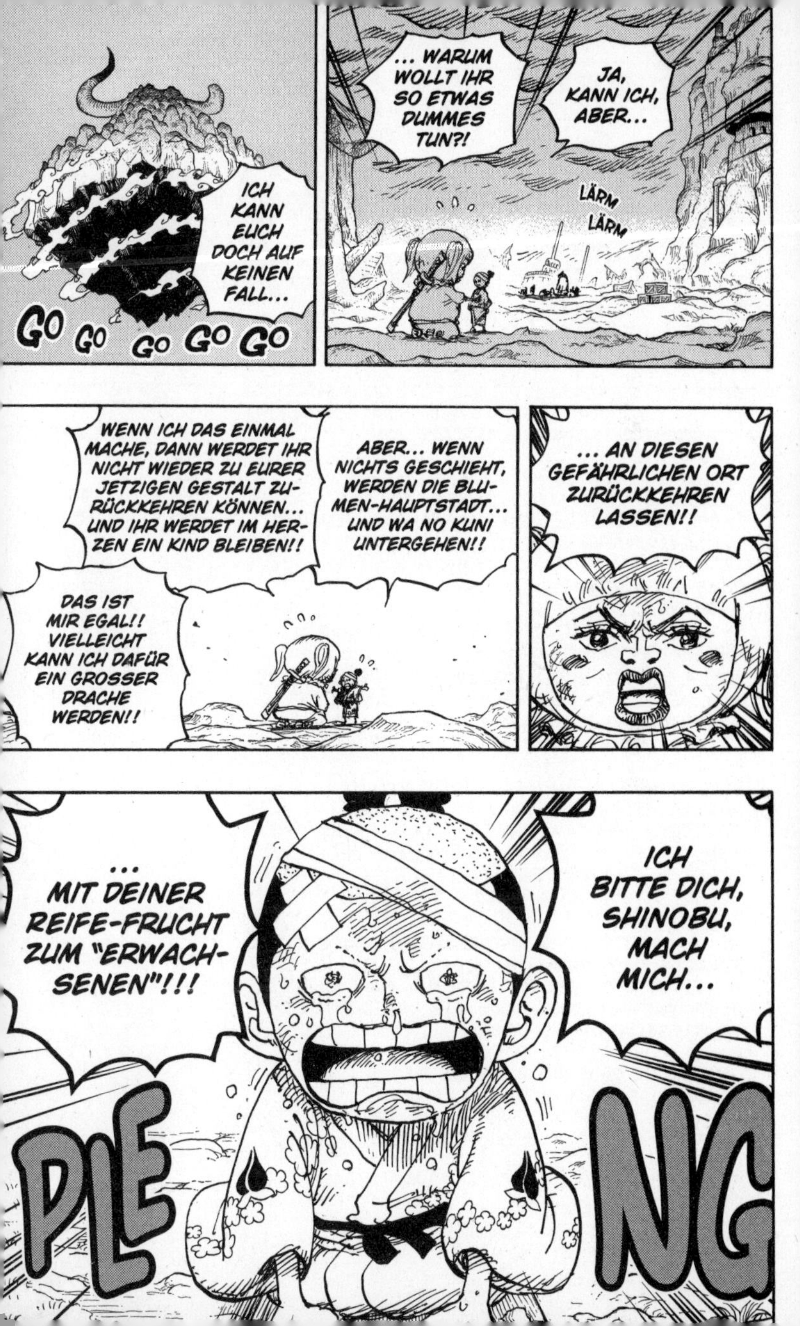
JA, KANN ICH, ABER...
... WARUM WOLLT IHR SO ETWAS DUMMES TUN?!
LÄRM
LÄRM
ICH KANN EUCH DOCH AUF KEINEN FALL...
GO GO GO GO GO
... AN DIESEN GEFÄHRLICHEN ORT ZURÜCKKEHREN LASSEN!!
ABER... WENN NICHTS GESCHIEHT, WERDEN DIE BLUMEN-HAUPTSTADT... UND WA NO KUNI UNTERGEHEN!!
WENN ICH DAS EINMAL MACHE, DANN WERDET IHR NICHT WIEDER ZU EURER JETZIGEN GESTALT ZURÜCKKEHREN KÖNNEN... UND IHR WERDET IM HERZEN EIN KIND BLEIBEN!!
DAS IST MIR EGAL!! VIELLEICHT KANN ICH DAFÜR EIN GROSSER DRACHE WERDEN!!
ICH BITTE DICH, SHINOBU, MACH MICH...
... MIT DEINER REIFE-FRUCHT ZUM "ERWACHSENEN"!!!
PLENG

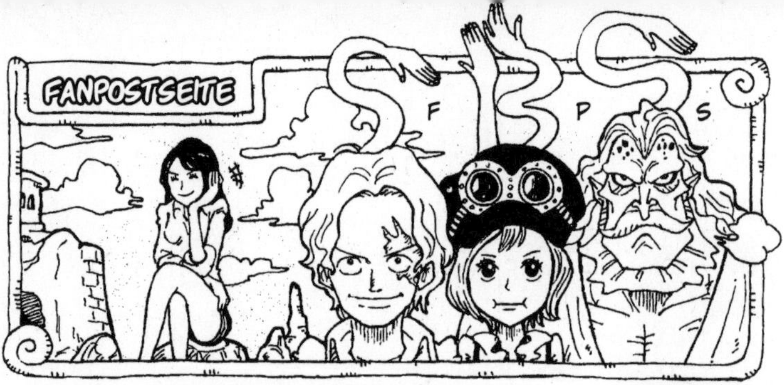

L: BITTE VERRATEN SIE MIR DIE AUS PAGE ONES SICHT ERTRÄGLICHSTE UND DIE AUS SEINER SICHT SCHRECKLICHSTE SPRACHLICHE MAROTTE VON ULTI!!
PSEUDONYM: LUNA

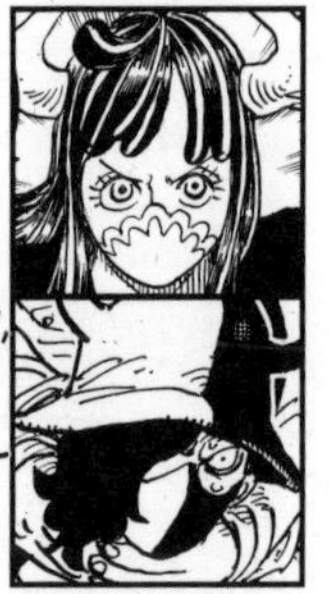

O: NA GUT, VOR KURZEM HABE ICH EUCH SCHON MAL "UUUULTRA" VORGESTELLT, ABER DA SIE JA SCHON EINE LANGE ZEIT ZUSAMMEN SIND, HAT ES WOHL SCHON DIE VERSCHIEDENSTEN MAROTTEN GEGEBEN. "ALTER", "SHEESH", "ECHT SO", "LATTE", "ISSO", "KARTOFFEL", "WEISSDUWASICHMEINE", "OH MEIN GOTT", "JAWOHL", "PAKIKEFALO", "SAFE", "TI", "DIE SECHS"... USW. USF. ABER DIE SCHLIMMSTE MAROTTE AM SATZENDE WAR WOHL "DRAGON". ERTRÄGLICH FAND ER NOCH KEINE EINZIGE.

L: GUTEN TAG, ODA-SENSEI. WARUM STREICHEN SIE DAS O VON ONE PIECE DURCH? ICH VERSTEHE, DASS ES DIE ZWEI GEKREUZTEN KNOCHEN ZUM SCHÄDEL SIND, ABER ES BESCHÄFTIGT MICH, DASS ZUM BEISPIEL IN DER FPS UND SO IMMER DAS "O" DURCHGEKREUZT WIRD.
PSEUDONYM: PERSONIFIKATION EINES OPIS

O: DAS IST EINFACH MEIN DING!! IST JETZT AUCH GAR NICHT SO WICHTIG, ABER AM RAND DEINER KARTE IST ETWAS ZIEMLICH MERKWÜRDIGES!! "DE FLARINGO"* STEHT DA! "BY GROSSE SCHWESTER" STEHT DA! DEINE SCHWESTER HAT AUF DEINER KARTE RUMGEKRITZELT! HAHA! DE FLARINGO, DAS IST KÖSTLICH!

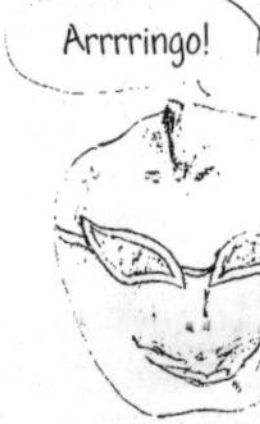

De Flaringo by große Schwester

L: HALLO, ODA-CHI!! ICH BIN TOTAL MARIAS EHRE & MARIAS RÜHRUNG, DASS DU MICH IN DIE VON MIR SO BEWUNDERTE FPS AUFGENOMMEN HAST!! ÜBRIGENS, WARUM SIND BLACK MARIAS TECHNIKNAMEN ALLE SO ABGRUNDTIEF LAME? PSEUDONYM: YOFUSHOFU

O: MAGST DU SIE NICHT? HÄTTEST DU DIR GEWÜNSCHT, DASS SIE IM VERLAUF DES KAMPFES IHRE COOLNESS NICHT VERLIERT? ICH HABE DAS SCHON FRÜHER MAL GESAGT, ABER IST ES NICHT SO, DASS GENAU DIESE ETWAS "LAMEN" SCHWACHPUNKTE EINE PERSON LIEBENSWERT MACHEN? HAHA!

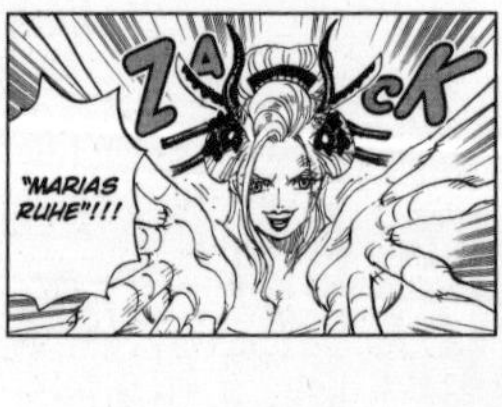

* RINGO = APFEL

1022. Kapitel:
Auftritt der Stars

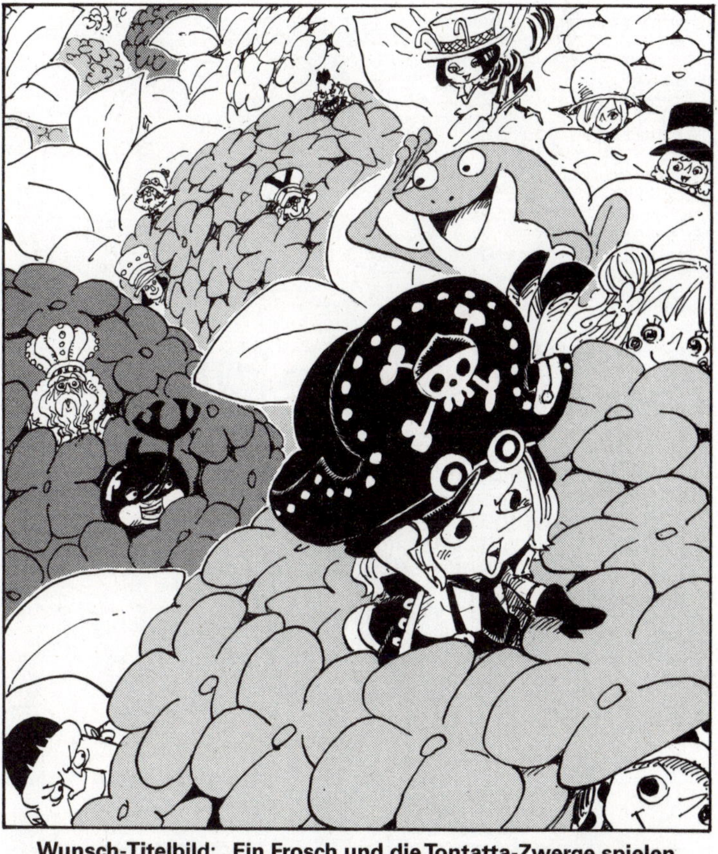

Wunsch-Titelbild: „Ein Frosch und die Tontatta-Zwerge spielen Verstecken zwischen Hortensienblüten" – Pseudonym: Yofushofu

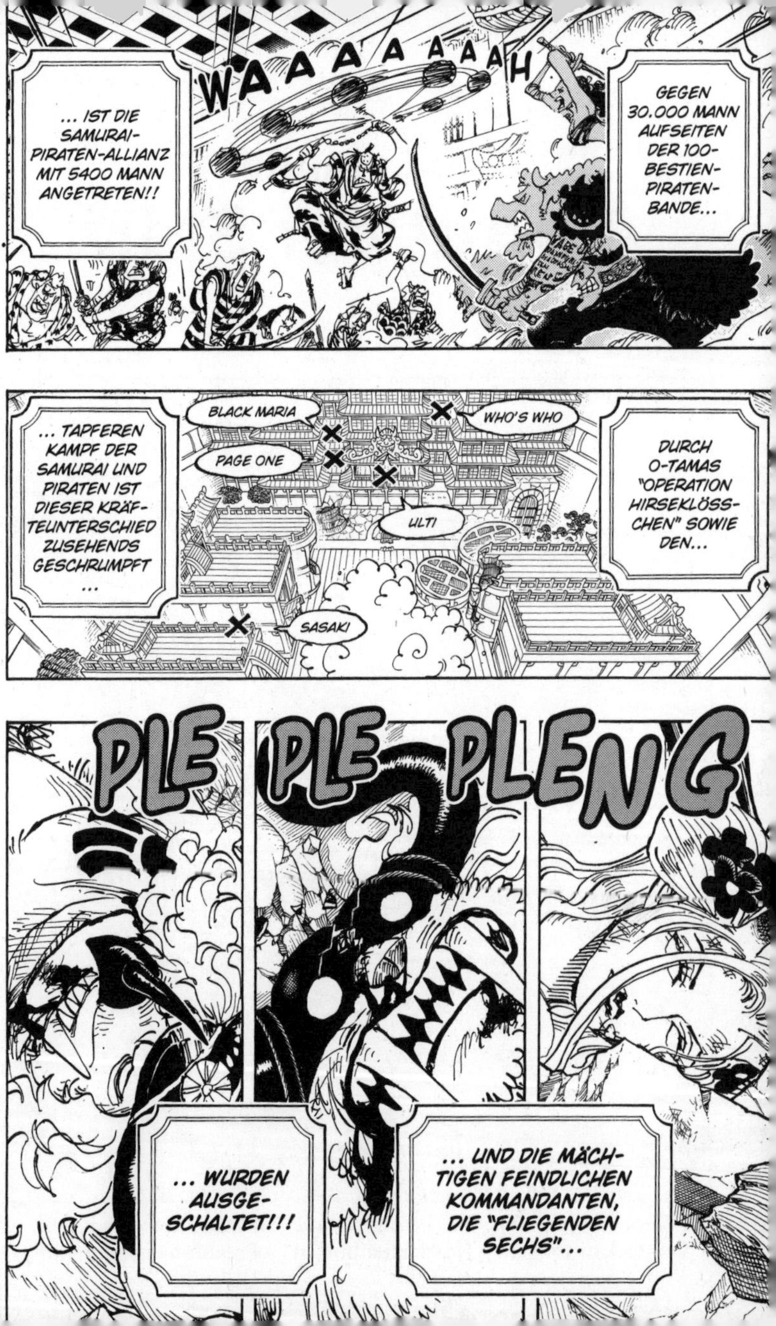
WAAAAAAAH
GEGEN 30.000 MANN AUFSEITEN DER 100-BESTIEN-PIRATEN-BANDE…
… IST DIE SAMURAI-PIRATEN-ALLIANZ MIT 5400 MANN ANGETRETEN!!
DURCH O-TAMAS "OPERATION HIRSEKLÖSSCHEN" SOWIE DEN…
… TAPFEREN KAMPF DER SAMURAI UND PIRATEN IST DIESER KRÄFTEUNTERSCHIED ZUSEHENDS GESCHRUMPFT …
WHO'S WHO
BLACK MARIA
PAGE ONE
ULTI
SASAKI
PLE PLE PLENG
… UND DIE MÄCHTIGEN FEINDLICHEN KOMMANDANTEN, DIE "FLIEGENDEN SECHS"…
… WURDEN AUSGESCHALTET!!!

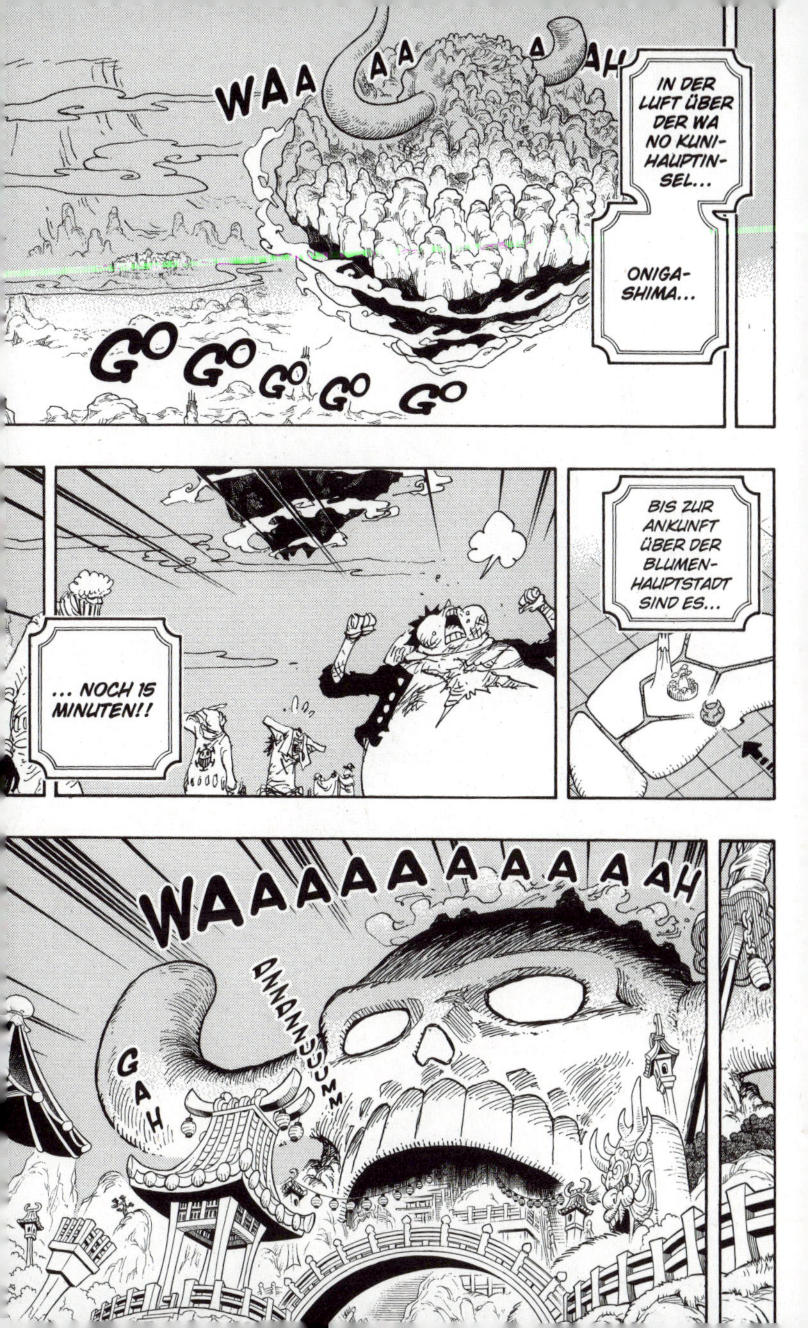
IN DER LUFT ÜBER DER WA NO KUNI-HAUPTINSEL…
ONIGA-SHIMA…
WAA AA A AH
GO GO GO GO GO
BIS ZUR ANKUNFT ÜBER DER BLUMEN-HAUPTSTADT SIND ES…
… NOCH 15 MINUTEN!!
WAAAAAAAAAAH
GAH

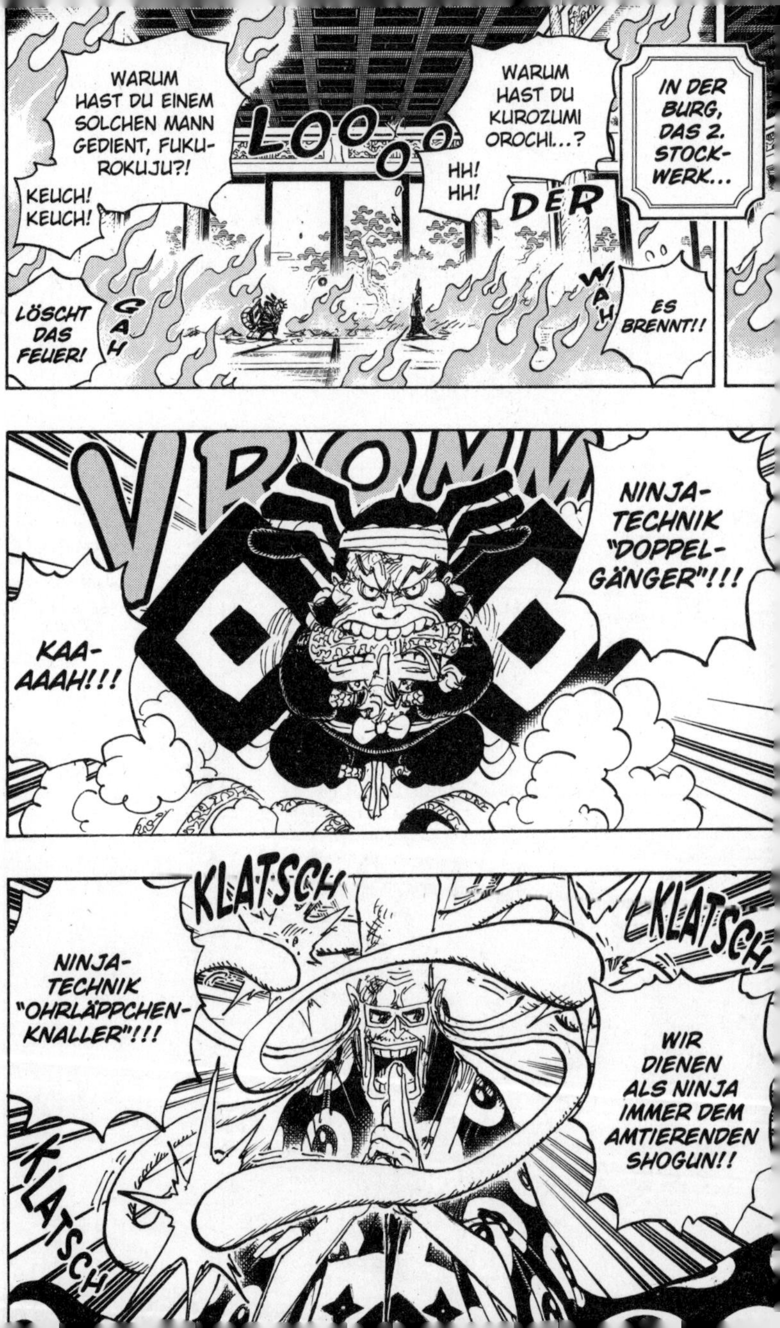
IN DER BURG, DAS 2. STOCKWERK…
WARUM HAST DU KUROZUMI OROCHI…?
HH! HH!
DER
LOOOOO
WARUM HAST DU EINEM SOLCHEN MANN GEDIENT, FUKU-ROKUJU?!
KEUCH! KEUCH!
WAH
ES BRENNT!!
GAH
LÖSCHT DAS FEUER!
VROMM
NINJA-TECHNIK "DOPPEL-GÄNGER"!!!
KAA-AAAH!!!
KLATSCH
KLATSCH
WIR DIENEN ALS NINJA IMMER DEM AMTIERENDEN SHOGUN!!
NINJA-TECHNIK "OHRLÄPPCHEN-KNALLER"!!!
KLATSCH

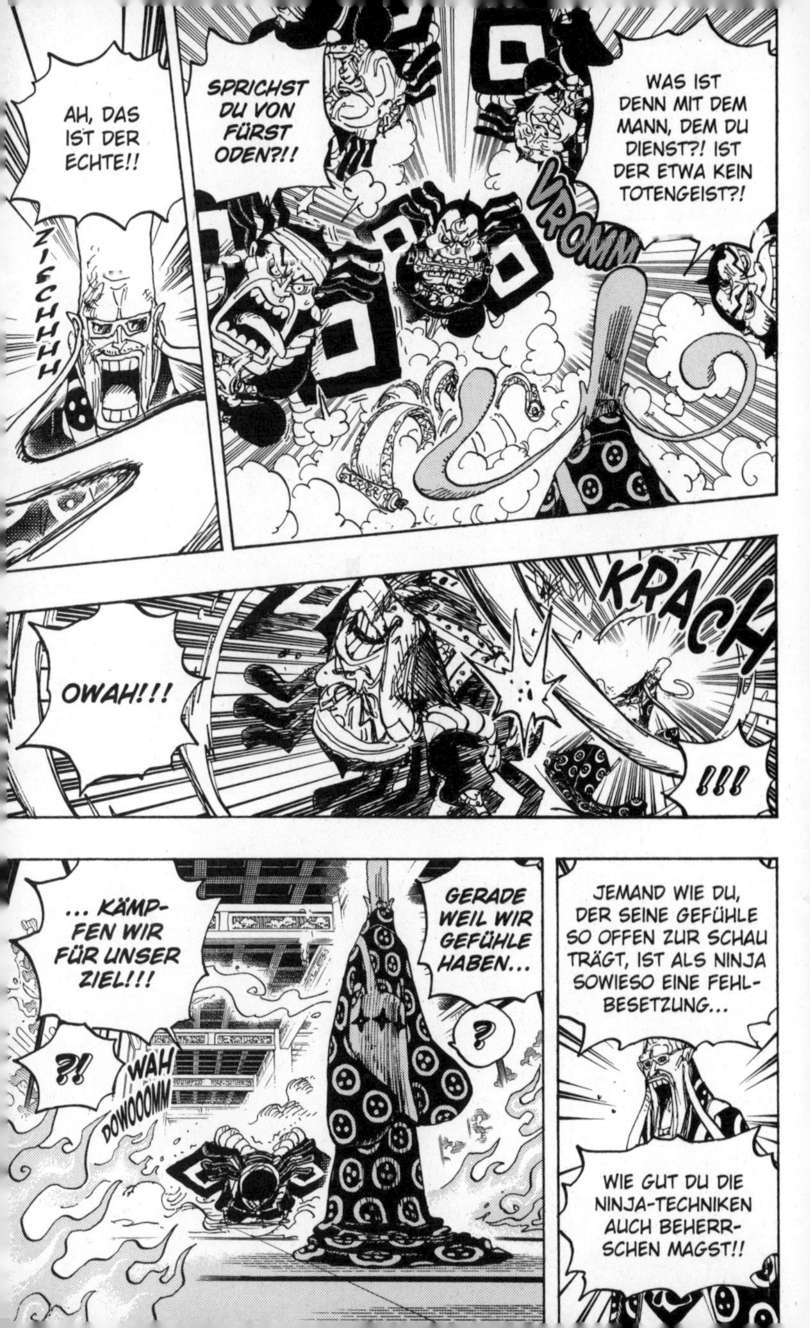
WAS IST DENN MIT DEM MANN, DEM DU DIENST?! IST DER ETWA KEIN TOTENGEIST?!
VROMM
SPRICHST DU VON FÜRST ODEN?!!
AH, DAS IST DER ECHTE!!
ZISCHHHH
KRACH
!!!
OWAH!!!
JEMAND WIE DU, DER SEINE GEFÜHLE SO OFFEN ZUR SCHAU TRÄGT, IST ALS NINJA SOWIESO EINE FEHLBESETZUNG...
WIE GUT DU DIE NINJA-TECHNIKEN AUCH BEHERRSCHEN MAGST!!
GERADE WEIL WIR GEFÜHLE HABEN...
?
... KÄMPFEN WIR FÜR UNSER ZIEL!!!
?!
WAH
DOWOOOMM

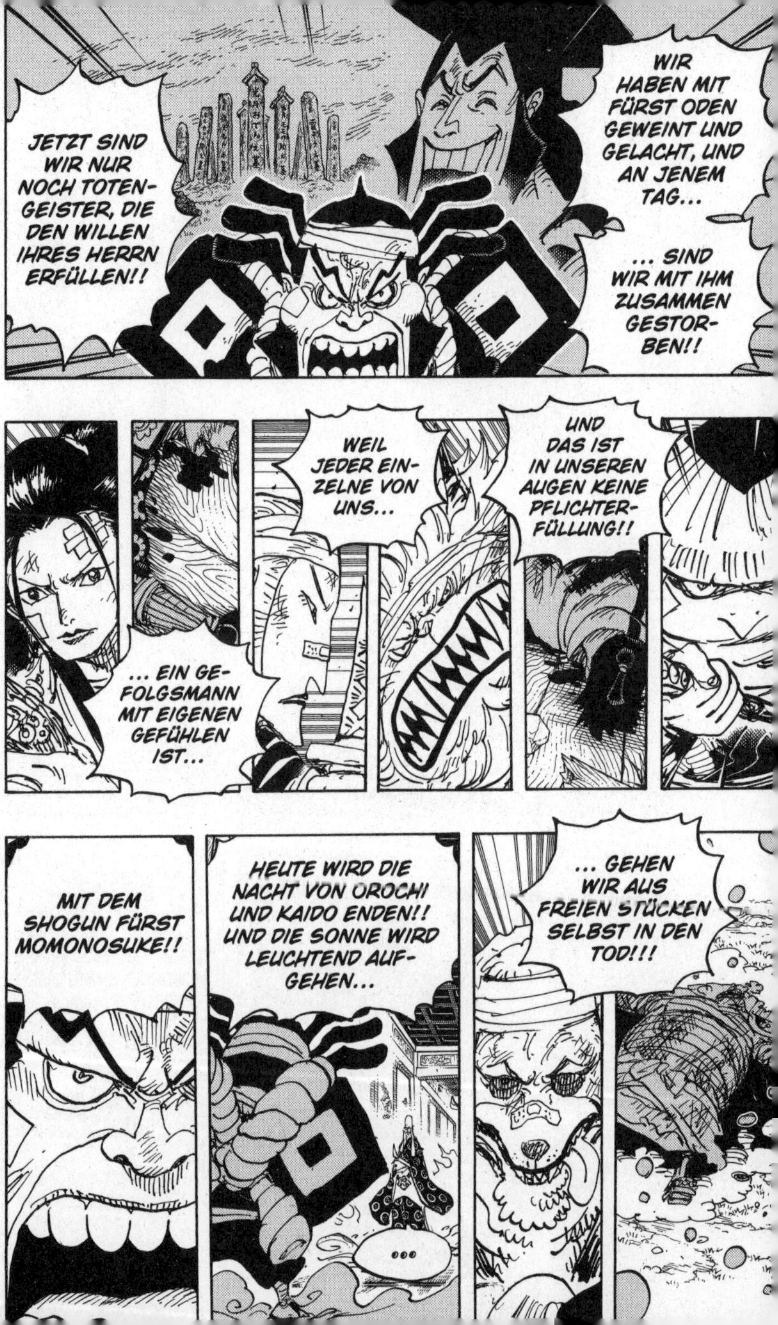

WIR HABEN MIT FÜRST ODEN GEWEINT UND GELACHT, UND AN JENEM TAG...
... SIND WIR MIT IHM ZUSAMMEN GESTORBEN!!
JETZT SIND WIR NUR NOCH TOTENGEISTER, DIE DEN WILLEN IHRES HERRN ERFÜLLEN!!
UND DAS IST IN UNSEREN AUGEN KEINE PFLICHTERFÜLLUNG!!
WEIL JEDER EINZELNE VON UNS...
... EIN GEFOLGSMANN MIT EIGENEN GEFÜHLEN IST...
... GEHEN WIR AUS FREIEN STÜCKEN SELBST IN DEN TOD!!!
HEUTE WIRD DIE NACHT VON OROCHI UND KAIDO ENDEN!! UND DIE SONNE WIRD LEUCHTEND AUFGEHEN...
MIT DEM SHOGUN FÜRST MOMONOSUKE!!
...

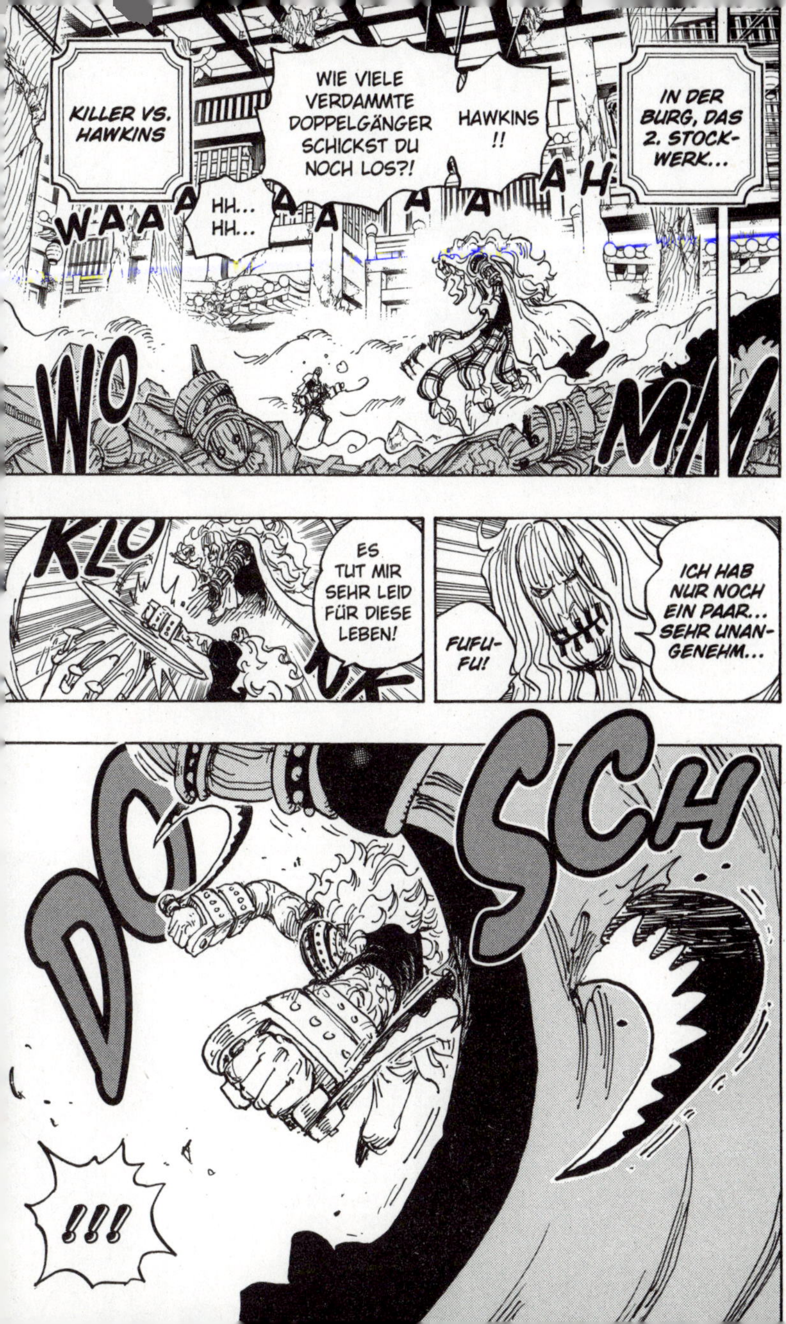

IN DER BURG, DAS 2. STOCKWERK…
HAWKINS !!
WIE VIELE VERDAMMTE DOPPELGÄNGER SCHICKST DU NOCH LOS?!
KILLER VS. HAWKINS
HH… HH…
WAAAAAAAAH
WOMM
ICH HAB NUR NOCH EIN PAAR… SEHR UNANGENEHM…
FUFUFU!
ES TUT MIR SEHR LEID FÜR DIESE LEBEN!
KLONK
DOSCH
!!!

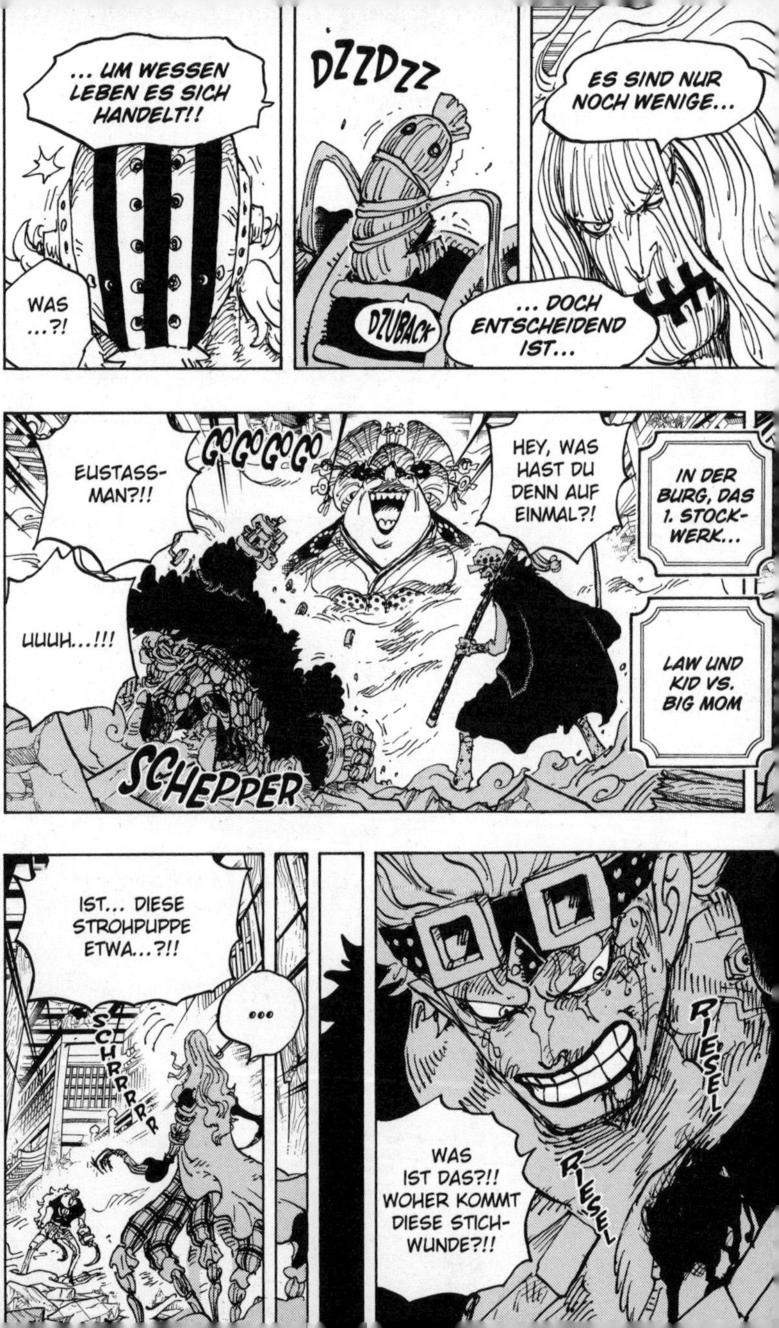
ES SIND NUR NOCH WENIGE…
… DOCH ENTSCHEIDEND IST…
DZZDZZ
DZUBACK
… UM WESSEN LEBEN ES SICH HANDELT!!
WAS …?!
IN DER BURG, DAS 1. STOCKWERK…
LAW UND KID VS. BIG MOM
HEY, WAS HAST DU DENN AUF EINMAL?!
GOGOGOGO
EUSTASS-MAN?!!
UUUH…!!!
SCHEPPER
RIESEL
RIESEL
WAS IST DAS?!! WOHER KOMMT DIESE STICH-WUNDE?!!
IST… DIESE STROHPUPPE ETWA…?!!
…
SCHRRRRRR

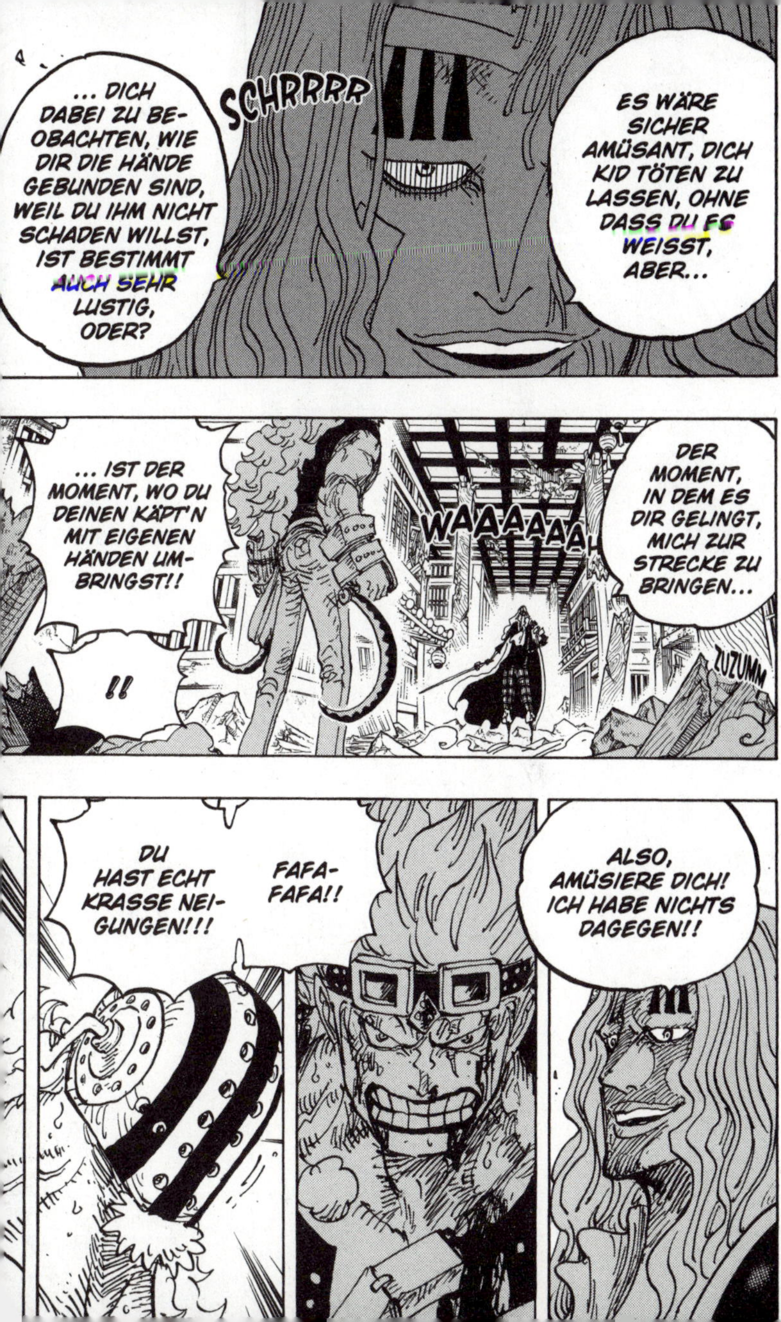
ES WÄRE SICHER AMÜSANT, DICH KID TÖTEN ZU LASSEN, OHNE DASS DU ES WEISST, ABER...
SCHRRRR
... DICH DABEI ZU BEOBACHTEN, WIE DIR DIE HÄNDE GEBUNDEN SIND, WEIL DU IHM NICHT SCHADEN WILLST, IST BESTIMMT AUCH SEHR LUSTIG, ODER?
DER MOMENT, IN DEM ES DIR GELINGT, MICH ZUR STRECKE ZU BRINGEN...
WAAAAAAAH
ZUZUMM
... IST DER MOMENT, WO DU DEINEN KÄPT'N MIT EIGENEN HÄNDEN UMBRINGST!!
!!
ALSO, AMÜSIERE DICH! ICH HABE NICHTS DAGEGEN!!
FAFAFAFA!!
DU HAST ECHT KRASSE NEIGUNGEN!!!

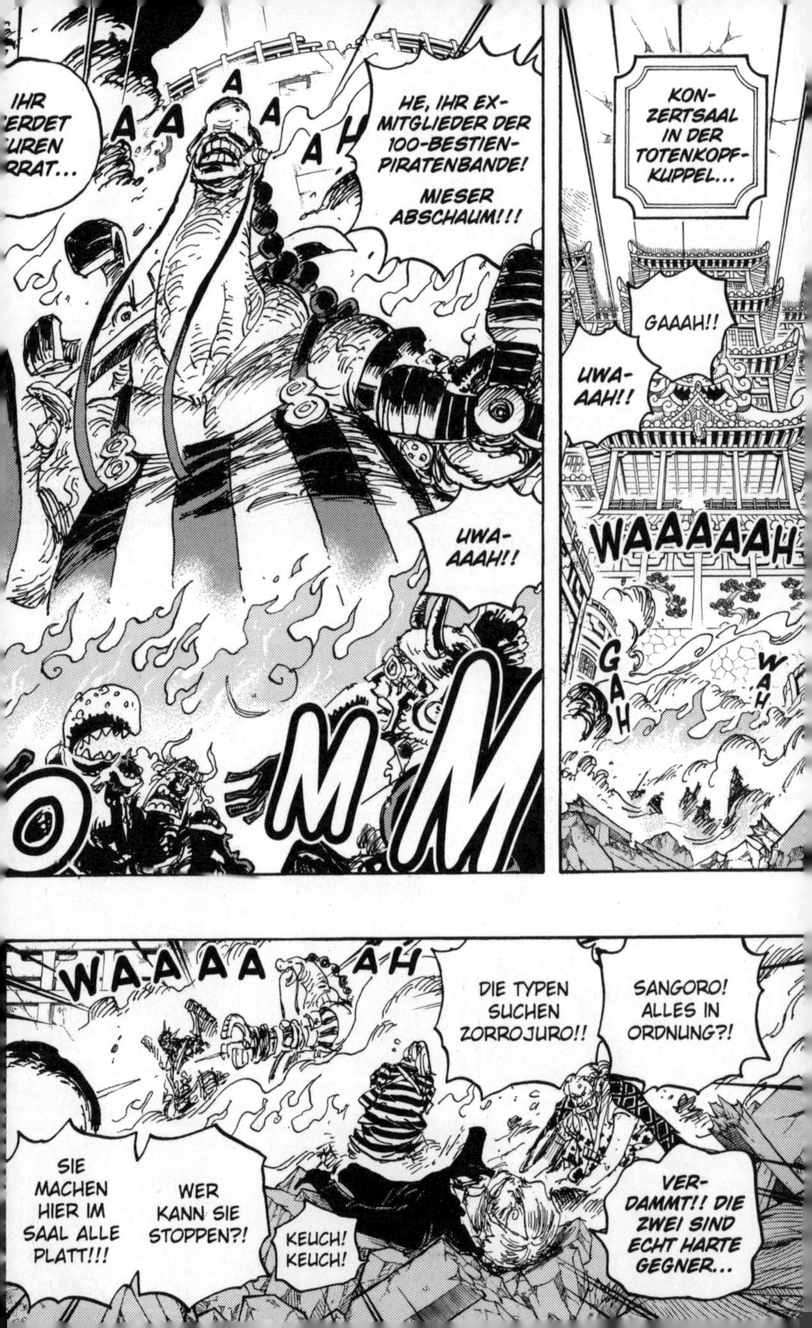
KONZERTSAAL IN DER TOTENKOPF-KUPPEL...
GAAAH!!
UWA-AAH!!
WAAAAAH
GAH
WAH
AAAAAH
HE, IHR EX-MITGLIEDER DER 100-BESTIEN-PIRATENBANDE!
MIESER ABSCHAUM!!!
UWA-AAAH!!
WAAAAAH
SANGORO! ALLES IN ORDNUNG?!
DIE TYPEN SUCHEN ZORROJURO!!
VERDAMMT!! DIE ZWEI SIND ECHT HARTE GEGNER...
KEUCH! KEUCH!
WER KANN SIE STOPPEN?!
SIE MACHEN HIER IM SAAL ALLE PLATT!!!

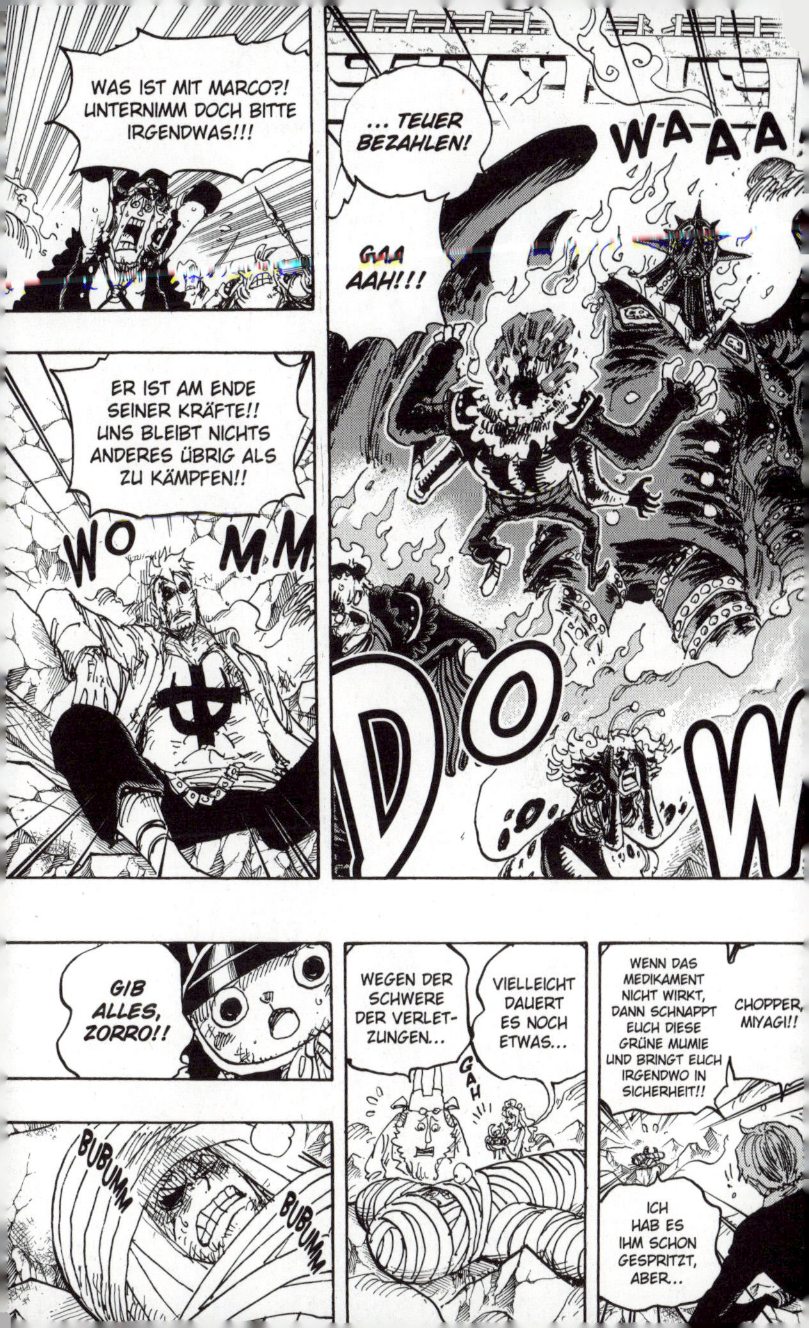
... TEUER BEZAHLEN!
WAAA
GAAAAH!!!
WAS IST MIT MARCO?! UNTERNIMM DOCH BITTE IRGENDWAS!!!
ER IST AM ENDE SEINER KRÄFTE!! UNS BLEIBT NICHTS ANDERES ÜBRIG ALS ZU KÄMPFEN!!
WOMM
DOW
CHOPPER, MIYAGI!!
WENN DAS MEDIKAMENT NICHT WIRKT, DANN SCHNAPPT EUCH DIESE GRÜNE MUMIE UND BRINGT EUCH IRGENDWO IN SICHERHEIT!!
ICH HAB ES IHM SCHON GESPRITZT, ABER...
VIELLEICHT DAUERT ES NOCH ETWAS...
WEGEN DER SCHWERE DER VERLETZUNGEN...
GAH
GIB ALLES, ZORRO!!
BUBUMM
BUBUMM

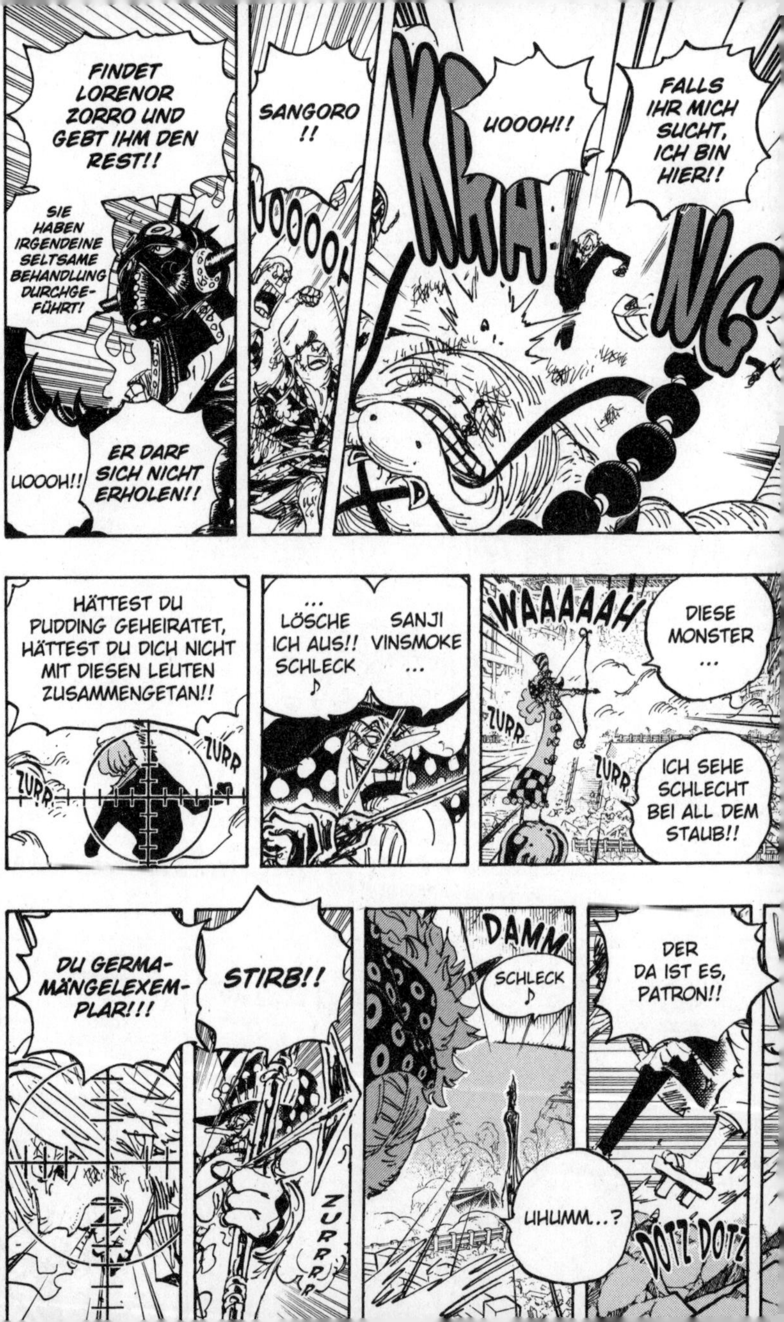
FALLS IHR MICH SUCHT, ICH BIN HIER!!
UOOOH!!
NG
UOOOO!
SANGORO!!
FINDET LORENOR ZORRO UND GEBT IHM DEN REST!!
SIE HABEN IRGENDEINE SELTSAME BEHANDLUNG DURCHGE-FÜHRT!
ER DARF SICH NICHT ERHOLEN!!
UOOOH!!
WAAAAAH
DIESE MONSTER ...
ZURR
ZURR
ICH SEHE SCHLECHT BEI ALL DEM STAUB!!
SANJI VINSMOKE ...
... LÖSCHE ICH AUS!! SCHLECK ♪
HÄTTEST DU PUDDING GEHEIRATET, HÄTTEST DU DICH NICHT MIT DIESEN LEUTEN ZUSAMMENGETAN!!
ZURR
ZURR
DER DA IST ES, PATRON!!
DOTZ DOTZ
DAMM
SCHLECK ♪
UHUMM...?
STIRB!!
ZURRRRR
DU GERMA-MÄNGELEXEM-PLAR!!!

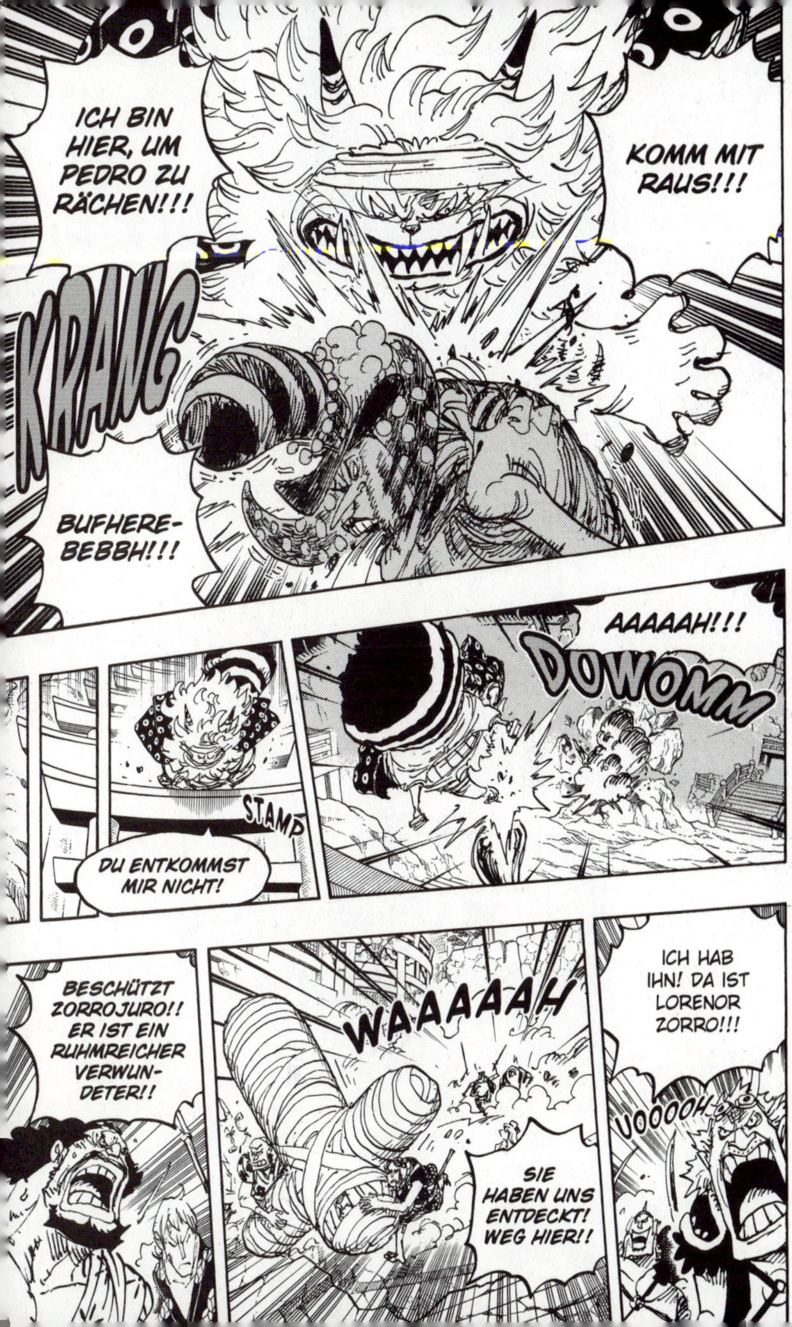
KOMM MIT RAUS!!!
ICH BIN HIER, UM PEDRO ZU RÄCHEN!!!
KRANG
BUFHERE-BEBBH!!!
AAAAAH!!!
DOWOMM
STAMP
DU ENTKOMMST MIR NICHT!
ICH HAB IHN! DA IST LORENOR ZORRO!!!
UOOOOH
WAAAAAH
SIE HABEN UNS ENTDECKT! WEG HIER!!
BESCHÜTZT ZORROJURO!! ER IST EIN RUHMREICHER VERWUNDETER!!

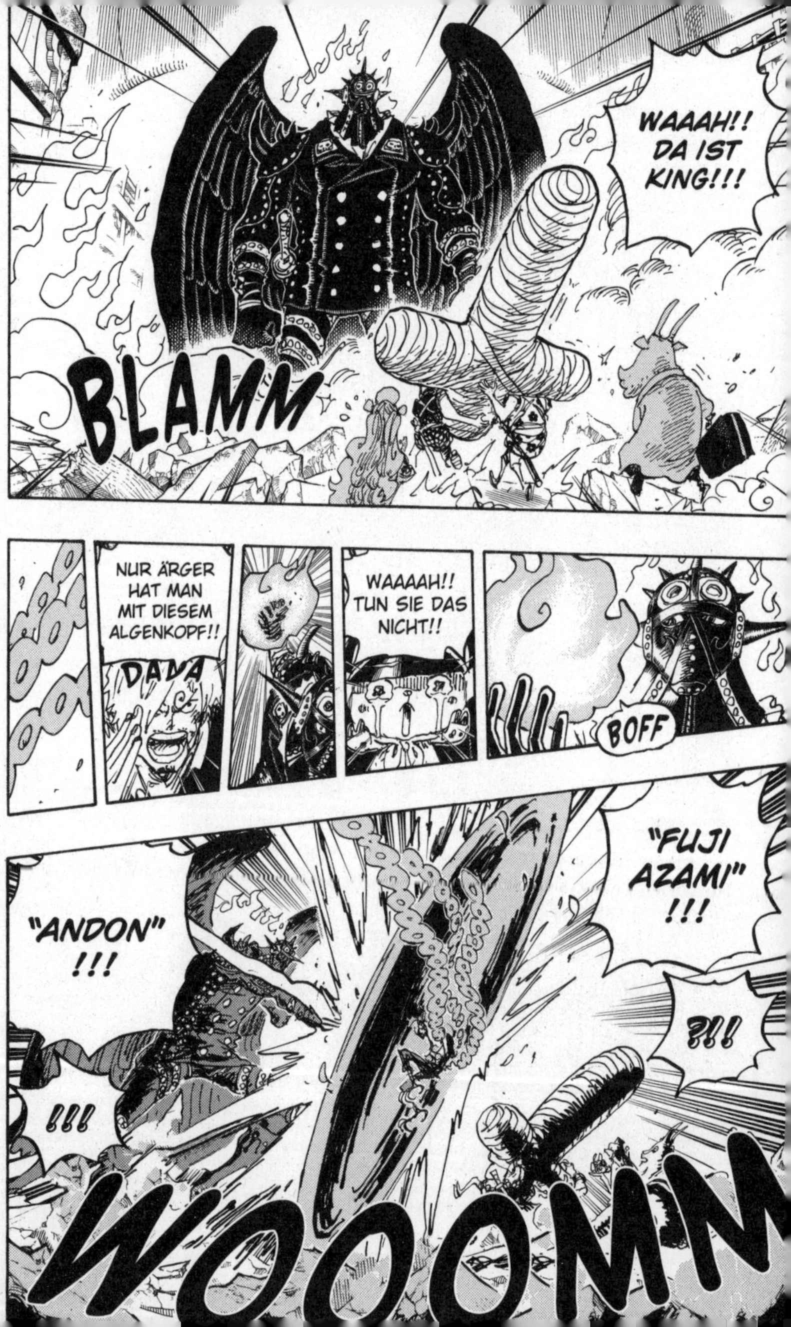
WAAAH!! DA IST KING!!!
BLAMM
NUR ÄRGER HAT MAN MIT DIESEM ALGENKOPF!!
DADA
WAAAAH!! TUN SIE DAS NICHT!!
BOFF
"FUJI AZAMI" !!!
"ANDON" !!!
?!!
!!!
WOOOMM

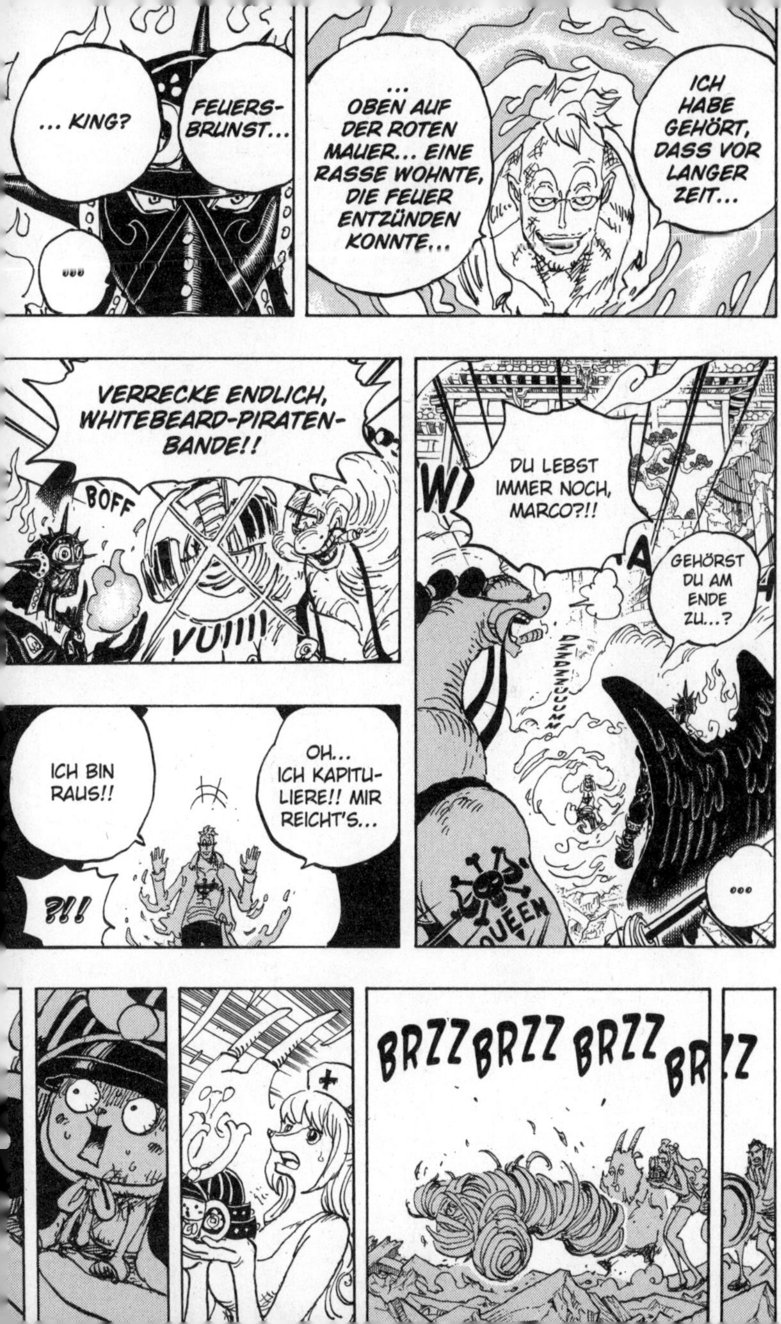
ICH HABE GEHÖRT, DASS VOR LANGER ZEIT...
... OBEN AUF DER ROTEN MAUER... EINE RASSE WOHNTE, DIE FEUER ENTZÜNDEN KONNTE...
FEUERS-BRUNST...
... KING?
...
DU LEBST IMMER NOCH, MARCO?!!
W
A
GEHÖRST DU AM ENDE ZU...?
QUEEN
...
VERRECKE ENDLICH, WHITEBEARD-PIRATEN-BANDE!!
BOFF
VU!!!!!
OH... ICH KAPITULIERE!! MIR REICHT'S...
ICH BIN RAUS!!
?!!
BRZZ BRZZ BRZZ BRZZ

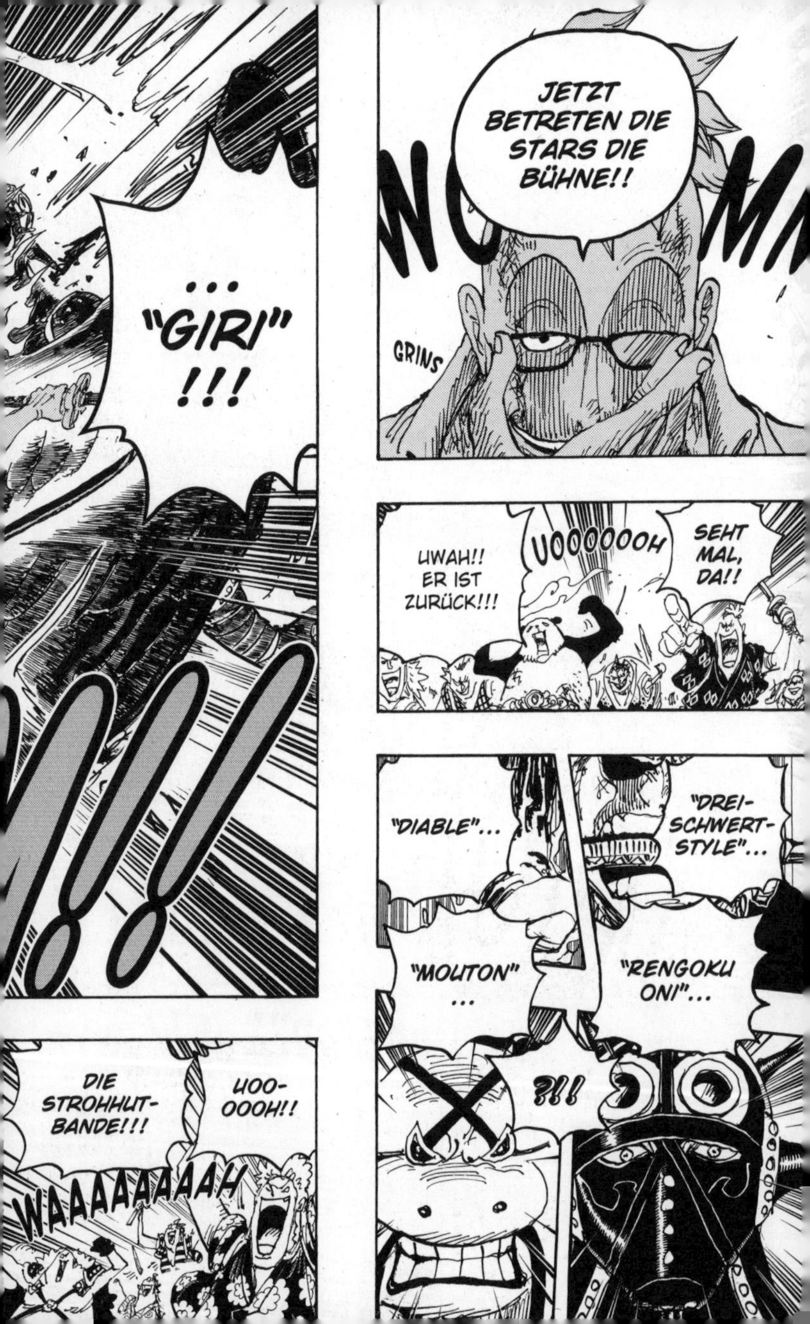
JETZT BETRETEN DIE STARS DIE BÜHNE!!
GRINS
... "GIRI" !!!
SEHT MAL, DA!!
UOOOOOOH
UWAH!! ER IST ZURÜCK!!!
"DREI-SCHWERT-STYLE"...
"DIABLE"...
"RENGOKU ONI"...
"MOUTON" ...
?!!
UOO-OOOH!!
DIE STROHHUT-BANDE!!!
WAAAAAAAAH

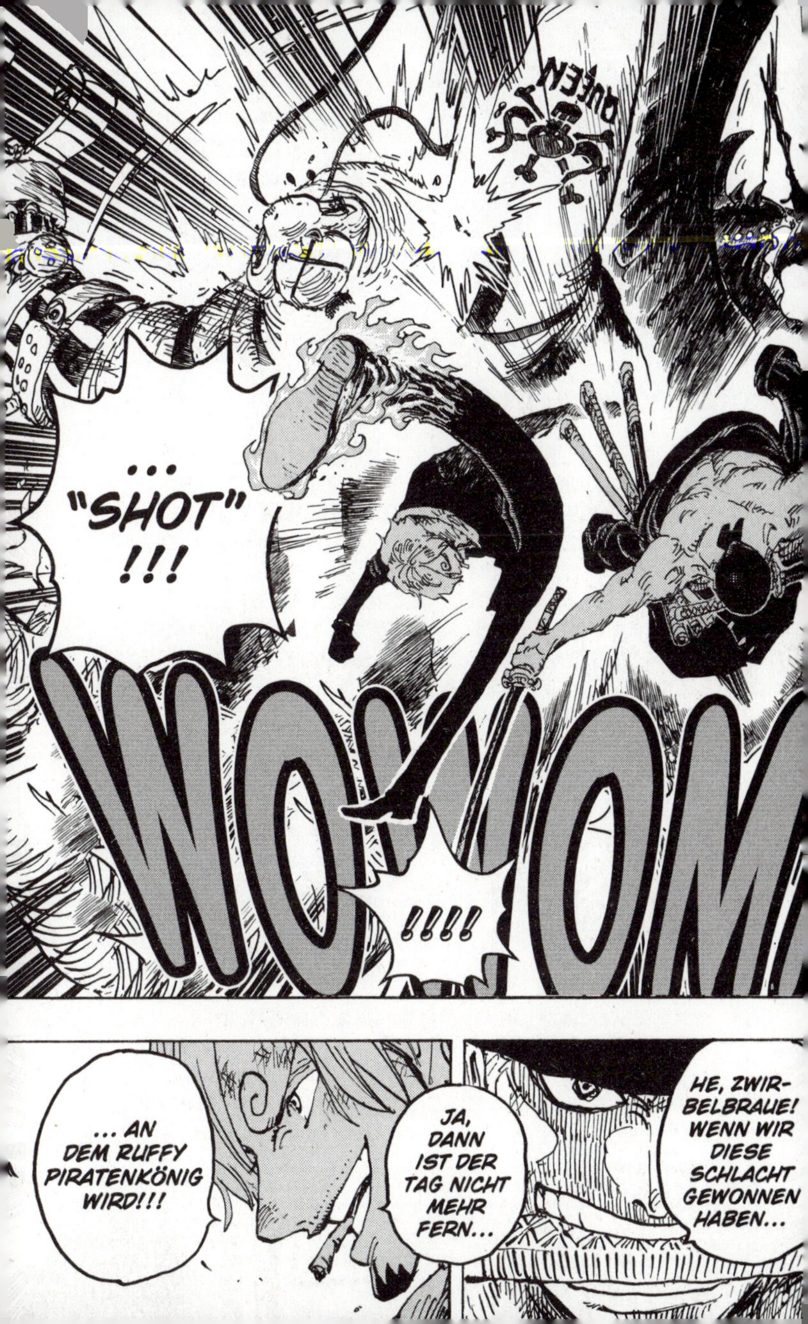
QUEEN
... "SHOT" !!!
WOOOM
!!!!
HE, ZWIRBELBRAUE! WENN WIR DIESE SCHLACHT GEWONNEN HABEN...
JA, DANN IST DER TAG NICHT MEHR FERN...
... AN DEM RUFFY PIRATENKÖNIG WIRD!!!

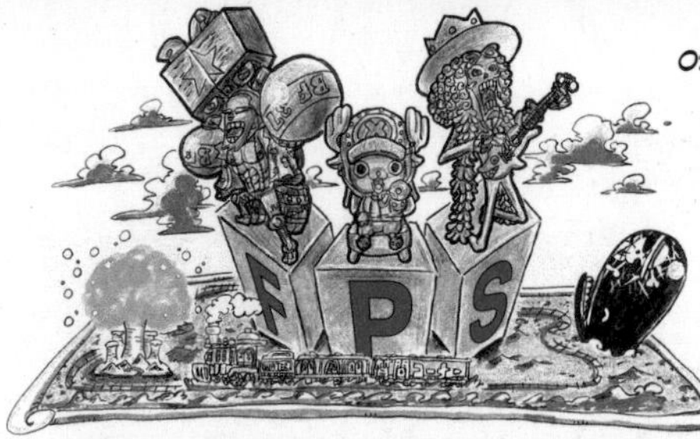

O: SO! HIER IST EIN RÄTSEL VON PSEUDONYM MII!! ICH HAB ES AUCH NICHT RAUSGEKRIEGT, DESHALB GEBE ICH EUCH EINEN TIPP. WENN MAN SICH DABEI EINE GEWISSE BERÜHMTE SZENE VORSTELLT, KOMMT MAN DRAUF. DIE ANTWORT FINDET IHR UNTEN!!

FINDE DIE NACHRICHT HERAUS! STROHHUT-ANAGRAMM

NANU? DA STEHT JA DIE STROHHUT-BANDE MIT SCHILDERN IN DER HAND! OKAY, EIN PAAR VON IHNEN FEHLEN OFFENBAR. AUSSERDEM STEHEN SIE VÖLLIG DURCHEINANDER, DESHALB KANN MAN DIE NACHRICHT GAR NICHT LESEN! RUFFY SAGT: "WENN DU UNS IN DIE RICHTIGE REIHENFOLGE BRINGST, DANN KANNST DU DIE NACHRICHT LESEN, DIE WIR EINER BESTIMMTEN PERSON ÜBERMITTELN!" ALSO, BRING SIE IN DIE RICHTIGE REIHENFOLGE UND FINDE HERAUS, WIE DIE NACHRICHT LAUTET!

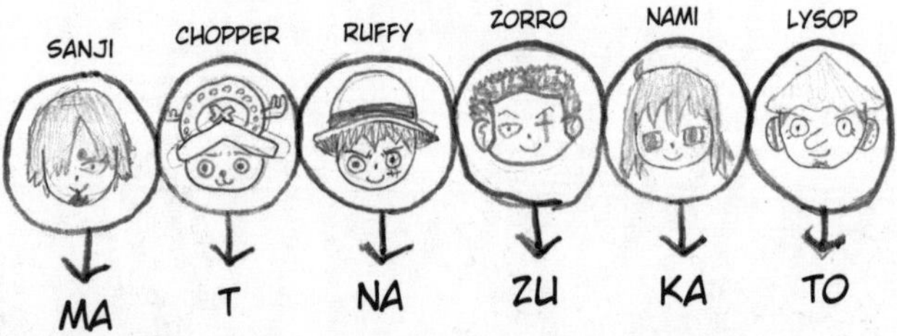

TIPP 1: IN WELCHEM LAND HABEN DIE HIER VERSAMMELTEN MITGLIEDER EIN ABENTEUER ERLEBT?

TIPP 2: WENN IHR SIE IN "EINE REIHENFOLGE" BRINGT, DIE IN EINEM SAMMELBAND STEHT, KÖNNT IHR DIE NACHRICHT LESEN.

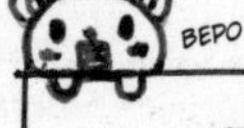

PSEUDONYM: MII

ICH KANN NICHT GUT ZEICHNEN, TUT MIR LEID.

12 J.

ANTWORT:
"ZUTTO NAKAMA" ("DU GEHÖRST FÜR IMMER ZU UNS")
DIE REIHENFOLGE IN DER LETZTEN SZENE VON BAND 23 (ABENTEUER MIT VIVI), IN DEM SIE DAS X-ZEICHEN HOCHHALTEN (VON LINKS):
ZORRO → CHOPPER → LYSOP → RUFFY → NAMI → SANJI

1023. Kapitel:
Wie ein Ei dem anderen

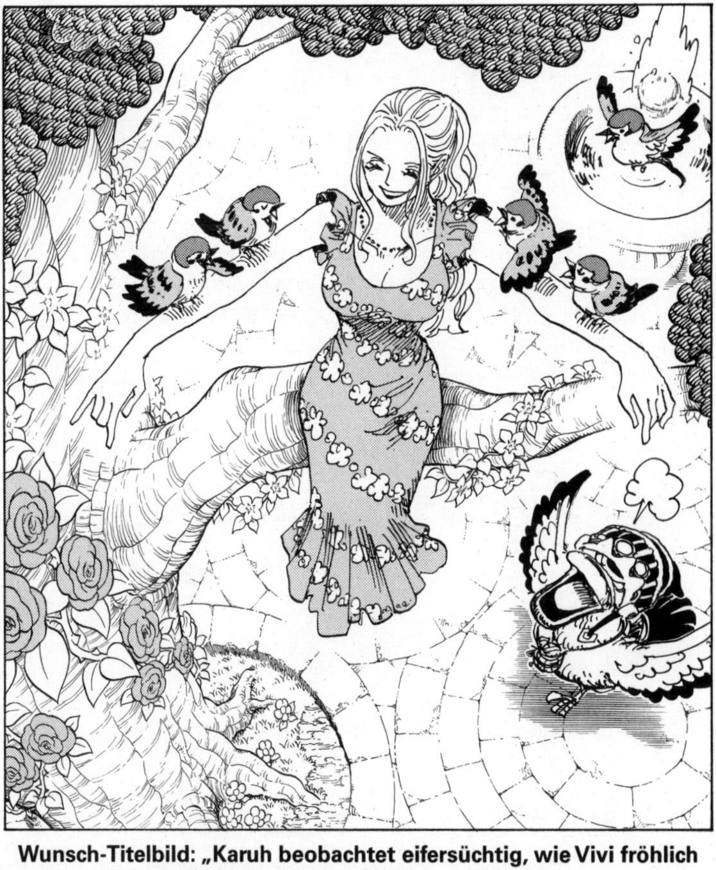

Wunsch-Titelbild: „Karuh beobachtet eifersüchtig, wie Vivi fröhlich mit Spatzen singt" – Pseudonym: Ameise

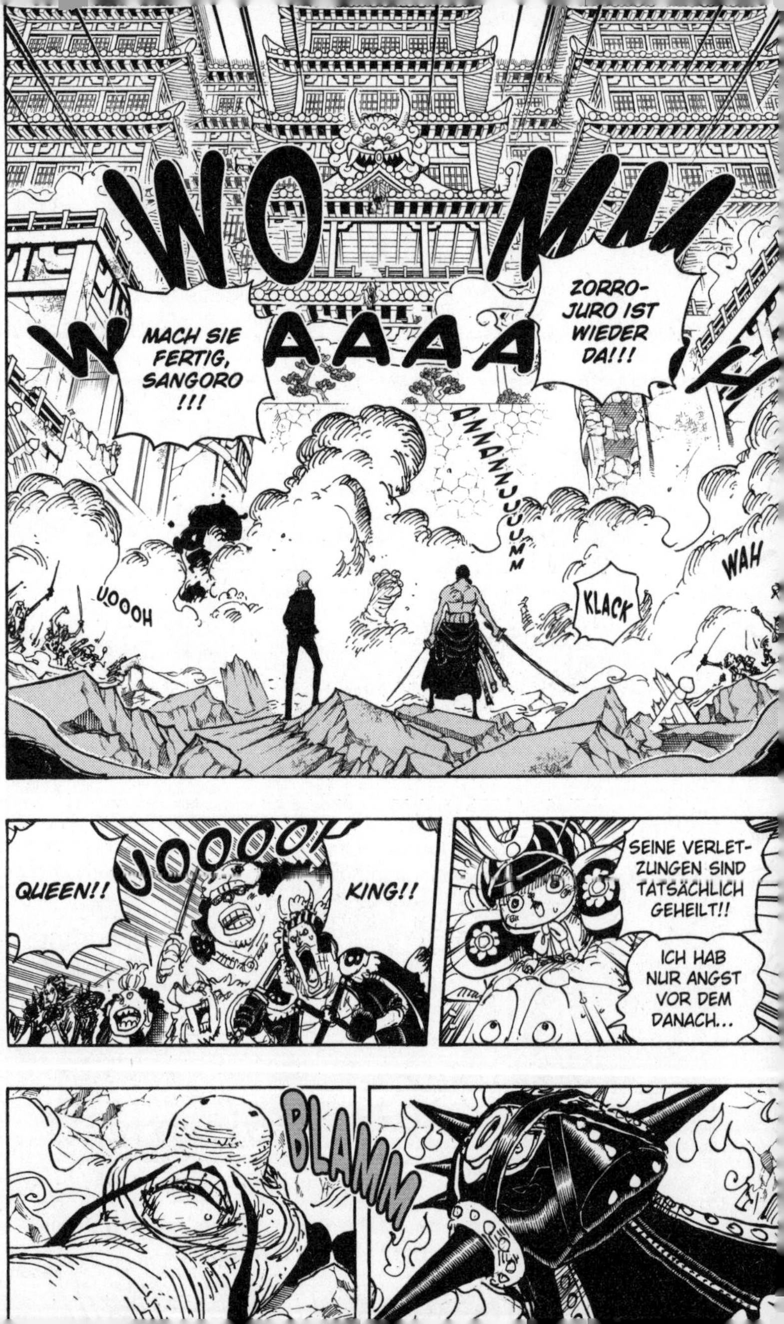

ZORRO-JURO IST WIEDER DA!!!
MACH SIE FERTIG, SANGORO !!!
DNNNNJUUUUMM
WAH
KLACK
UOOOH
SEINE VERLETZUNGEN SIND TATSÄCHLICH GEHEILT!!
ICH HAB NUR ANGST VOR DEM DANACH...
KING!!
QUEEN!!
BLAMM

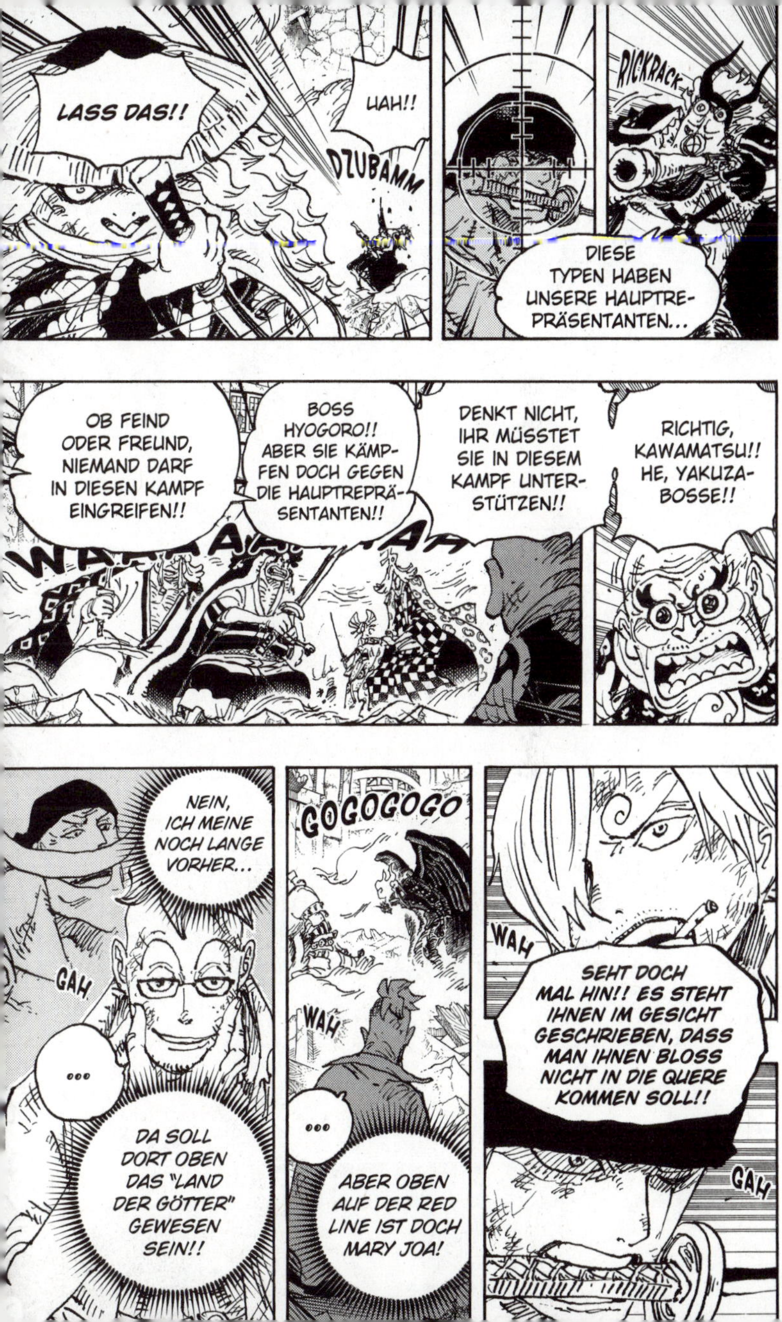
RICKRACK
DIESE TYPEN HABEN UNSERE HAUPTREPRÄSENTANTEN...
UAH!!
DZUBAMM
LASS DAS!!
RICHTIG, KAWAMATSU!! HE, YAKUZA-BOSSE!!
DENKT NICHT, IHR MÜSSTET SIE IN DIESEM KAMPF UNTERSTÜTZEN!!
BOSS HYOGORO!! ABER SIE KÄMPFEN DOCH GEGEN DIE HAUPTREPRÄSENTANTEN!!
OB FEIND ODER FREUND, NIEMAND DARF IN DIESEN KAMPF EINGREIFEN!!
WAAAAAAAH
WAH
SEHT DOCH MAL HIN!! ES STEHT IHNEN IM GESICHT GESCHRIEBEN, DASS MAN IHNEN BLOSS NICHT IN DIE QUERE KOMMEN SOLL!!
GAH
GOGOGOGO
WAH
...
ABER OBEN AUF DER RED LINE IST DOCH MARY JOA!
NEIN, ICH MEINE NOCH LANGE VORHER...
GAH
...
DA SOLL DORT OBEN DAS "LAND DER GÖTTER" GEWESEN SEIN!!

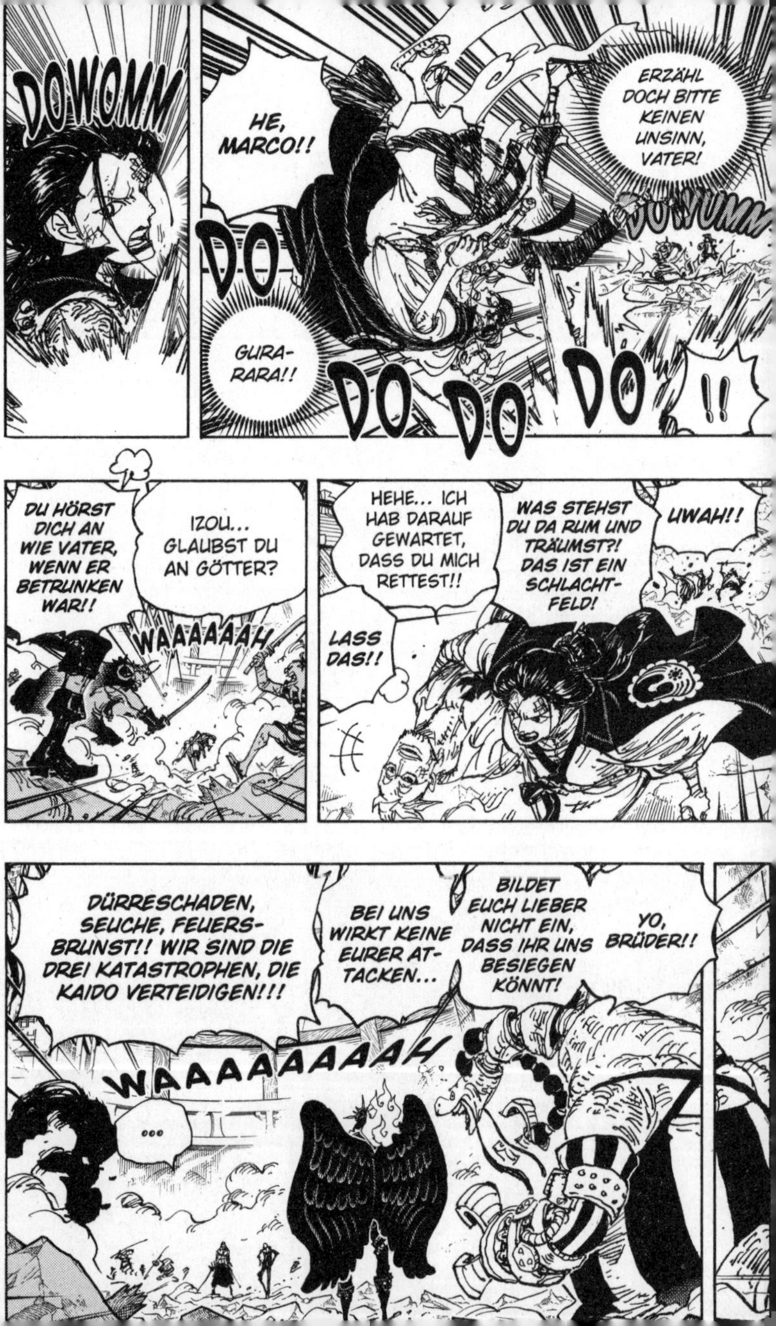
ERZÄHL DOCH BITTE KEINEN UNSINN, VATER!
HE, MARCO!!
GURA-RARA!!
DO DO DO DO
!!
DOWOMM
UWAH!!
WAS STEHST DU DA RUM UND TRÄUMST?! DAS IST EIN SCHLACHT-FELD!
HEHE... ICH HAB DARAUF GEWARTET, DASS DU MICH RETTEST!!
LASS DAS!!
IZOU... GLAUBST DU AN GÖTTER?
DU HÖRST DICH AN WIE VATER, WENN ER BETRUNKEN WAR!!
WAAAAAAH
YO, BRÜDER!!
BILDET EUCH LIEBER NICHT EIN, DASS IHR UNS BESIEGEN KÖNNT!
BEI UNS WIRKT KEINE EURER AT-TACKEN...
DÜRRESCHADEN, SEUCHE, FEUERS-BRUNST!! WIR SIND DIE DREI KATASTROPHEN, DIE KAIDO VERTEIDIGEN!!!
WAAAAAAAAAH
...

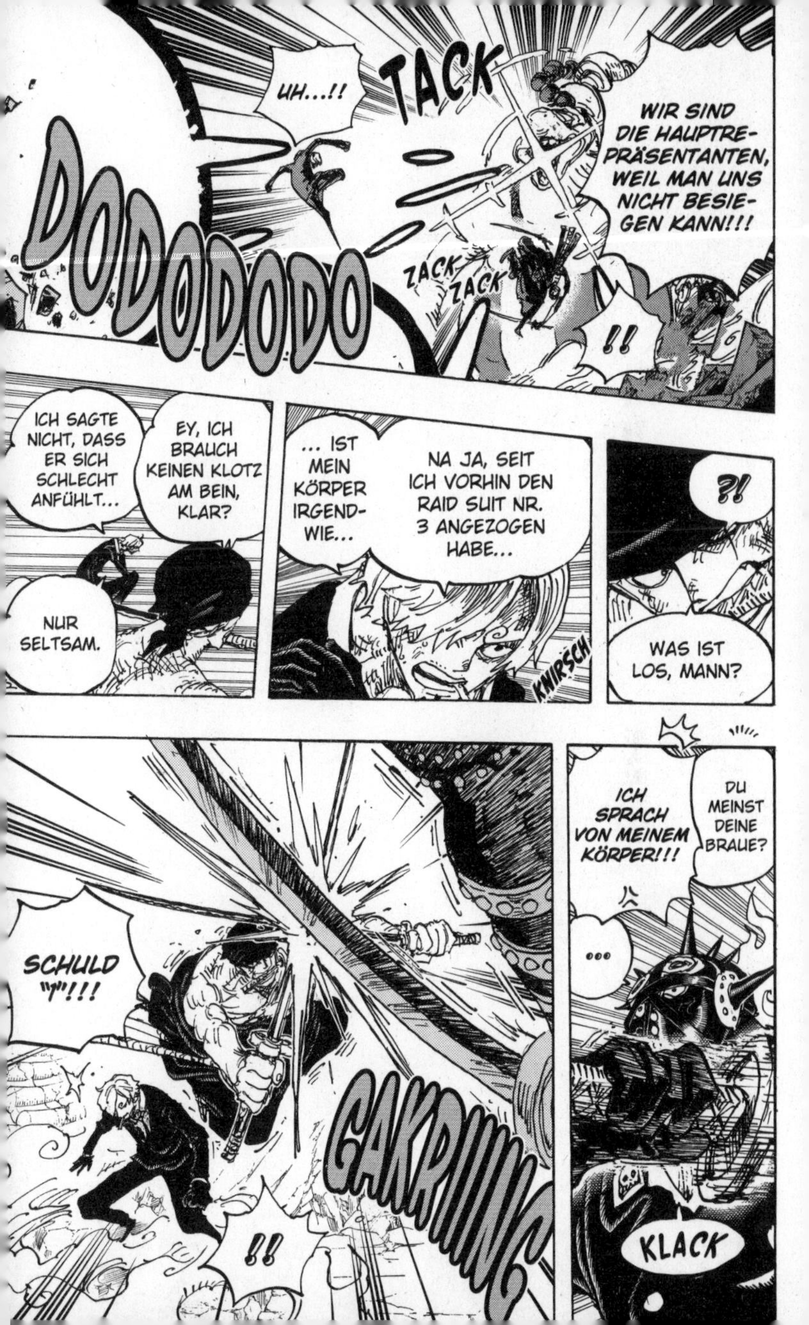
WIR SIND DIE HAUPTREPRÄSENTANTEN, WEIL MAN UNS NICHT BESIEGEN KANN!!!
TACK
ZACK
ZACK
!!
UH...!!
DODODODO
?!
WAS IST LOS, MANN?
NA JA, SEIT ICH VORHIN DEN RAID SUIT NR. 3 ANGEZOGEN HABE...
... IST MEIN KÖRPER IRGENDWIE...
KNIRSCH
EY, ICH BRAUCH KEINEN KLOTZ AM BEIN, KLAR?
ICH SAGTE NICHT, DASS ER SICH SCHLECHT ANFÜHLT...
NUR SELTSAM.
DU MEINST DEINE BRAUE?
ICH SPRACH VON MEINEM KÖRPER!!!
...
KLACK
GAKRIIING
!!
SCHULD "1"!!!

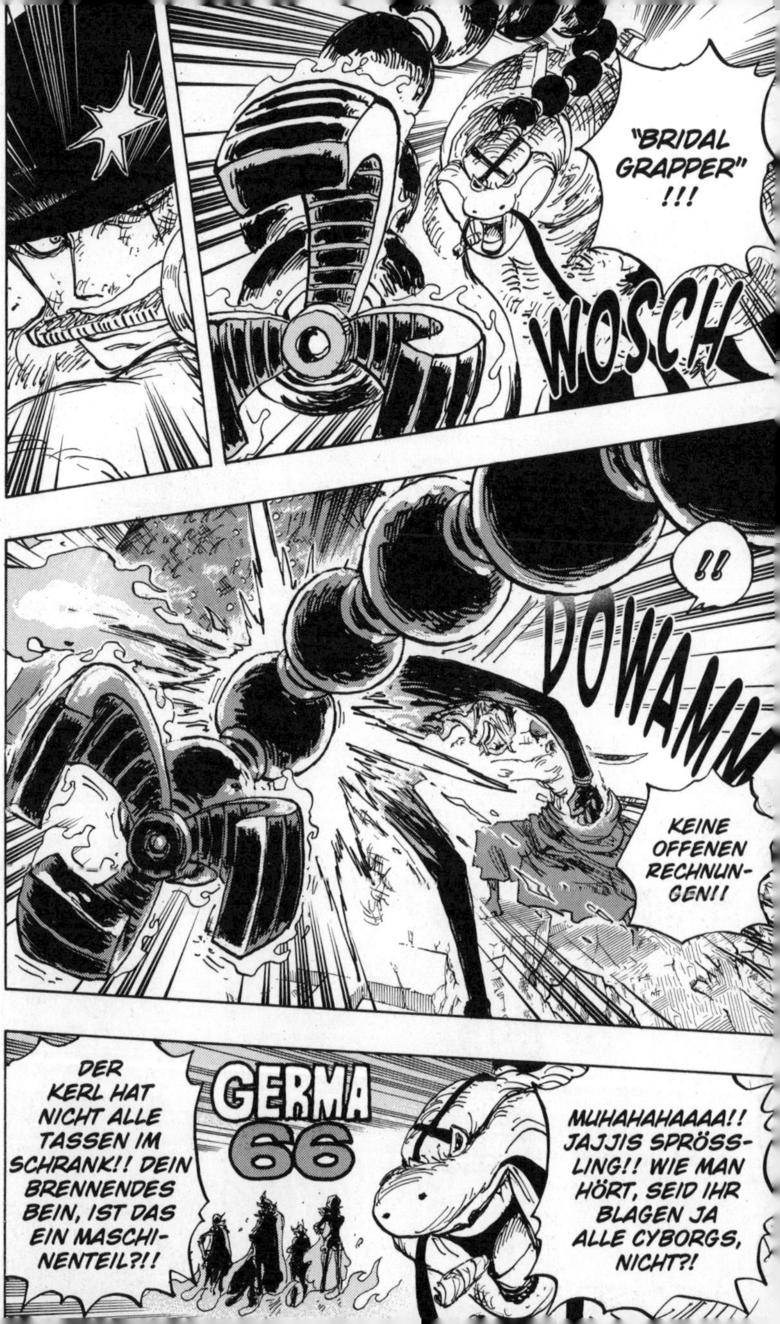
"BRIDAL GRAPPER" !!!
WOSCH
!!
DOWAMM
KEINE OFFENEN RECHNUN-GEN!!
MUHAHAHAAAA!! JAJJIS SPRÖSS-LING!! WIE MAN HÖRT, SEID IHR BLAGEN JA ALLE CYBORGS, NICHT?!
GERMA 66
DER KERL HAT NICHT ALLE TASSEN IM SCHRANK!! DEIN BRENNENDES BEIN, IST DAS EIN MASCHI-NENTEIL?!!

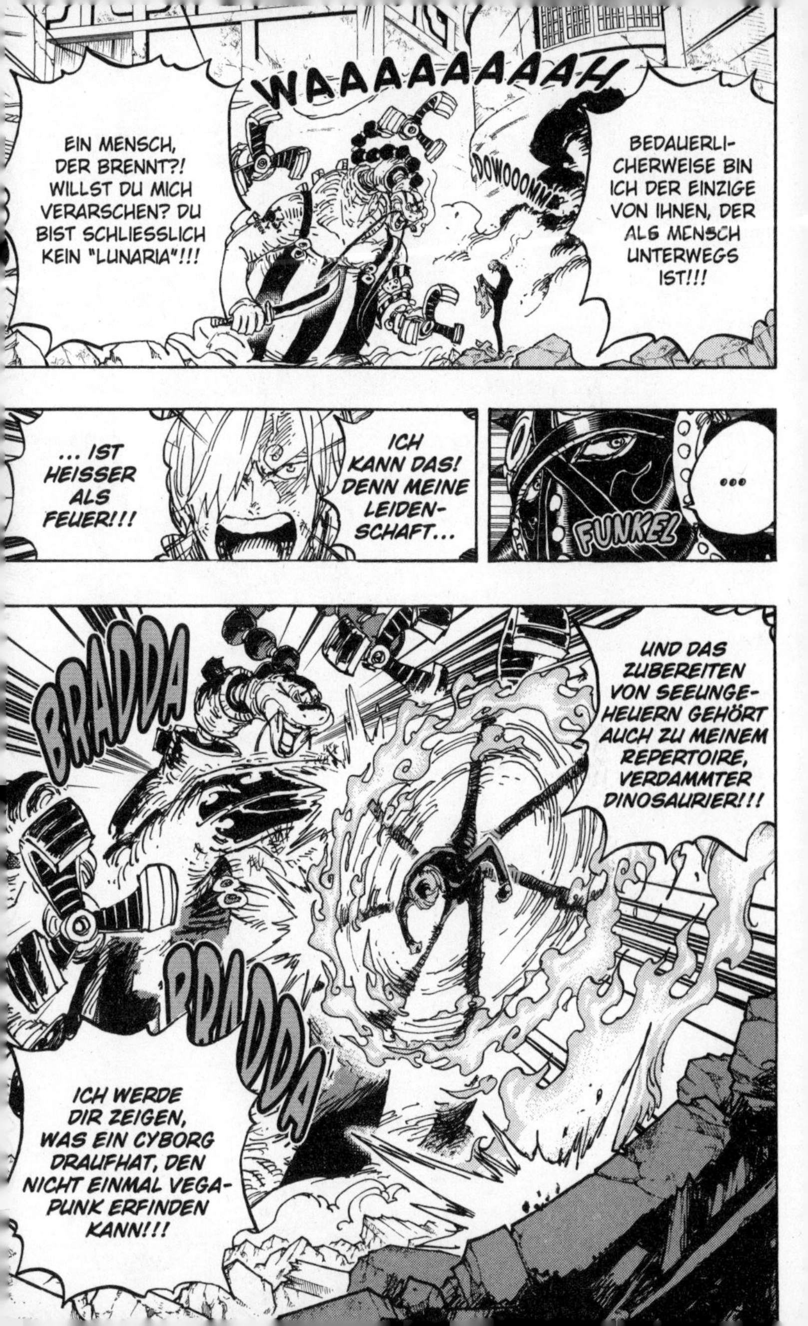

WAAAAAAAAH
DOWOOONN
BEDAUERLICHERWEISE BIN ICH DER EINZIGE VON IHNEN, DER ALS MENSCH UNTERWEGS IST!!!
EIN MENSCH, DER BRENNT?! WILLST DU MICH VERARSCHEN? DU BIST SCHLIESSLICH KEIN "LUNARIA"!!!
...
FUNKEL
ICH KANN DAS! DENN MEINE LEIDENSCHAFT...
... IST HEISSER ALS FEUER!!!
UND DAS ZUBEREITEN VON SEEUNGEHEUERN GEHÖRT AUCH ZU MEINEM REPERTOIRE, VERDAMMTER DINOSAURIER!!!
BRADDA
ICH WERDE DIR ZEIGEN, WAS EIN CYBORG DRAUFHAT, DEN NICHT EINMAL VEGAPUNK ERFINDEN KANN!!!

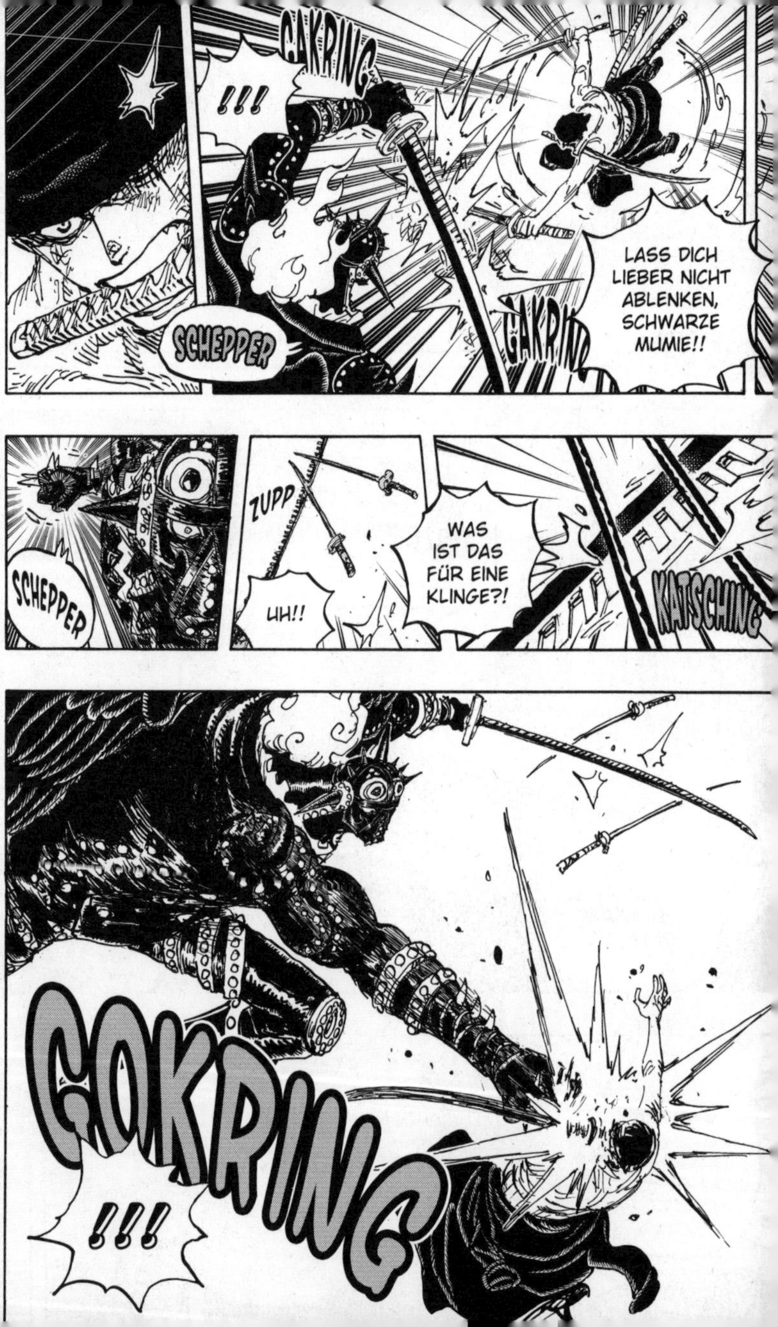
GAKRING
!!!
LASS DICH LIEBER NICHT ABLENKEN, SCHWARZE MUMIE!!
GAKRING
SCHEPPER
KATSCHING
WAS IST DAS FÜR EINE KLINGE?!
ZUPP
UH!!
SCHEPPER
GAKRING
!!!

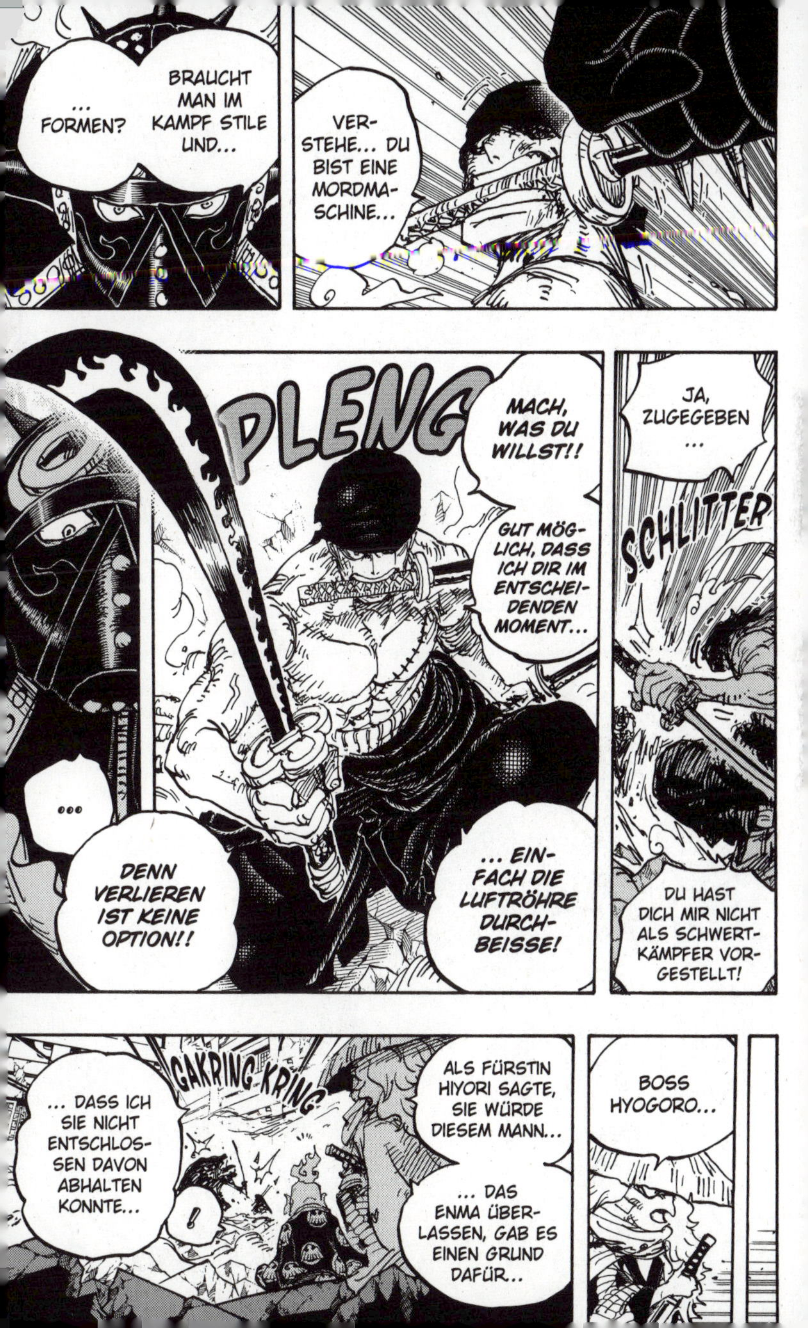
VERSTEHE... DU BIST EINE MORDMASCHINE...
BRAUCHT MAN IM KAMPF STILE UND...
... FORMEN?
JA, ZUGEGEBEN ...
SCHLITTER
DU HAST DICH MIR NICHT ALS SCHWERTKÄMPFER VORGESTELLT!
PLENG
MACH, WAS DU WILLST!!
GUT MÖGLICH, DASS ICH DIR IM ENTSCHEIDENDEN MOMENT...
... EINFACH DIE LUFTRÖHRE DURCHBEISSE!
...
DENN VERLIEREN IST KEINE OPTION!!
BOSS HYOGORO...
ALS FÜRSTIN HIYORI SAGTE, SIE WÜRDE DIESEM MANN...
... DAS ENMA ÜBERLASSEN, GAB ES EINEN GRUND DAFÜR...
GAKRING KRING
!
... DASS ICH SIE NICHT ENTSCHLOSSEN DAVON ABHALTEN KONNTE...

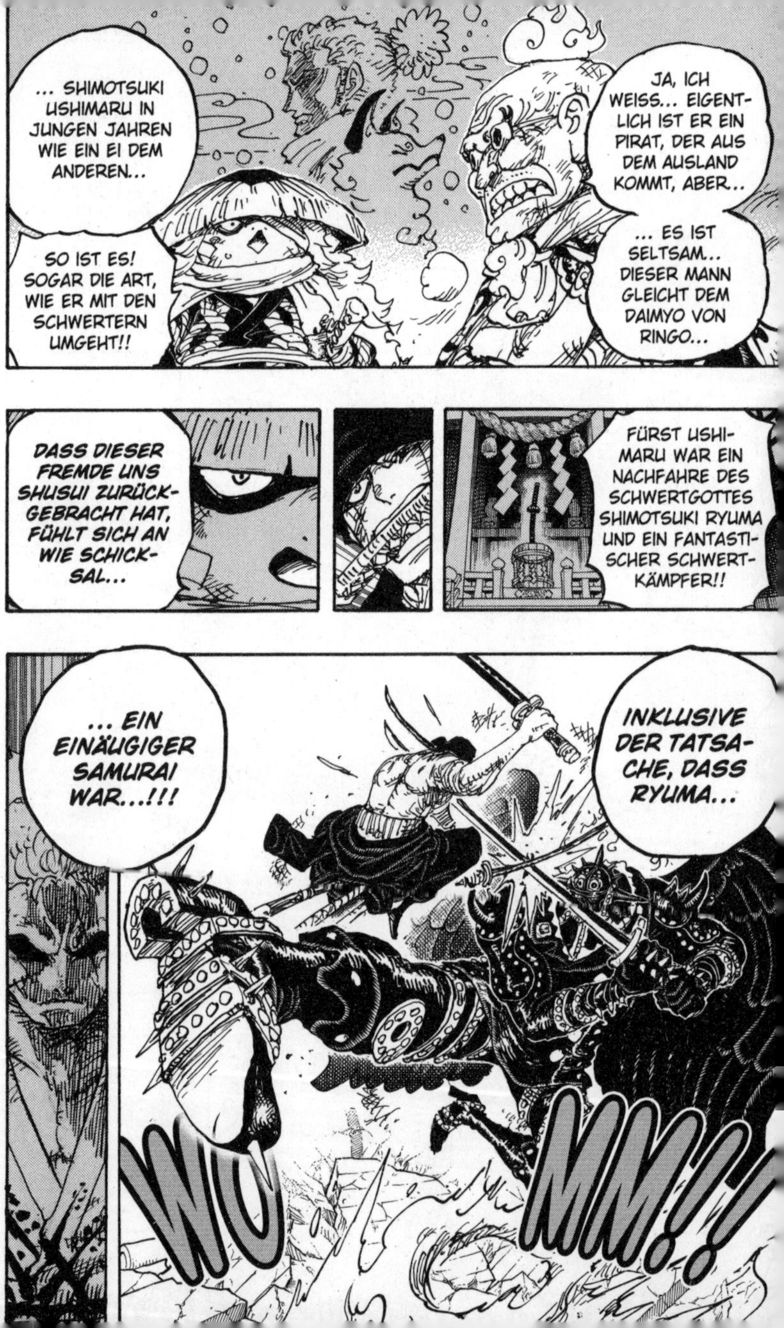

JA, ICH WEISS… EIGENTLICH IST ER EIN PIRAT, DER AUS DEM AUSLAND KOMMT, ABER…
… ES IST SELTSAM… DIESER MANN GLEICHT DEM DAIMYO VON RINGO…
… SHIMOTSUKI USHIMARU IN JUNGEN JAHREN WIE EIN EI DEM ANDEREN…
SO IST ES! SOGAR DIE ART, WIE ER MIT DEN SCHWERTERN UMGEHT!!
FÜRST USHIMARU WAR EIN NACHFAHRE DES SCHWERTGOTTES SHIMOTSUKI RYUMA UND EIN FANTASTISCHER SCHWERTKÄMPFER!!
DASS DIESER FREMDE UNS SHUSUI ZURÜCKGEBRACHT HAT, FÜHLT SICH AN WIE SCHICKSAL…
INKLUSIVE DER TATSACHE, DASS RYUMA…
… EIN EINÄUGIGER SAMURAI WAR…!!!
WUMM!!

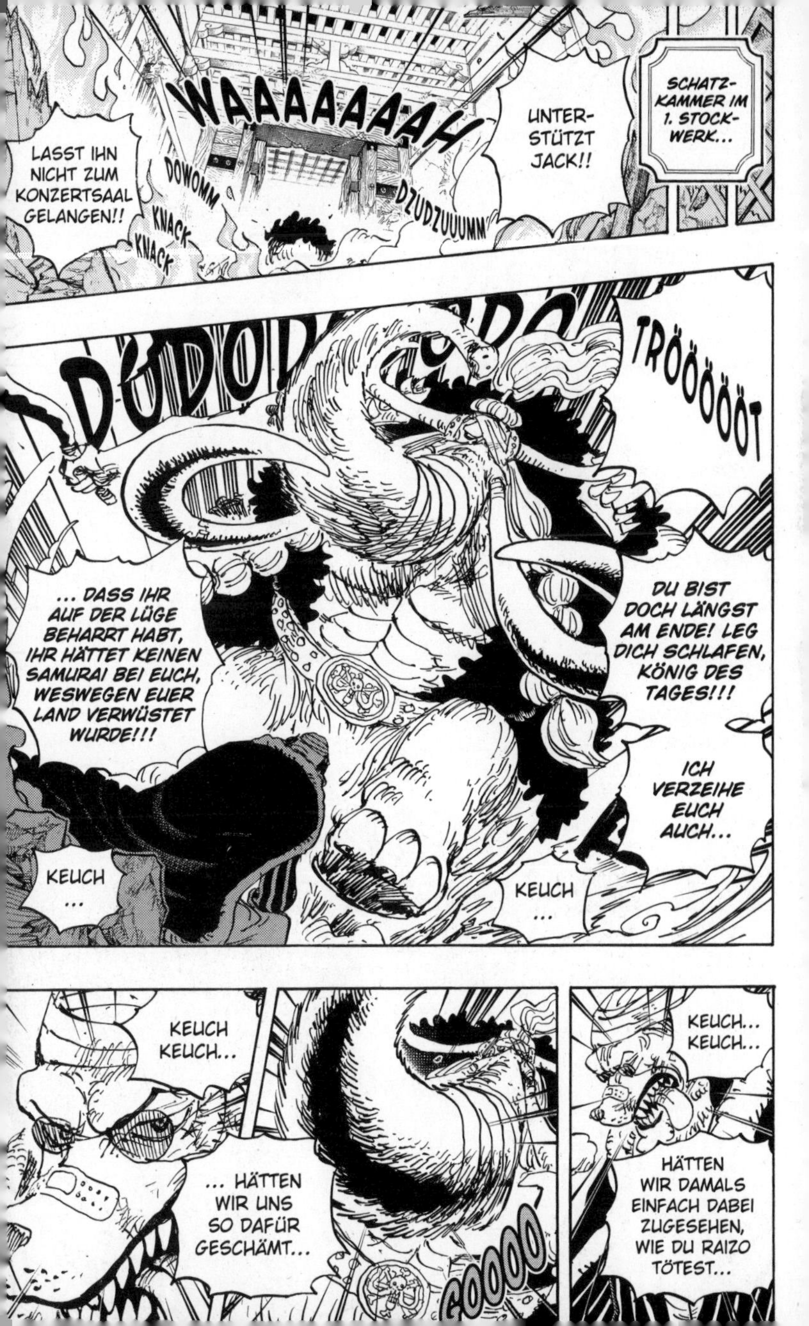
SCHATZ-KAMMER IM 1. STOCK-WERK...
UNTER-STÜTZT JACK!!
WAAAAAAAH
LASST IHN NICHT ZUM KONZERTSAAL GELANGEN!!
DZUDZUUUMM
DOWOMM
KNACK
KNACK
TRÖÖÖÖÖT
DU BIST DOCH LÄNGST AM ENDE! LEG DICH SCHLAFEN, KÖNIG DES TAGES!!!
ICH VERZEIHE EUCH AUCH...
... DASS IHR AUF DER LÜGE BEHARRT HABT, IHR HÄTTET KEINEN SAMURAI BEI EUCH, WESWEGEN EUER LAND VERWÜSTET WURDE!!!
KEUCH ...
KEUCH ...
KEUCH... KEUCH...
HÄTTEN WIR DAMALS EINFACH DABEI ZUGESEHEN, WIE DU RAIZO TÖTEST...
KEUCH KEUCH...
... HÄTTEN WIR UNS SO DAFÜR GESCHÄMT...

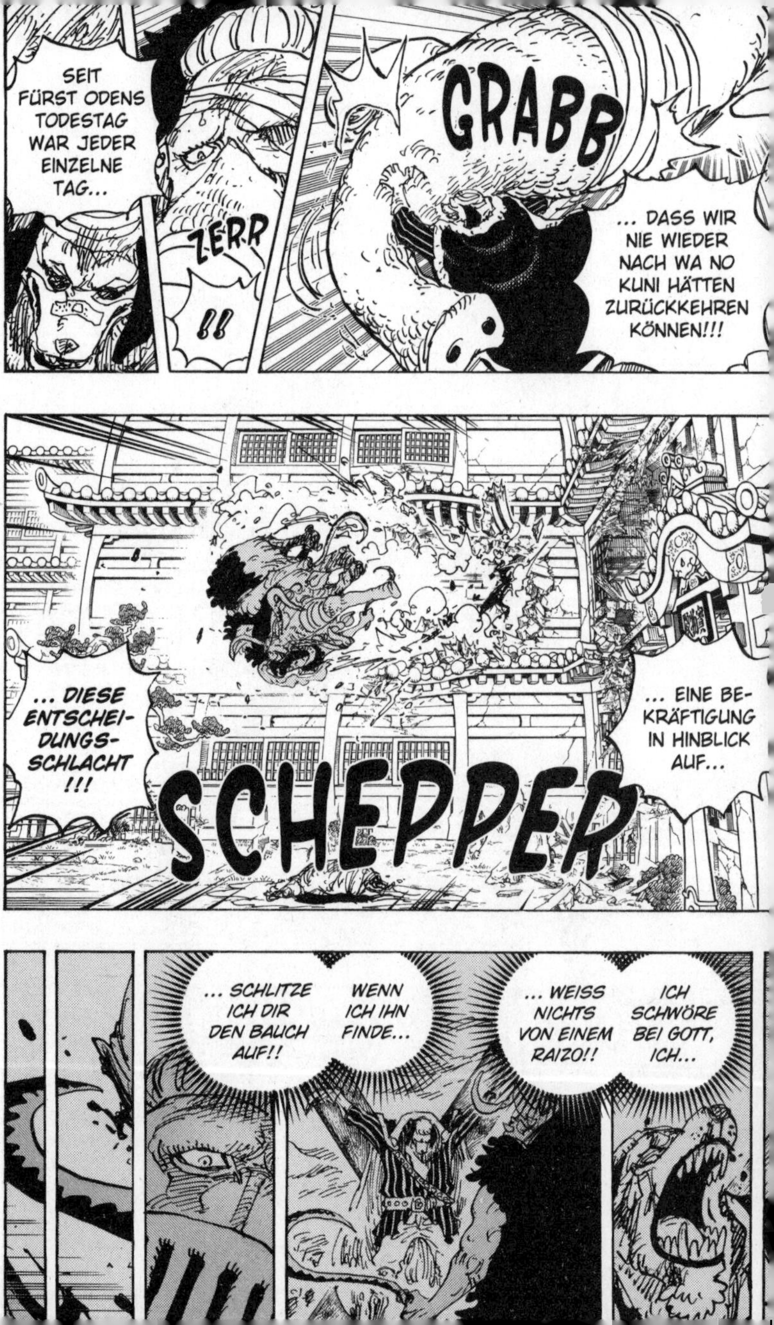
GRABB
... DASS WIR NIE WIEDER NACH WA NO KUNI HÄTTEN ZURÜCKKEHREN KÖNNEN!!!
SEIT FÜRST ODENS TODESTAG WAR JEDER EINZELNE TAG...
ZERR
!!
... EINE BE-KRÄFTIGUNG IN HINBLICK AUF...
SCHEPPER
... DIESE ENTSCHEI-DUNGS-SCHLACHT !!!
ICH SCHWÖRE BEI GOTT, ICH...
... WEISS NICHTS VON EINEM RAIZO!!
WENN ICH IHN FINDE...
... SCHLITZE ICH DIR DEN BAUCH AUF!!

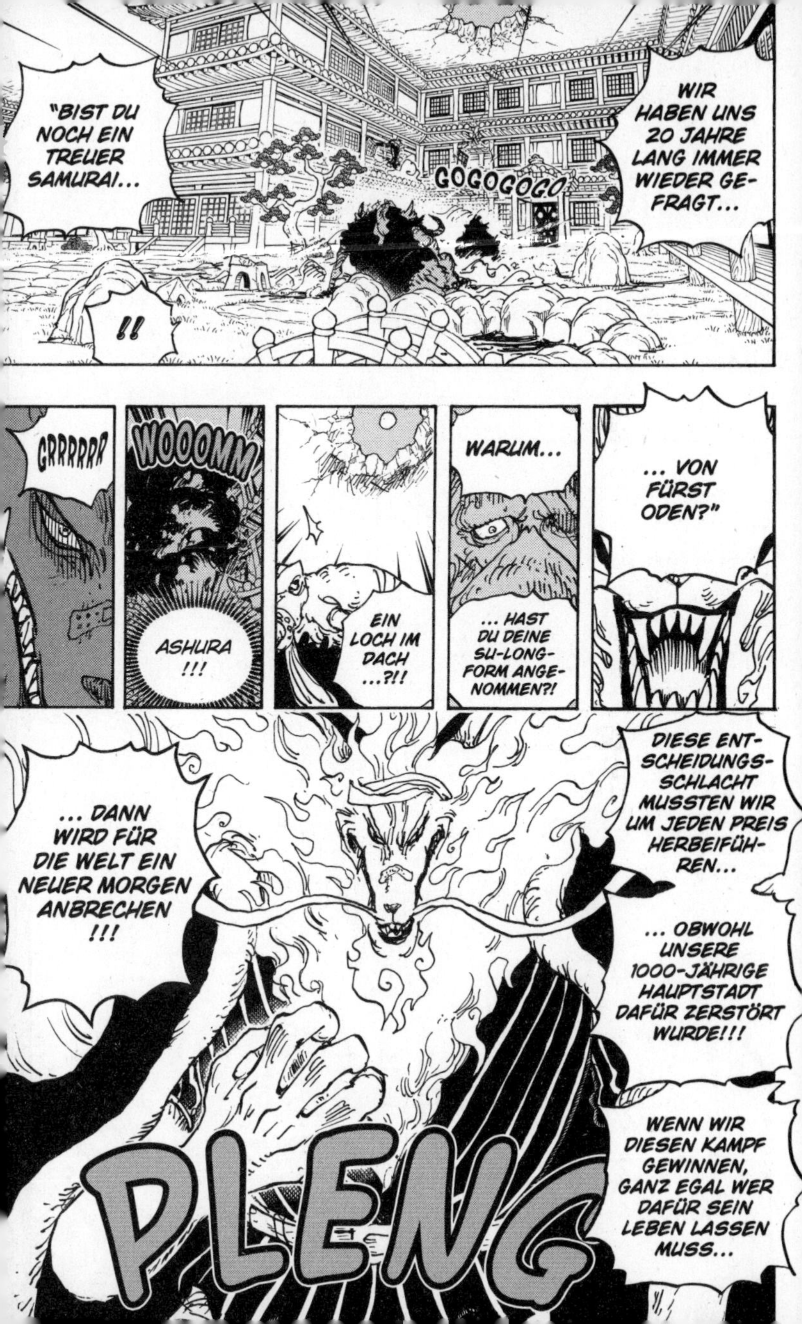
WIR HABEN UNS 20 JAHRE LANG IMMER WIEDER GEFRAGT...
GOGOGOGO
"BIST DU NOCH EIN TREUER SAMURAI...
!!
... VON FÜRST ODEN?"
WARUM...
... HAST DU DEINE SU-LONG-FORM ANGENOMMEN?!
EIN LOCH IM DACH ...?!!
WOOOMM
ASHURA !!!
GRRRRRR
DIESE ENTSCHEIDUNGSSCHLACHT MUSSTEN WIR UM JEDEN PREIS HERBEIFÜHREN...
... OBWOHL UNSERE 1000-JÄHRIGE HAUPTSTADT DAFÜR ZERSTÖRT WURDE!!!
WENN WIR DIESEN KAMPF GEWINNEN, GANZ EGAL WER DAFÜR SEIN LEBEN LASSEN MUSS...
... DANN WIRD FÜR DIE WELT EIN NEUER MORGEN ANBRECHEN !!!
PLENG

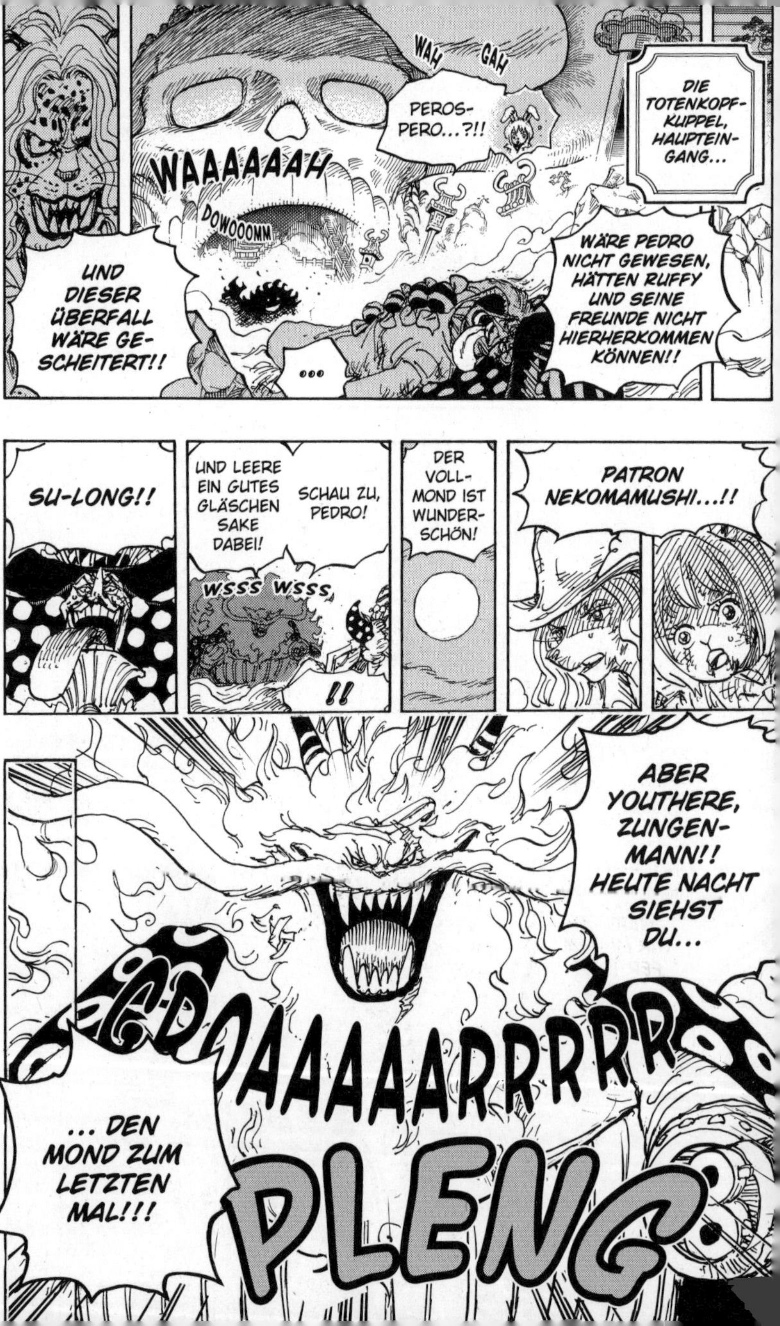
DIE TOTENKOPF-KUPPEL, HAUPTEINGANG...
WAH
GAH
PEROS-PERO...?!!
WAAAAAAH
DOWOOOMM
WÄRE PEDRO NICHT GEWESEN, HÄTTEN RUFFY UND SEINE FREUNDE NICHT HIERHERKOMMEN KÖNNEN!!
UND DIESER ÜBERFALL WÄRE GESCHEITERT!!
...
PATRON NEKOMAMUSHI...!!
DER VOLLMOND IST WUNDERSCHÖN!
SCHAU ZU, PEDRO!
UND LEERE EIN GUTES GLÄSCHEN SAKE DABEI!
WSSS WSSS
!!
SU-LONG!!
ABER YOUTHERE, ZUNGENMANN!! HEUTE NACHT SIEHST DU...
... DEN MOND ZUM LETZTEN MAL!!!
AAAAARRRRR
PLENG

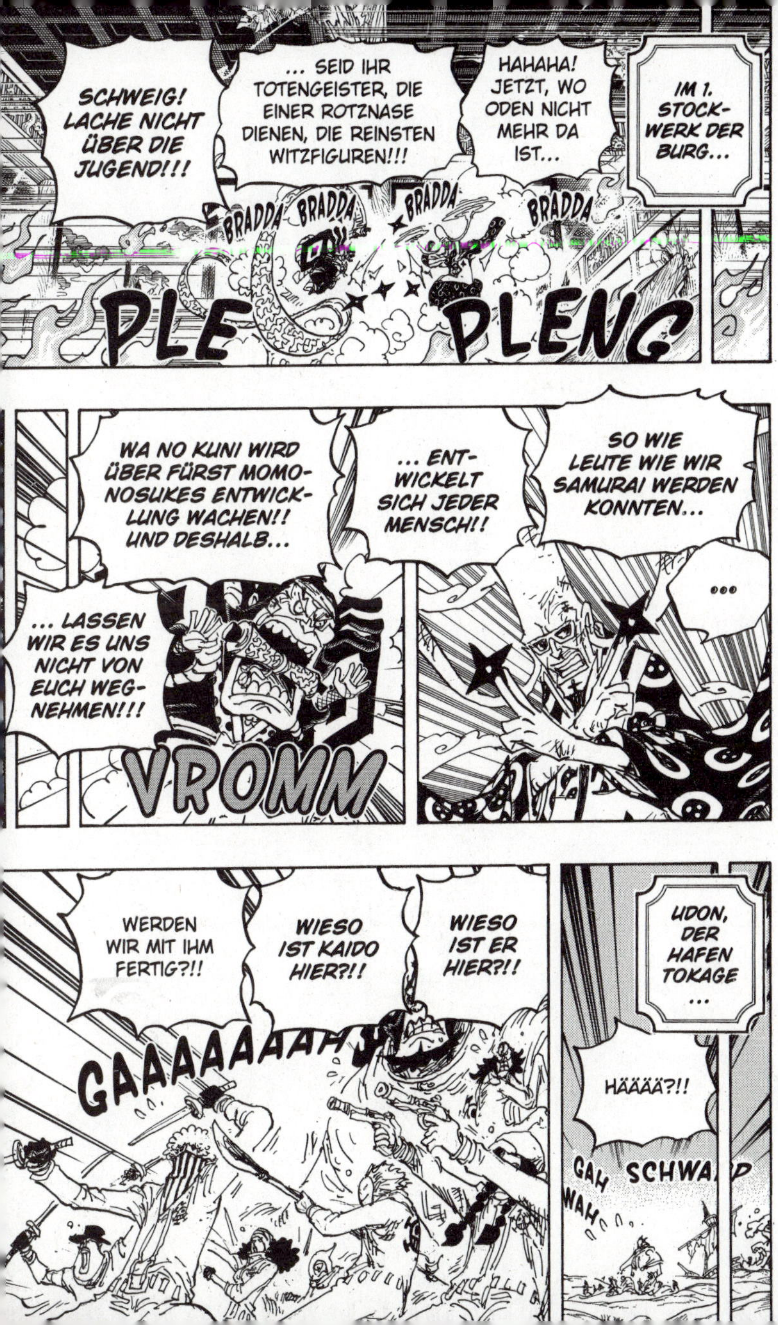
IM 1. STOCKWERK DER BURG...
HAHAHA! JETZT, WO ODEN NICHT MEHR DA IST...
... SEID IHR TOTENGEISTER, DIE EINER ROTZNASE DIENEN, DIE REINSTEN WITZFIGUREN!!!
SCHWEIG! LACHE NICHT ÜBER DIE JUGEND!!!
BRADDA
BRADDA
BRADDA
BRADDA
PLE
PLENG
SO WIE LEUTE WIE WIR SAMURAI WERDEN KONNTEN...
... ENTWICKELT SICH JEDER MENSCH!!
...
WA NO KUNI WIRD ÜBER FÜRST MOMONOSUKES ENTWICKLUNG WACHEN!! UND DESHALB...
... LASSEN WIR ES UNS NICHT VON EUCH WEGNEHMEN!!!
VROMM
UDON, DER HAFEN TOKAGE ...
HÄÄÄÄ?!!
GAH
WAH
WIESO IST ER HIER?!!
WIESO IST KAIDO HIER?!!
WERDEN WIR MIT IHM FERTIG?!!
GAAAAAAAH

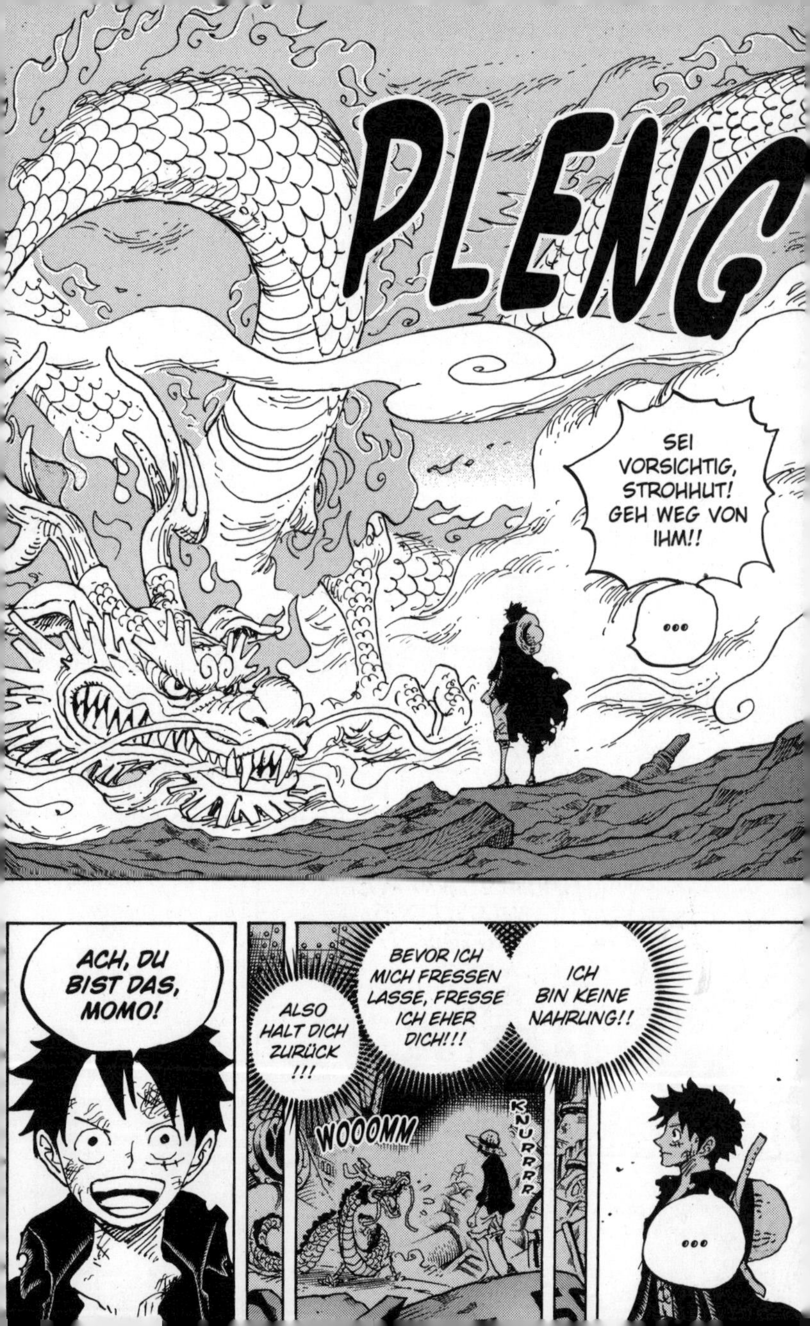
PLENG
SEI VORSICHTIG, STROHHUT! GEH WEG VON IHM!!
...
...
ICH BIN KEINE NAHRUNG!!
BEVOR ICH MICH FRESSEN LASSE, FRESSE ICH EHER DICH!!!
ALSO HALT DICH ZURÜCK!!!
KNURRRR
WOOOMM
ACH, DU BIST DAS, MOMO!

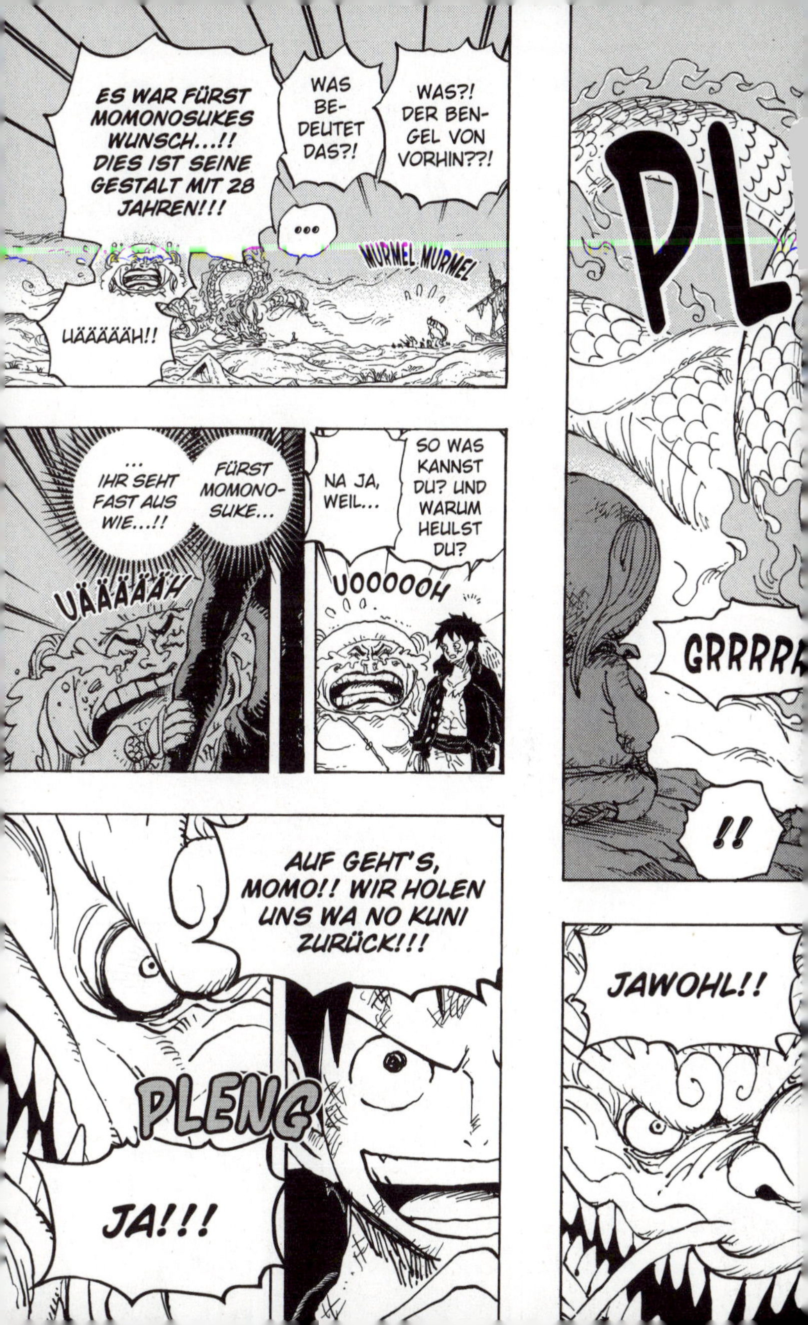

PL
WAS?! DER BENGEL VON VORHIN??!
WAS BEDEUTET DAS?!
ES WAR FÜRST MOMONOSUKES WUNSCH...!! DIES IST SEINE GESTALT MIT 28 JAHREN!!!
...
MURMEL MURMEL
UÄÄÄÄÄH!!
GRRRRR
!!
SO WAS KANNST DU? UND WARUM HEULST DU?
NA JA, WEIL...
UOOOOOH
FÜRST MOMONOSUKE...
... IHR SEHT FAST AUS WIE...!!
UÄÄÄÄÄH
JAWOHL!!
AUF GEHT'S, MOMO!! WIR HOLEN UNS WA NO KUNI ZURÜCK!!!
PLENG
JA!!!

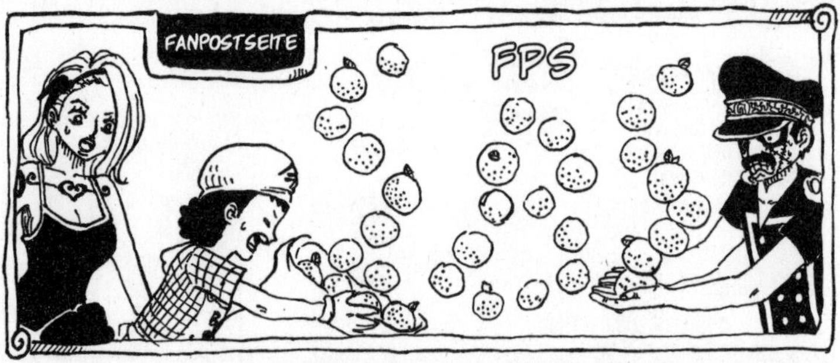

L: ODA-SAN, BITTE VERRATEN SIE MIR, WIE FRANKIE MIT 40 UND 60 JAHREN UND IN EINER ZUKUNFT, IN DER IRGENDWAS SCHIEFGELAUFEN IST, AUSSEHEN WIRD.
PSEUDONYM: ICH LIEBE NAMI

O: DA FRANKIE BEREITS 36 JAHRE ALT IST, NEHME ICH MAL 50 UND 70 JAHRE.

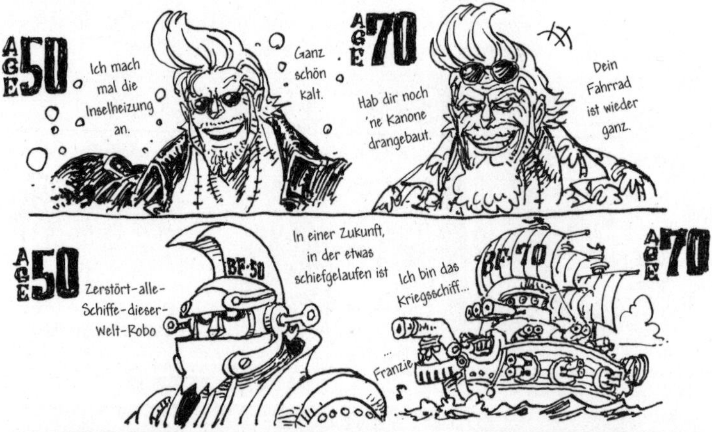

L: WIESO HAT ROBIN BEI "GIGANTE FLEUR" SO EIN KOMISCHES MUSTER AUF DER BRUST? DABEI HATTE ICH MICH SO DARAUF GEFREUT... SOLCHEN VERDRUSS EMPFINDE ICH SCHON ZUM ZWEITEN MAL.
DAS VERZEIHE ICH DIR NICHT.
PSEUDONYM: NIKUCHIKI

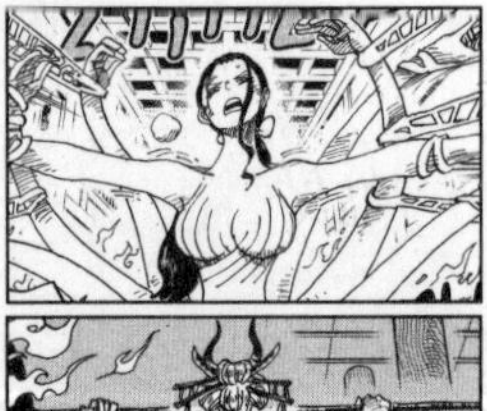

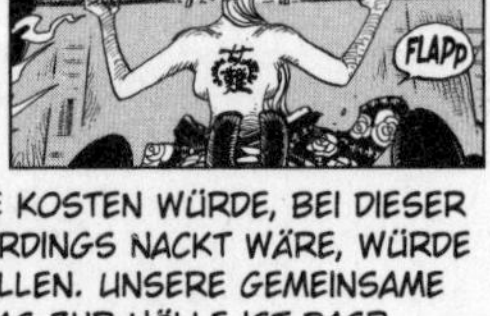

O: EI...EIN LESER IST VERÄRGERT...!! DAS ERSTE MAL WAR SICHER, ALS BLACK MARIA EIN BAUMWOLLTUCH UM IHREN OBERKÖRPER GEWICKELT HATTE, NICHT WAHR...? ICH HABE SEHR VIELE WÜTENDE KOMMENTARE DAZU BEKOMMEN. ZUNÄCHST EINMAL ERLAUBE ICH MIR ZU ERKLÄREN, DASS BLACK MARIAS BAUMWOLLTUCH "SPINNENFÄDEN" WAREN. WAS ROBIN BETRIFFT... ALSO, DA KLEIDUNG AUCH ZU ROBINS KÖRPER GEHÖRT, KANN SIE DURCHAUS AUCH KLEIDUNG FABRIZIEREN, DOCH ICH DACHTE, DASS ES SIE WAHRSCHEINLICH ZIEMLICHE MÜHE KOSTEN WÜRDE, BEI DIESER GRÖSSE EXTRA KLEIDUNG ZU IMITIEREN. WENN SIE ALLERDINGS NACKT WÄRE, WÜRDE ES AUS DEM RAHMEN EINES SHONEN-MANGA HERAUSFALLEN. UNSERE GEMEINSAME ANTWORT AUF DIESES PROBLEM IST DIESES MUSTER! WAS ZUR HÖLLE IST DAS? ICH FREUE MICH AUF EURE ANSICHTEN IN DER FPS!! WAS IST DAS?!

1024. Kapitel: Irgendwer

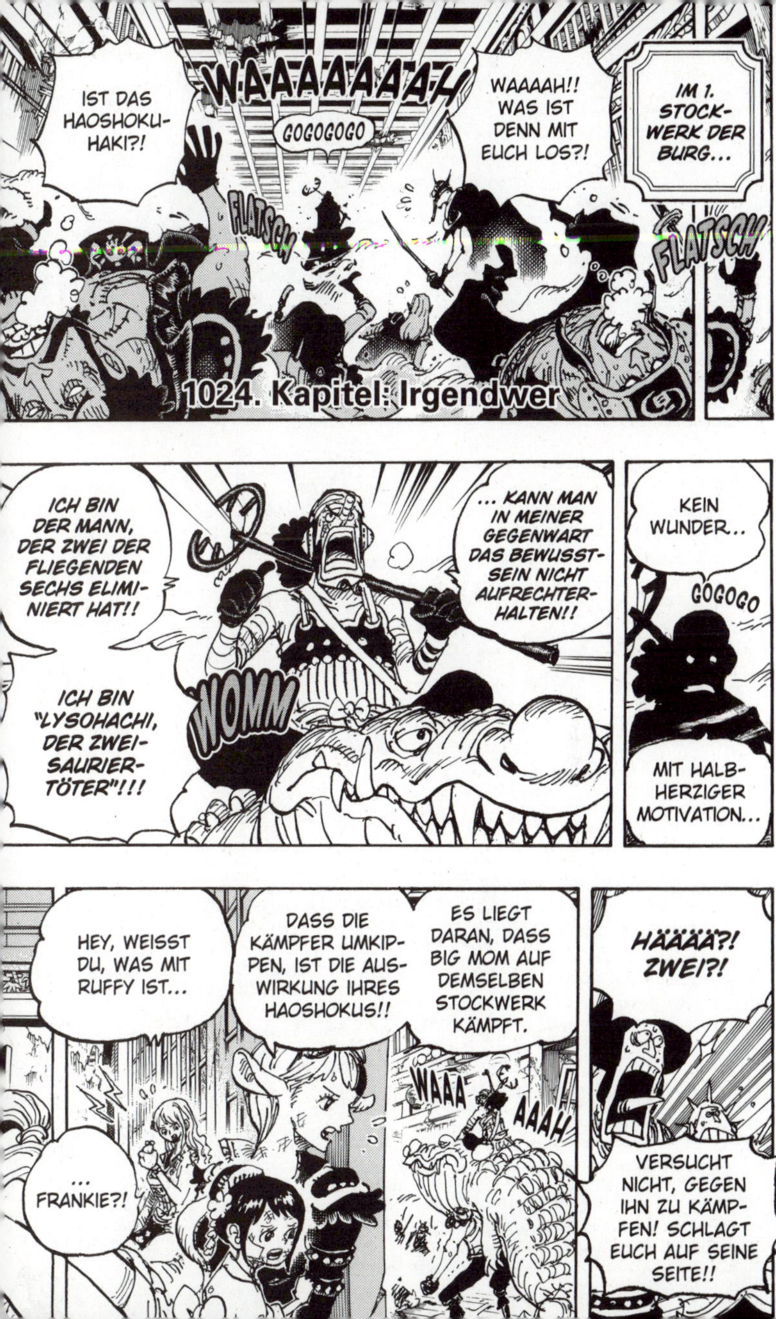

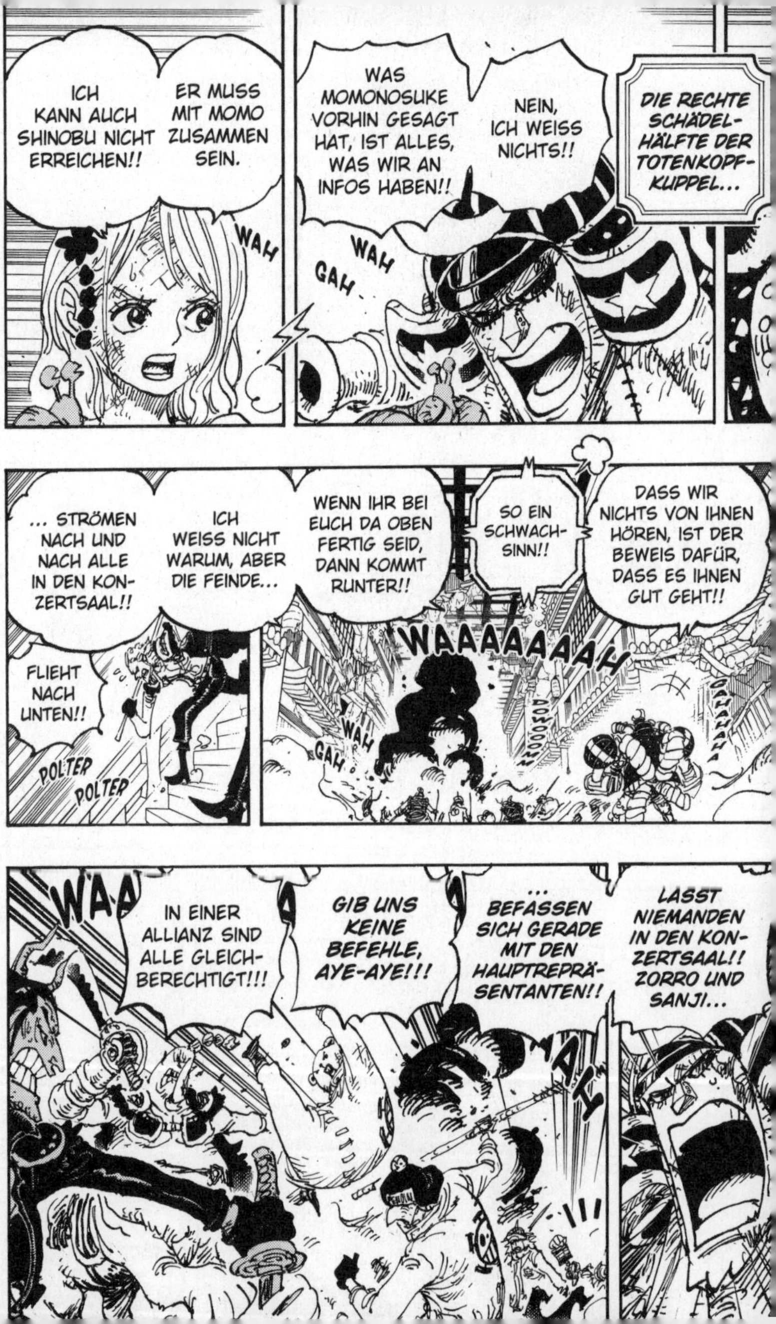
DIE RECHTE SCHÄDELHÄLFTE DER TOTENKOPFKUPPEL…
NEIN, ICH WEISS NICHTS!!
WAS MOMONOSUKE VORHIN GESAGT HAT, IST ALLES, WAS WIR AN INFOS HABEN!!
WAH GAH
ER MUSS MIT MOMO ZUSAMMEN SEIN.
ICH KANN AUCH SHINOBU NICHT ERREICHEN!!
WAH
DASS WIR NICHTS VON IHNEN HÖREN, IST DER BEWEIS DAFÜR, DASS ES IHNEN GUT GEHT!!
SO EIN SCHWACHSINN!!
WENN IHR BEI EUCH DA OBEN FERTIG SEID, DANN KOMMT RUNTER!!
WAAAAAAAH
GAHAHAHA
DOWOOOOM
WAH GAH
ICH WEISS NICHT WARUM, ABER DIE FEINDE…
… STRÖMEN NACH UND NACH ALLE IN DEN KONZERTSAAL!!
FLIEHT NACH UNTEN!!
POLTER POLTER
LASST NIEMANDEN IN DEN KONZERTSAAL!! ZORRO UND SANJI…
… BEFASSEN SICH GERADE MIT DEN HAUPTREPRÄSENTANTEN!!
GIB UNS KEINE BEFEHLE, AYE-AYE!!!
IN EINER ALLIANZ SIND ALLE GLEICHBERECHTIGT!!!
WAA
AI

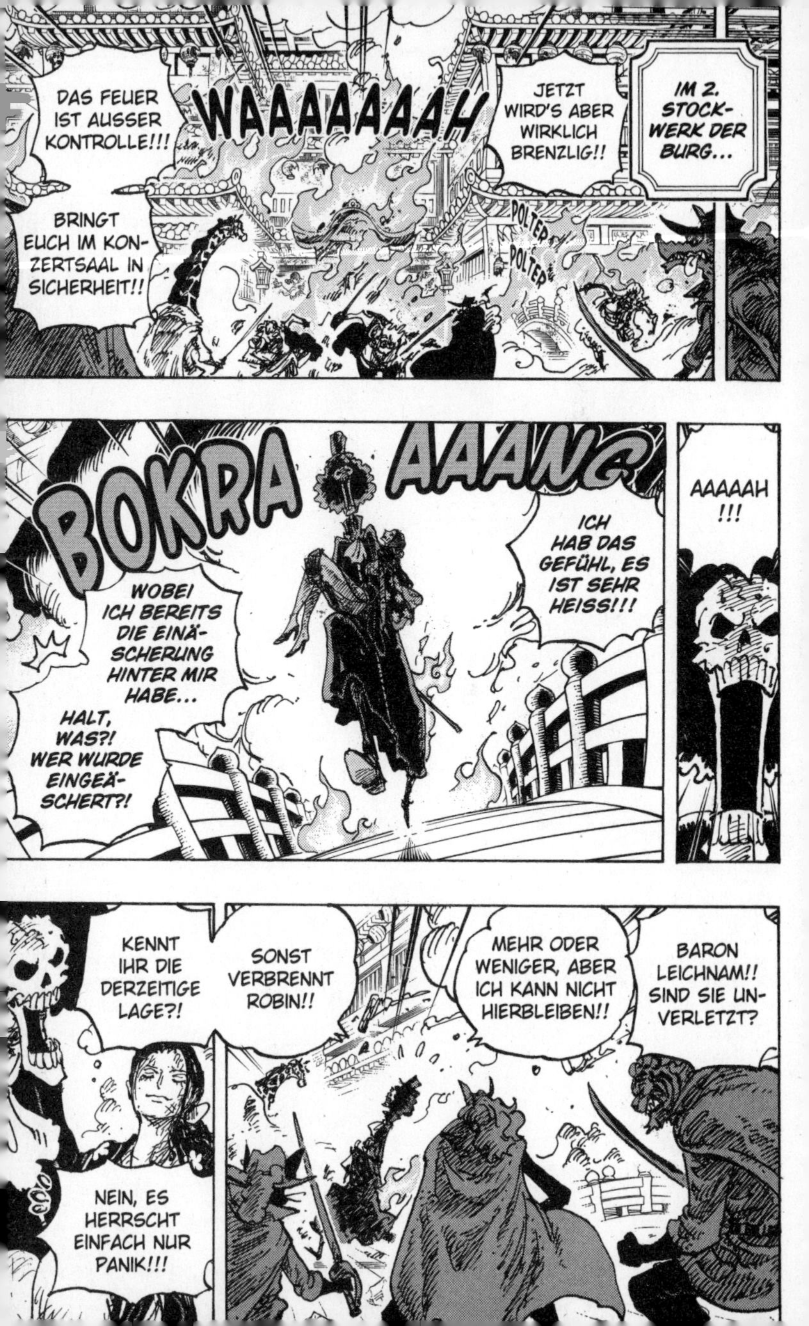
IM 2. STOCKWERK DER BURG...
JETZT WIRD'S ABER WIRKLICH BRENZLIG!!
WAAAAAAAH
DAS FEUER IST AUSSER KONTROLLE!!!
POLTER POLTER
BRINGT EUCH IM KONZERTSAAL IN SICHERHEIT!!
AAAAAH !!!
BOKRA AAANG
ICH HAB DAS GEFÜHL, ES IST SEHR HEISS!!!
WOBEI ICH BEREITS DIE EINÄSCHERUNG HINTER MIR HABE...
HALT, WAS?! WER WURDE EINGEÄSCHERT?!
BARON LEICHNAM!! SIND SIE UNVERLETZT?
MEHR ODER WENIGER, ABER ICH KANN NICHT HIERBLEIBEN!!
SONST VERBRENNT ROBIN!!
KENNT IHR DIE DERZEITIGE LAGE?!
NEIN, ES HERRSCHT EINFACH NUR PANIK!!!

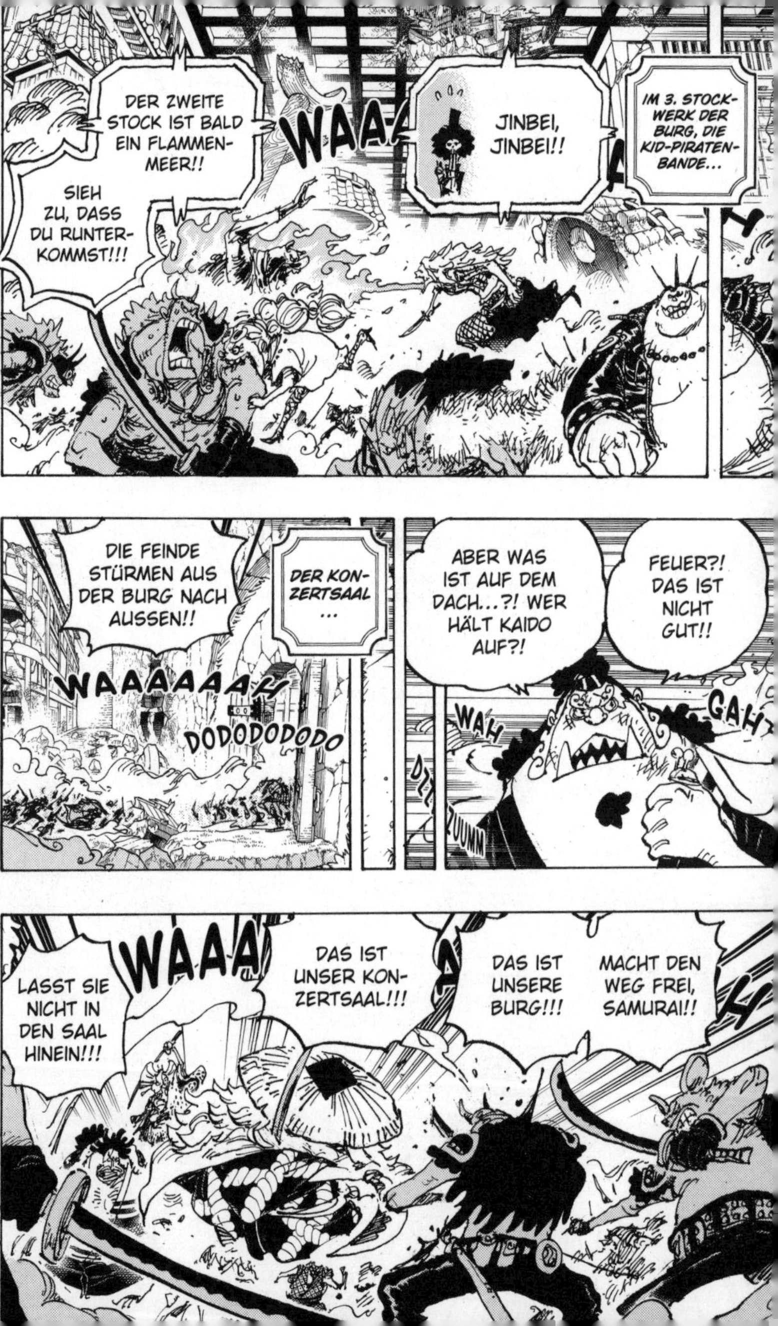
IM 3. STOCKWERK DER BURG, DIE KID-PIRATENBANDE…
JINBEI, JINBEI!!
WAAAAH
DER ZWEITE STOCK IST BALD EIN FLAMMENMEER!!
SIEH ZU, DASS DU RUNTERKOMMST!!!
FEUER?! DAS IST NICHT GUT!!
ABER WAS IST AUF DEM DACH…?! WER HÄLT KAIDO AUF?!
GAH
WAH
ZUUMM
DER KONZERTSAAL…
DIE FEINDE STÜRMEN AUS DER BURG NACH AUSSEN!!
WAAAAAAH
DODODODODO
MACHT DEN WEG FREI, SAMURAI!!
DAS IST UNSERE BURG!!!
DAS IST UNSER KONZERTSAAL!!!
WAAAA
LASST SIE NICHT IN DEN SAAL HINEIN!!!

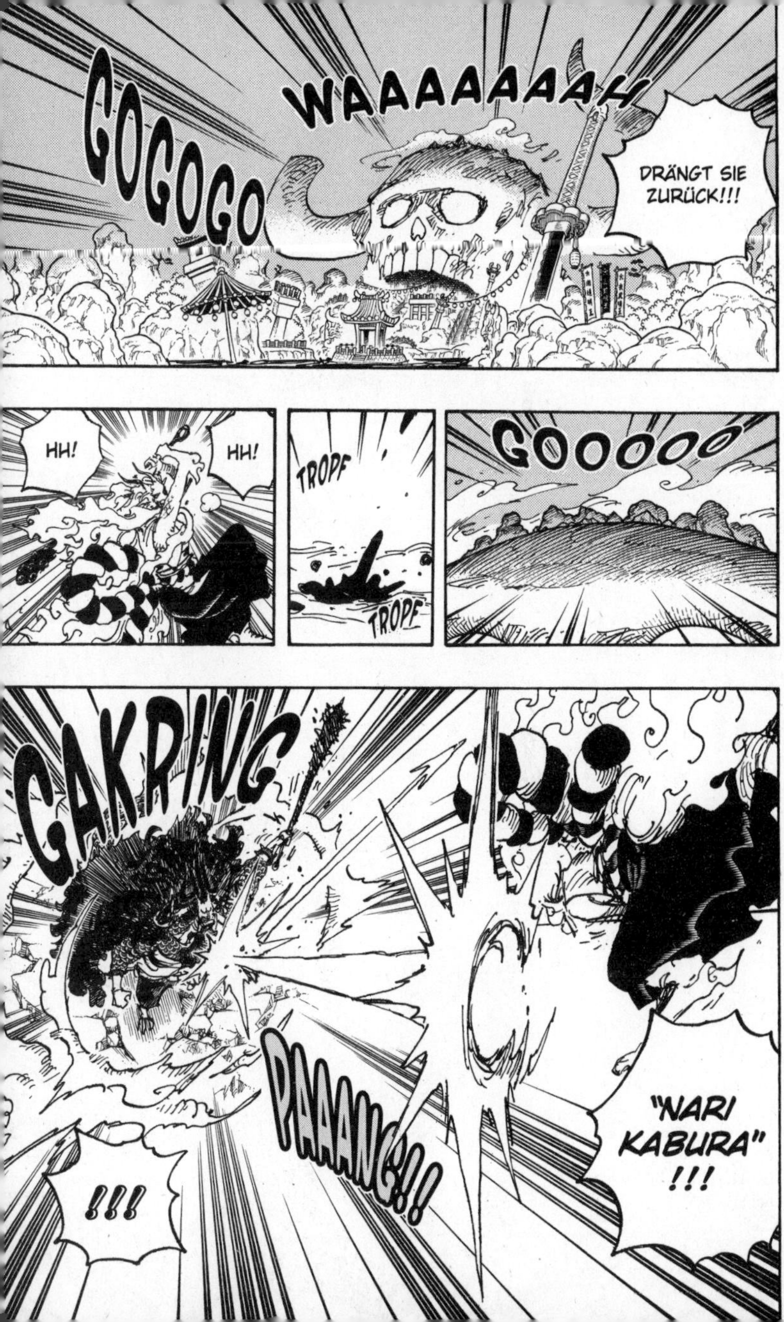
DRÄNGT SIE ZURÜCK!!!
WAAAAAAAH
GOGOGO
GOOOOO
TROPF
TROPF
HH!
HH!
"NARI KABURA" !!!
PAAANG!!!
GAKRING
!!!

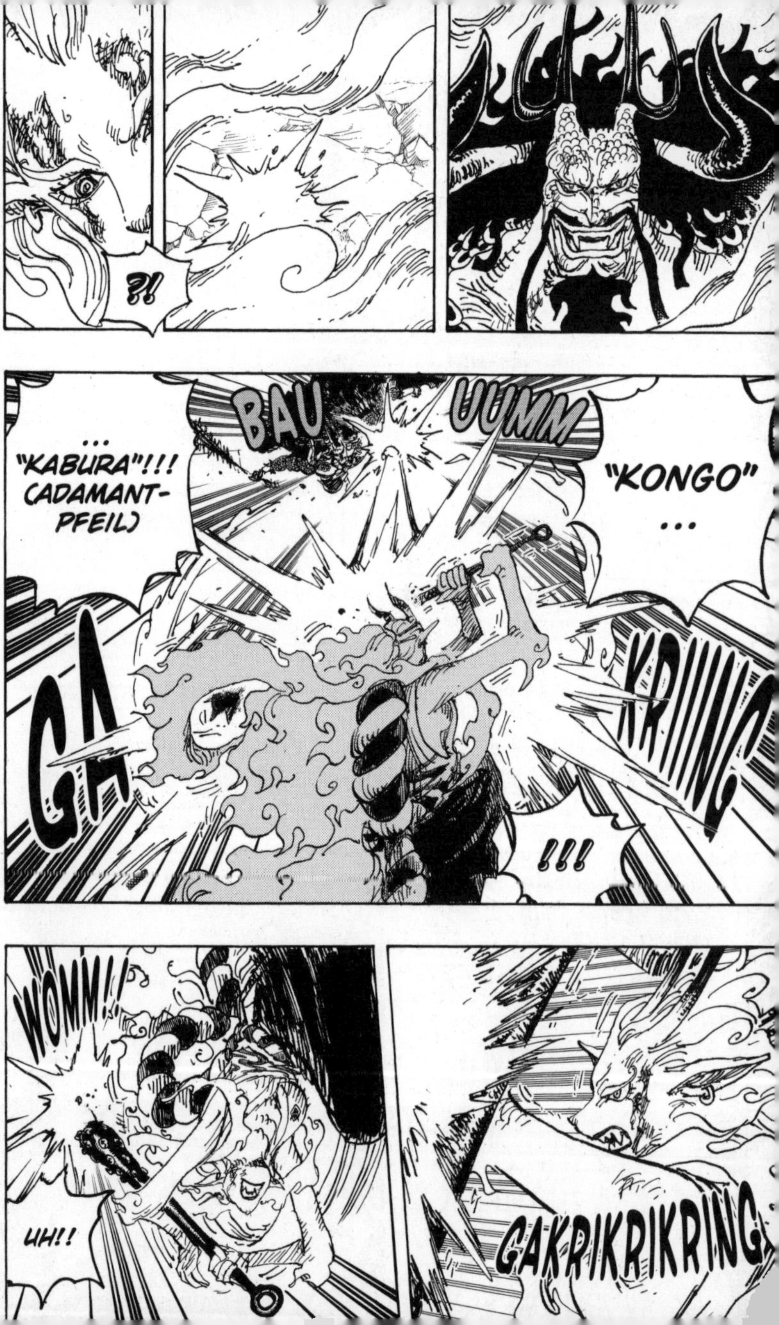
?!
BAU
UUMM
"KONGO"
...
... "KABURA"!!! (ADAMANT-PFEIL)
KRIIING
GA
!!!
GAKRIKRIKRING
WÖMM!!
UH!!

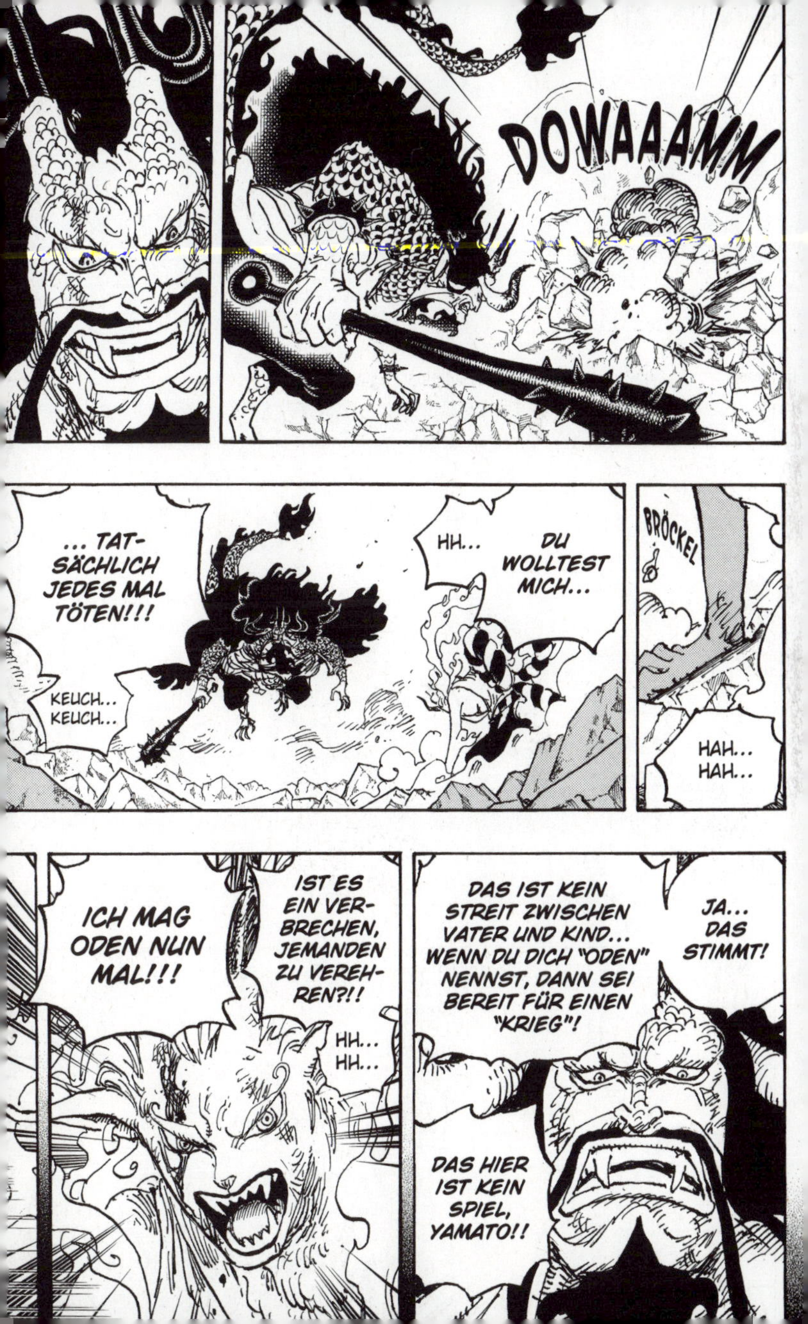
DOWAAAMM
BRÖCKEL
HAH... HAH...
HH...
DU WOLLTEST MICH...
... TATSÄCHLICH JEDES MAL TÖTEN!!!
KEUCH... KEUCH...
JA... DAS STIMMT!
DAS IST KEIN STREIT ZWISCHEN VATER UND KIND... WENN DU DICH "ODEN" NENNST, DANN SEI BEREIT FÜR EINEN "KRIEG"!
DAS HIER IST KEIN SPIEL, YAMATO!!
IST ES EIN VERBRECHEN, JEMANDEN ZU VEREHREN?!!
HH... HH...
ICH MAG ODEN NUN MAL!!!

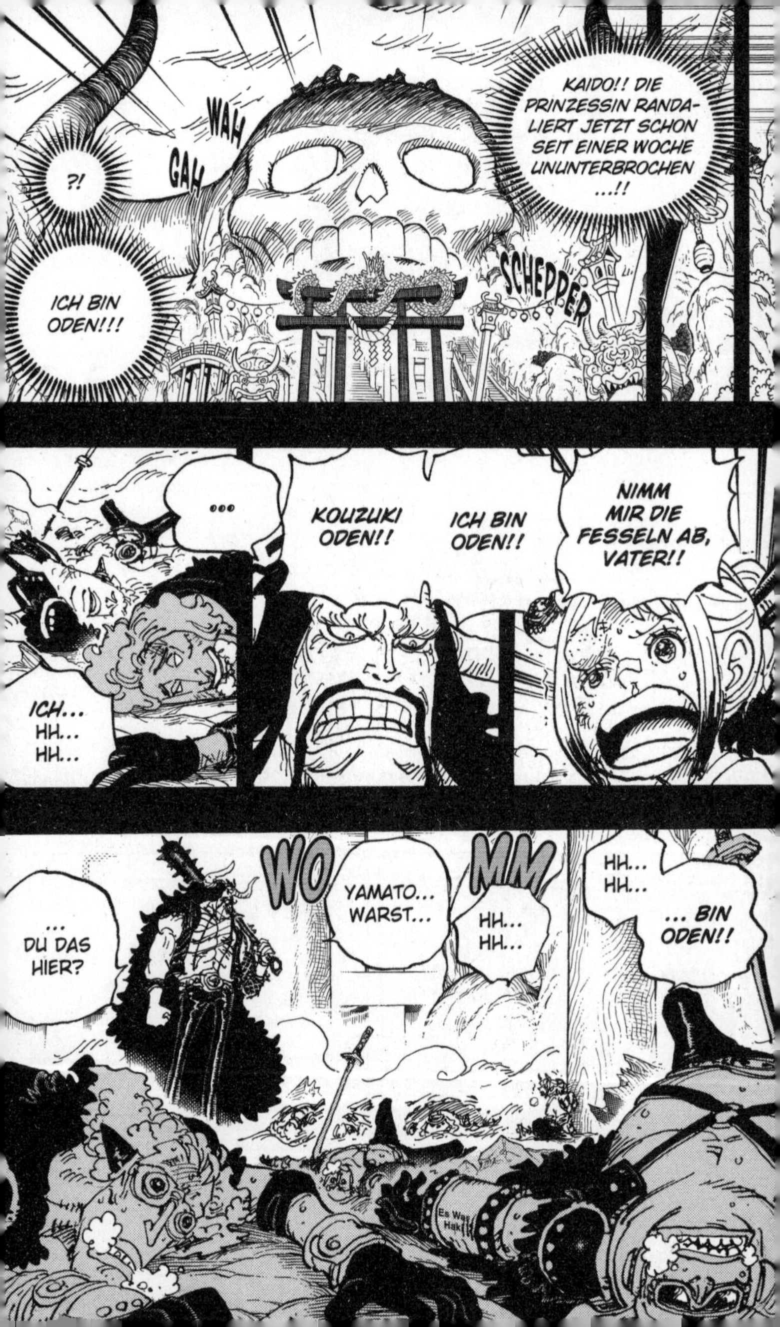
KAIDO!! DIE PRINZESSIN RANDALIERT JETZT SCHON SEIT EINER WOCHE UNUNTERBROCHEN ...!!
WAH
GAH
?!
ICH BIN ODEN!!!
SCHEPPER
NIMM MIR DIE FESSELN AB, VATER!!
ICH BIN ODEN!!
KOUZUKI ODEN!!
...
ICH... HH... HH...
HH... HH...
... BIN ODEN!!
HH... HH...
WOMM
YAMATO... WARST...
... DU DAS HIER?

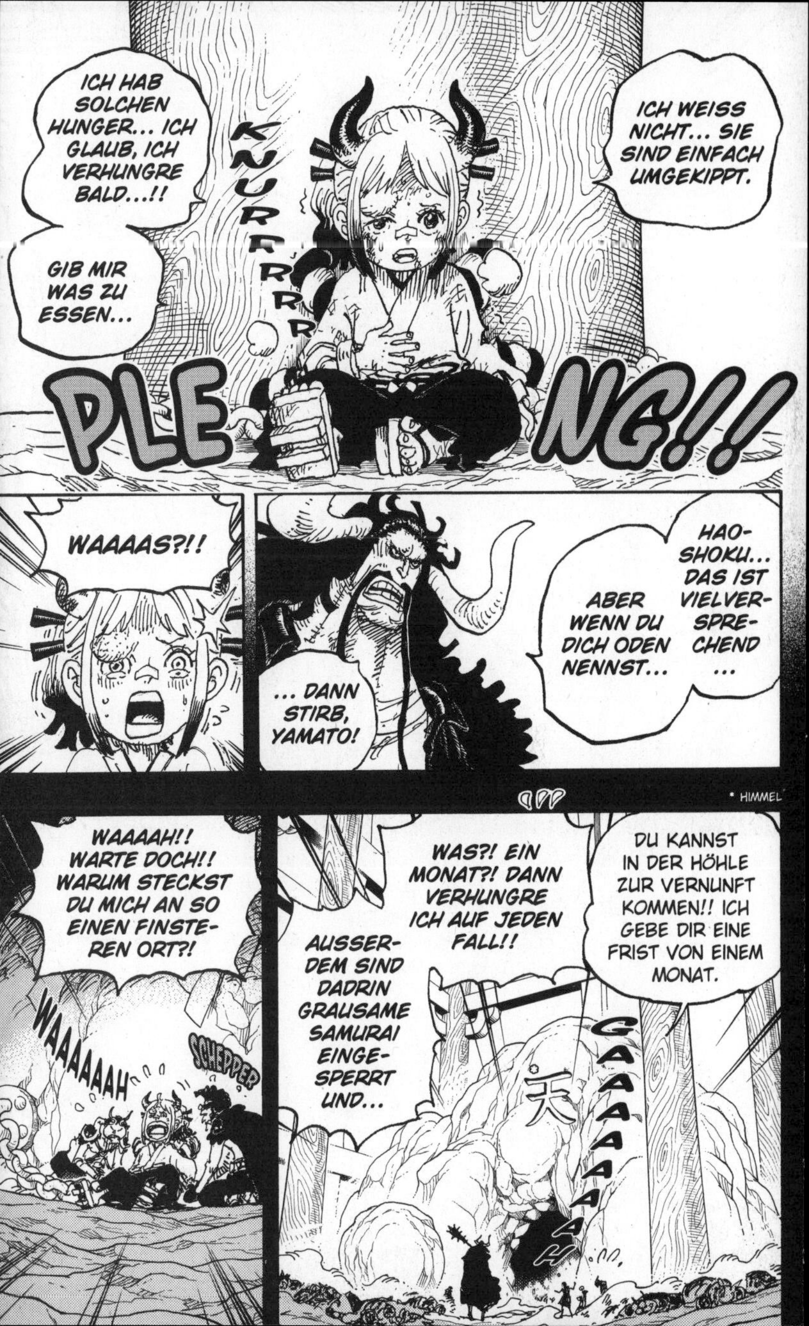
ICH WEISS NICHT... SIE SIND EINFACH UMGEKIPPT.
ICH HAB SOLCHEN HUNGER... ICH GLAUB, ICH VERHUNGRE BALD...!!
GIB MIR WAS ZU ESSEN...
KNURRRRR
PLE NG!!
HAO-SHOKU... DAS IST VIELVERSPRECHEND...
ABER WENN DU DICH ODEN NENNST...
... DANN STIRB, YAMATO!
WAAAAS?!!
* HIMMEL
DU KANNST IN DER HÖHLE ZUR VERNUNFT KOMMEN!! ICH GEBE DIR EINE FRIST VON EINEM MONAT.
WAS?! EIN MONAT?! DANN VERHUNGRE ICH AUF JEDEN FALL!!
AUSSERDEM SIND DADRIN GRAUSAME SAMURAI EINGESPERRT UND...
天
GAAAAAAAH
WAAAAH!! WARTE DOCH!! WARUM STECKST DU MICH AN SO EINEN FINSTEREN ORT?!
WAAAAAAAH
SCHEPPER

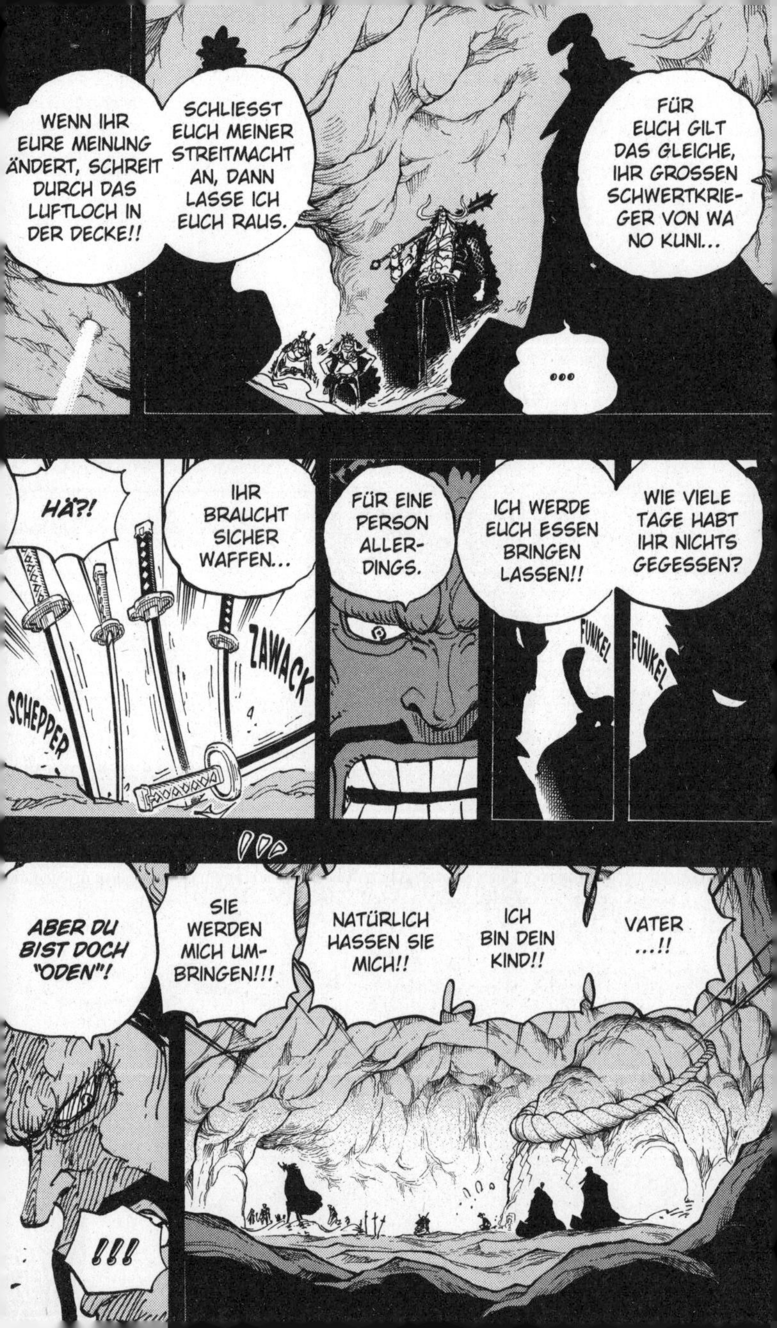
FÜR EUCH GILT DAS GLEICHE, IHR GROSSEN SCHWERTKRIEGER VON WA NO KUNI...
SCHLIESST EUCH MEINER STREITMACHT AN, DANN LASSE ICH EUCH RAUS.
WENN IHR EURE MEINUNG ÄNDERT, SCHREIT DURCH DAS LUFTLOCH IN DER DECKE!!
...
WIE VIELE TAGE HABT IHR NICHTS GEGESSEN?
FUNKEL
ICH WERDE EUCH ESSEN BRINGEN LASSEN!!
FUNKEL
FÜR EINE PERSON ALLERDINGS.
IHR BRAUCHT SICHER WAFFEN...
ZAWACK
HÄ?!
SCHEPPER
VATER ...!!
ICH BIN DEIN KIND!!
NATÜRLICH HASSEN SIE MICH!!
SIE WERDEN MICH UMBRINGEN!!!
ABER DU BIST DOCH "ODEN"!
!!!

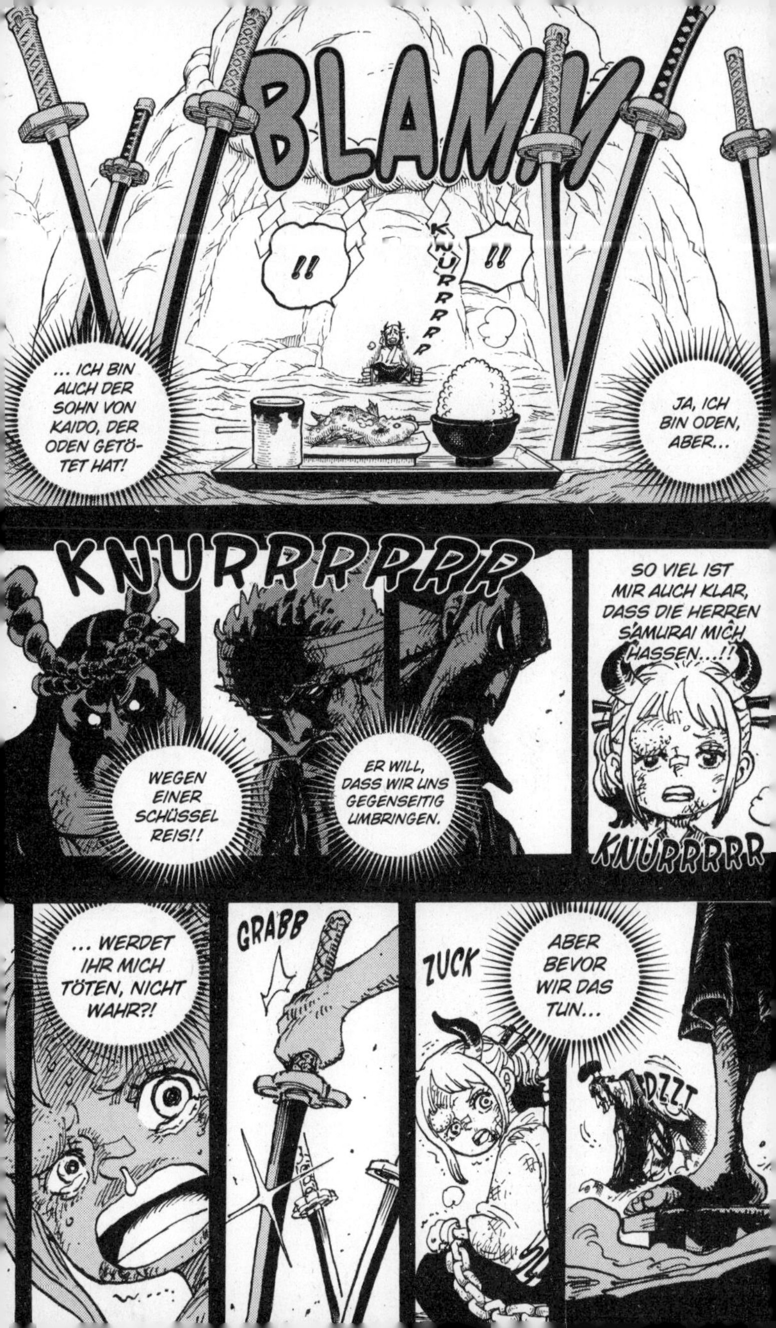
BLAMM
!!
!!
KNURRRRRR
JA, ICH BIN ODEN, ABER...
... ICH BIN AUCH DER SOHN VON KAIDO, DER ODEN GETÖTET HAT!
KNURRRRRRR
SO VIEL IST MIR AUCH KLAR, DASS DIE HERREN SAMURAI MICH HASSEN...!!
KNURRRRRR
ER WILL, DASS WIR UNS GEGENSEITIG UMBRINGEN.
WEGEN EINER SCHÜSSEL REIS!!
DZZT
ABER BEVOR WIR DAS TUN...
ZUCK
GRABB
... WERDET IHR MICH TÖTEN, NICHT WAHR?!

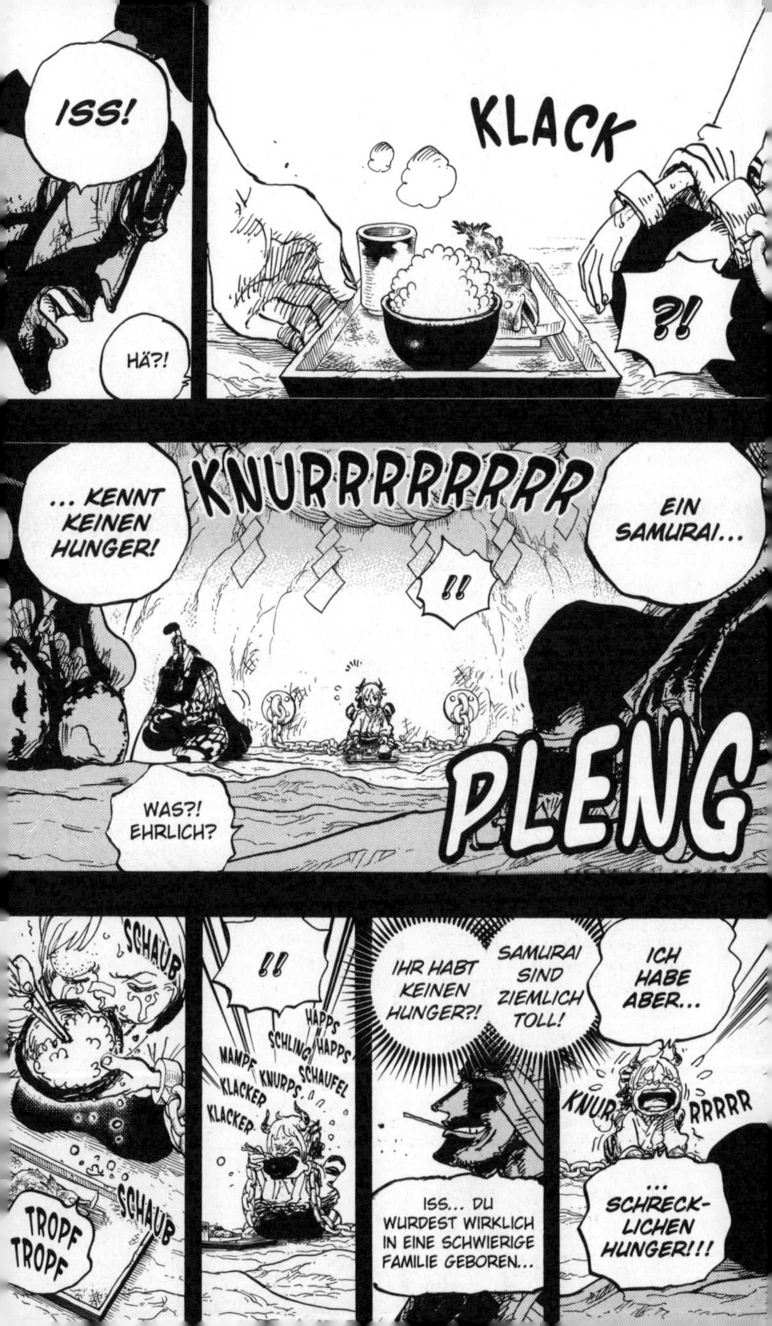
KLACK
?!
ISS!
HÄ?!
EIN SAMURAI...
... KENNT KEINEN HUNGER!
KNURRRRRRRRR
!!
PLENG
WAS?! EHRLICH?
ICH HABE ABER...
KNURRRRRR
... SCHRECK-LICHEN HUNGER!!!
SAMURAI SIND ZIEMLICH TOLL!
IHR HABT KEINEN HUNGER?!
ISS... DU WURDEST WIRKLICH IN EINE SCHWIERIGE FAMILIE GEBOREN...
!!
HAPPS HAPPS
SCHLING
SCHAUFEL
KNURPS
MAMPF
KLACKER
KLACKER
SCHAUB
SCHAUB
TROPF TROPF

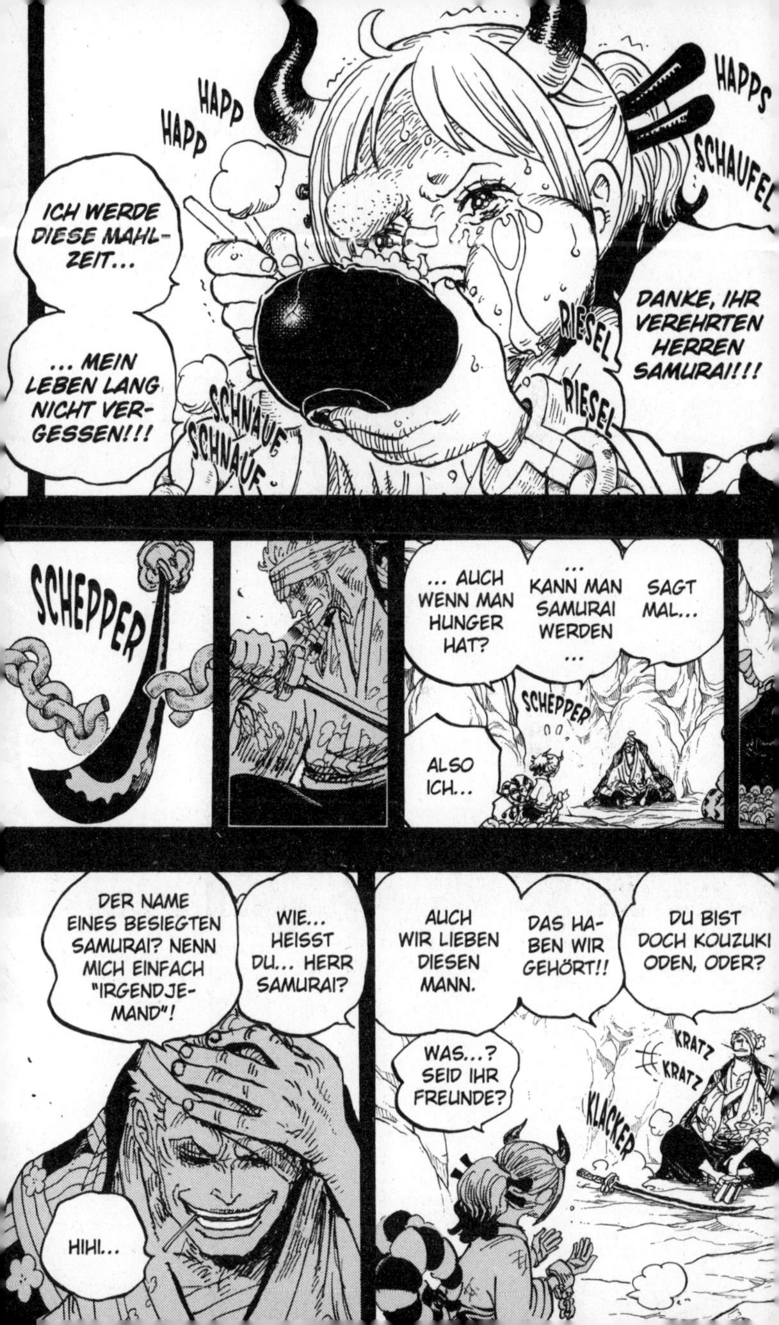
HAPPS
SCHAUFEL
DANKE, IHR VEREHRTEN HERREN SAMURAI!!!
RIESEL
RIESEL
HAPP
HAPP
ICH WERDE DIESE MAHLZEIT…
… MEIN LEBEN LANG NICHT VERGESSEN!!!
SCHNAUF
SCHNAUF
SAGT MAL…
… KANN MAN SAMURAI WERDEN …
… AUCH WENN MAN HUNGER HAT?
SCHEPPER
ALSO ICH…
SCHEPPER
DU BIST DOCH KOUZUKI ODEN, ODER?
DAS HABEN WIR GEHÖRT!!
AUCH WIR LIEBEN DIESEN MANN.
KRATZ
KRATZ
WAS…? SEID IHR FREUNDE?
KLACKER
WIE… HEISST DU… HERR SAMURAI?
DER NAME EINES BESIEGTEN SAMURAI? NENN MICH EINFACH "IRGENDJEMAND"!
HIHI…

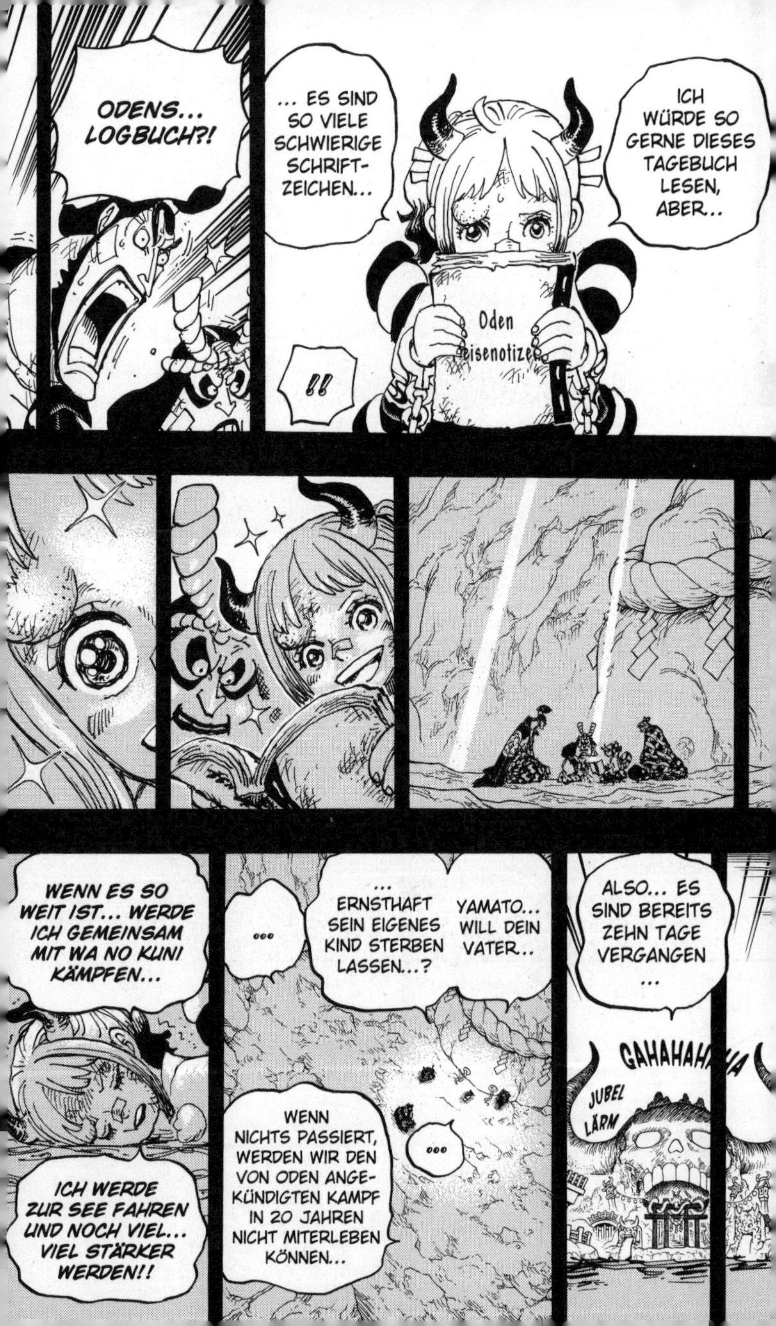
ICH WÜRDE SO GERNE DIESES TAGEBUCH LESEN, ABER…
… ES SIND SO VIELE SCHWIERIGE SCHRIFT-ZEICHEN…
Oden
!!
ODENS… LOGBUCH?!
ALSO… ES SIND BEREITS ZEHN TAGE VERGANGEN …
GAHAHAH
JUBEL LÄRM
YAMATO… WILL DEIN VATER…
… ERNSTHAFT SEIN EIGENES KIND STERBEN LASSEN…?
…
WENN NICHTS PASSIERT, WERDEN WIR DEN VON ODEN ANGE-KÜNDIGTEN KAMPF IN 20 JAHREN NICHT MITERLEBEN KÖNNEN…
…
WENN ES SO WEIT IST… WERDE ICH GEMEINSAM MIT WA NO KUNI KÄMPFEN…
ICH WERDE ZUR SEE FAHREN UND NOCH VIEL… VIEL STÄRKER WERDEN!!

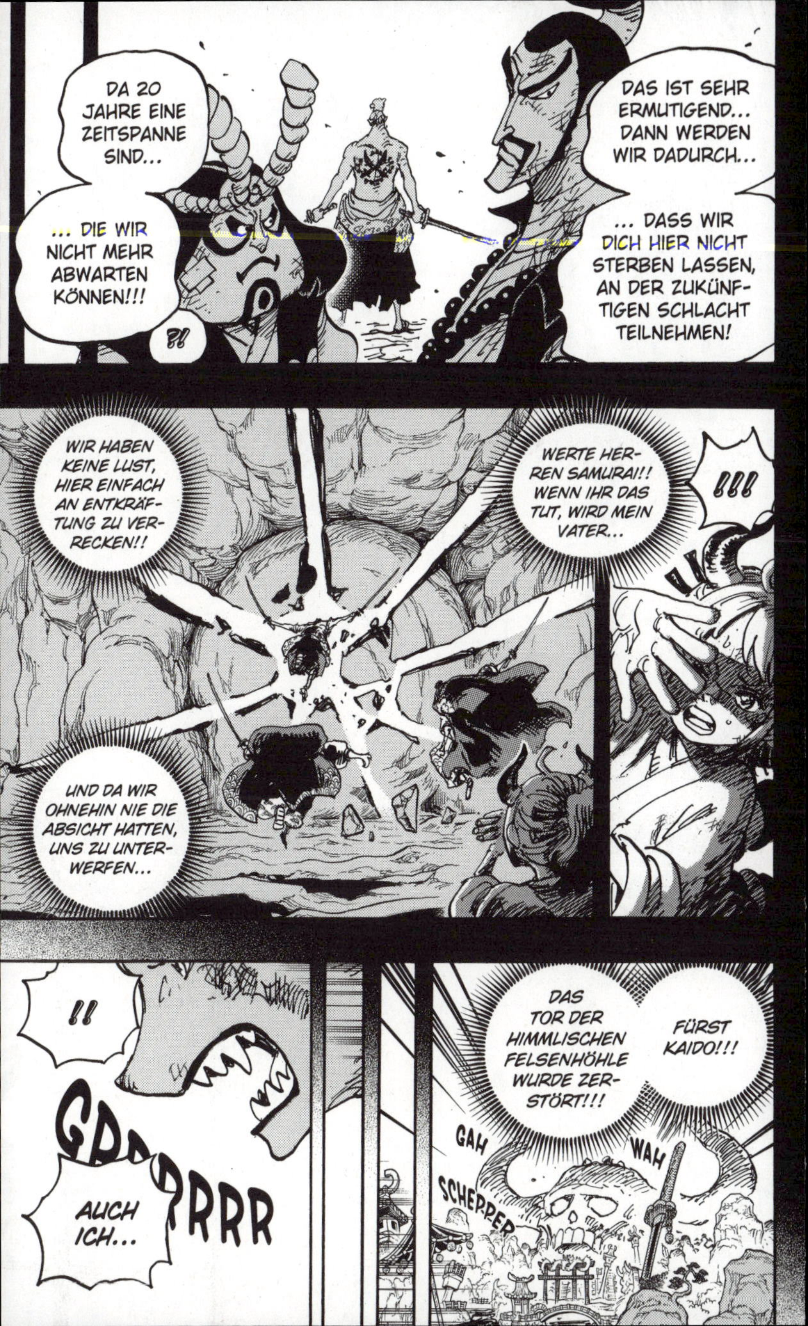
DAS IST SEHR ERMUTIGEND... DANN WERDEN WIR DADURCH...
... DASS WIR DICH HIER NICHT STERBEN LASSEN, AN DER ZUKÜNFTIGEN SCHLACHT TEILNEHMEN!
DA 20 JAHRE EINE ZEITSPANNE SIND...
... DIE WIR NICHT MEHR ABWARTEN KÖNNEN!!!
?!
!!!
WERTE HERREN SAMURAI!! WENN IHR DAS TUT, WIRD MEIN VATER...
WIR HABEN KEINE LUST, HIER EINFACH AN ENTKRÄFTUNG ZU VERRECKEN!!
UND DA WIR OHNEHIN NIE DIE ABSICHT HATTEN, UNS ZU UNTERWERFEN...
FÜRST KAIDO!!!
DAS TOR DER HIMMLISCHEN FELSENHÖHLE WURDE ZERSTÖRT!!!
WAH
GAH
SCHEPPER
!!
GRRRRRRR
AUCH ICH...

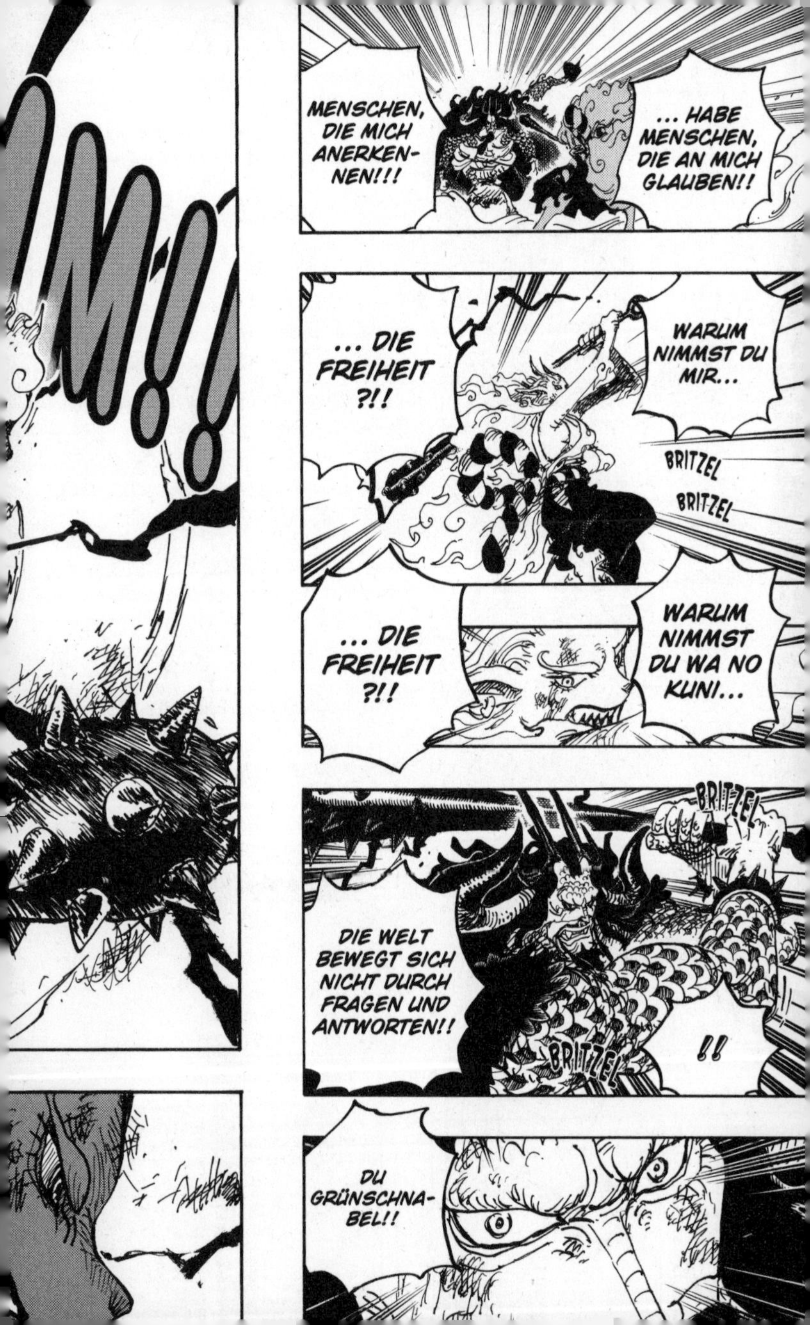
... HABE MENSCHEN, DIE AN MICH GLAUBEN!!
MENSCHEN, DIE MICH ANERKEN-NEN!!!
WARUM NIMMST DU MIR...
... DIE FREIHEIT ?!!
BRITZEL
BRITZEL
WARUM NIMMST DU WA NO KUNI...
... DIE FREIHEIT ?!!
BRITZEL
DIE WELT BEWEGT SICH NICHT DURCH FRAGEN UND ANTWORTEN!!
BRITZEL
!!
DU GRÜNSCHNA-BEL!!

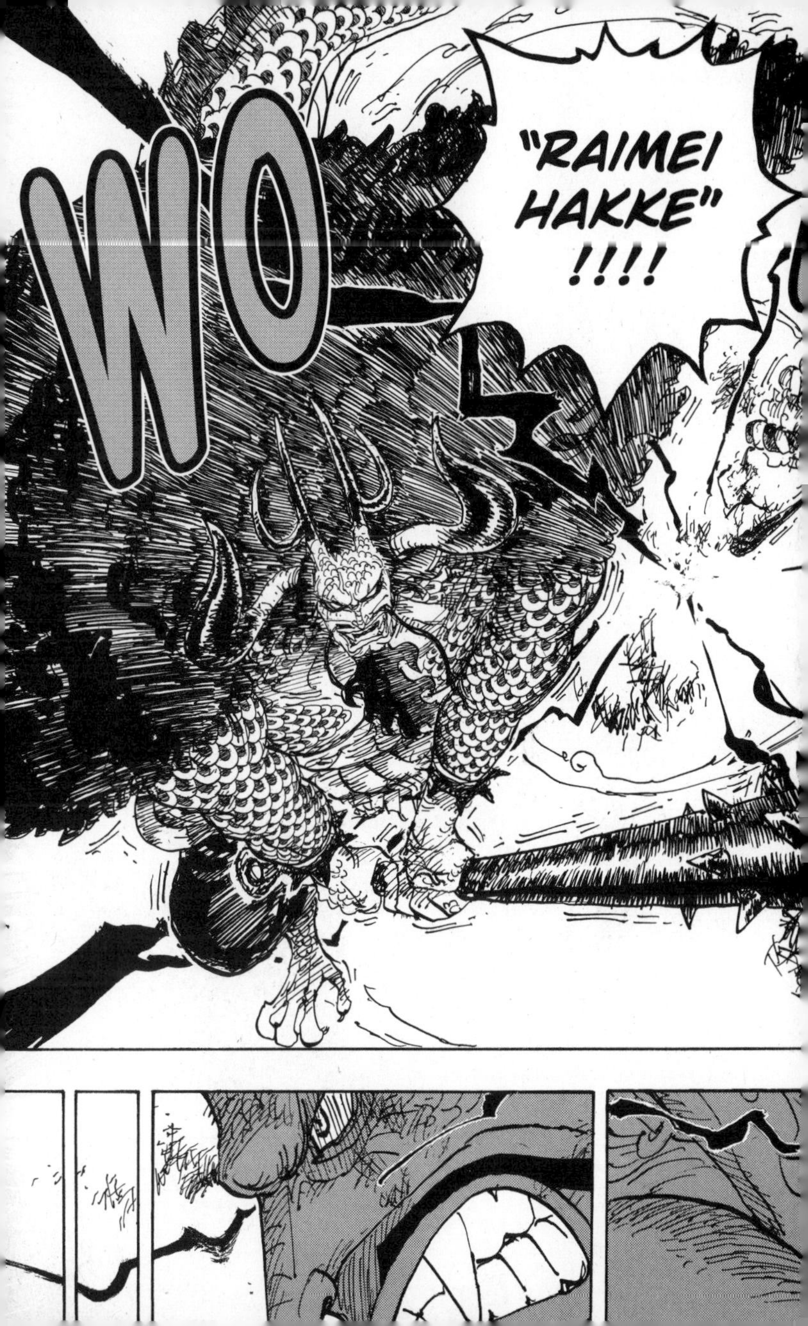

"RAIMEI HAKKE" !!!!
WO

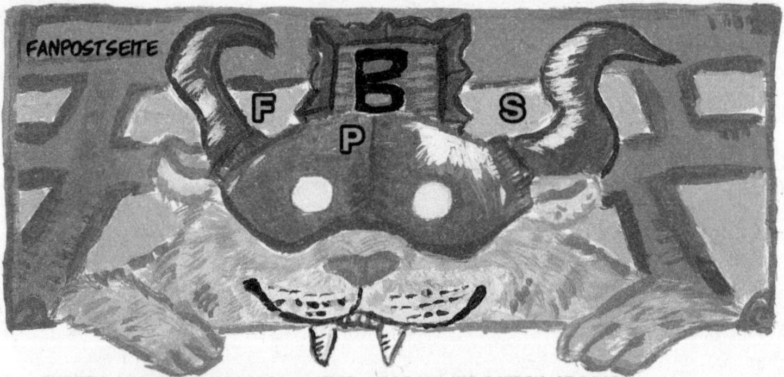

L: EIICHIRO ODA-SAMA, DAS 1024. KAPITEL HABE ICH MIT EXTREM GROSSEM INTERESSE GELESEN. IST ES MÖGLICH, DASS DIESE BESCHEIDENE PERSON, DIE SICH SELBST ALS "IRGENDJEMAND" BEZEICHNET, ZORRO-DONOS VATER IST, MIT VERLAUB?
PSEUDONYM: ROROMIKI

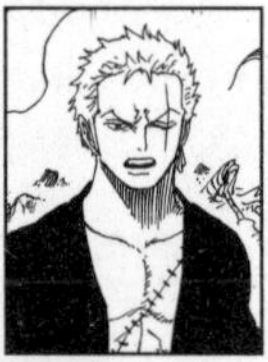

O: ES GAB VIELE FRAGEN ZU HERRN "IRGENDJEMAND". ES MAG UNKULTIVIERT SEIN, SEINEN NAMEN ZU NENNEN, WENN DER BETREFFENDE SELBST SICH DIESBEZÜGLICH NICHT KLAR ÄUSSERN WOLLTE, ABER DA VIELE LESER RICHTIG GETIPPT HABEN, STELLE ICH IHN EUCH VOR. TATSÄCHLICH HANDELT ES SICH BEI DEN DREI SAMURAI UM DIE DAIMYOS DER VERNICHTETEN PROVINZEN.

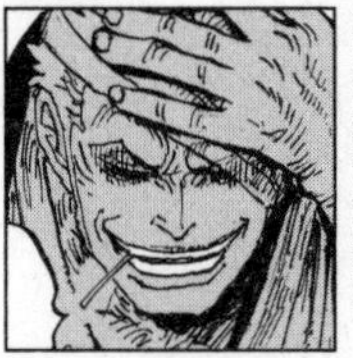
DAIMYO VON RINGO: SHIMOTSUKI USHIMARU

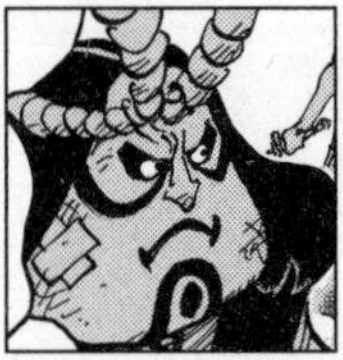
DAIMYO VON KIBI: FUGETSU OMUSUBI

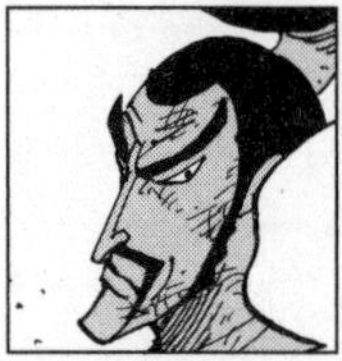
DAIMYO VON UDON: UZUKI TEMPURA

NACH ODENS TOD ERHOBEN SICH ALLE PROVINZEN GEGEN OROCHI, WURDEN ABER VON DER 100-BESTIEN-PIRATENBANDE BESIEGT. SHIMOTSUKI USHIMARU UND DER FUCHS ONIMARU, DER MIT ZORRO GEKÄMPFT HAT, WAREN EINE BERÜHMTE KOMBI, DESHALB WAR ONIMARU, ALS ER ZORRO DAS SHUSUI STEHLEN WOLLTE, VERBLÜFFT ÜBER DESSEN ÄHNLICHKEIT MIT DEM JUNGEN USHIMARU. WEIL DIESE SZENE ABER ZU VERWICKELT WAR, WURDE SIE RAUSGESCHNITTEN. VIELLEICHT WERDE ICH ES IN DER STORY AUCH NICHT SAGEN. IN DIESEM SINNE HIER DIE ANTWORT: USHIMARU IST NICHT ZORROS VATER. DA ICH DIE NAMEN DER DREI IN DER STORY NICHT BRINGEN WERDE, GEBE ICH SIE AN DIESER STELLE BEKANNT, WEIL ICH ABER NOCH UNENTSCHLOSSEN BIN, OB ICH ETWAS ZU USHIMARUS ABSTAMMUNG SCHREIBEN WERDE ODER NICHT, LASSE ICH DIESEN PUNKT NOCH OFFEN. SIE SEHEN SICH WIRKLICH ÄHNLICH, NICHT WAHR?

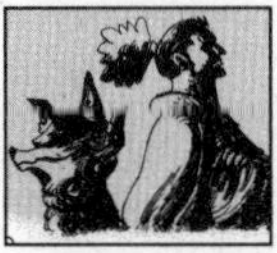

L: ICH HABE ANHAND EINER MODELLFIGUR DIE GRÖSSE VON SHIRAHOSHIS "ππ" GESCHÄTZT UND BIN ZU DEM ERGEBNIS GEKOMMEN, DASS SIE ETWA DIE GRÖSSE VON KLEINWAGEN HABEN. SEITDEM SEHEN ALLE KLEINWAGEN FÜR MICH WIE ππS AUS! BITTE HELFEN SIE MIR.
PSEUDONYM: SANADA-CHI

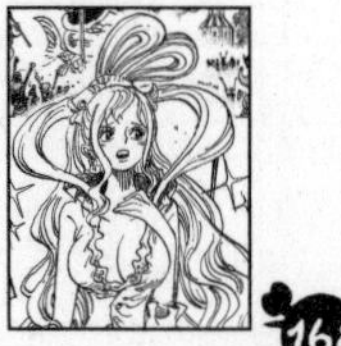

O: SANADA!!! ICH SCHLIESSE DIE FPS!! DAS HIER HAT NIE STATTGEFUNDEN!! DU MISTKERL!! HIER IST SCHLUSS!! SCHAUT EUCH AUCH DIE SEITEN AM ENDE DES BANDES AN, OKAY?!

1025. Kapitel:
Zweidrachenbild

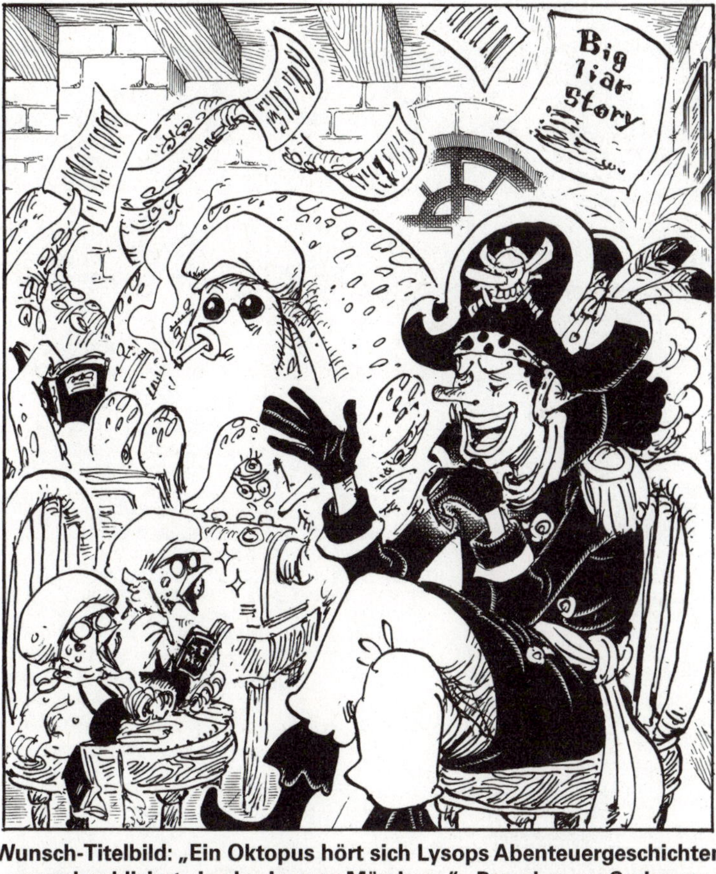

Wunsch-Titelbild: „Ein Oktopus hört sich Lysops Abenteuergeschichten an und publiziert sie als »Lysops Märchen«" – Pseudonym: Sodasusu

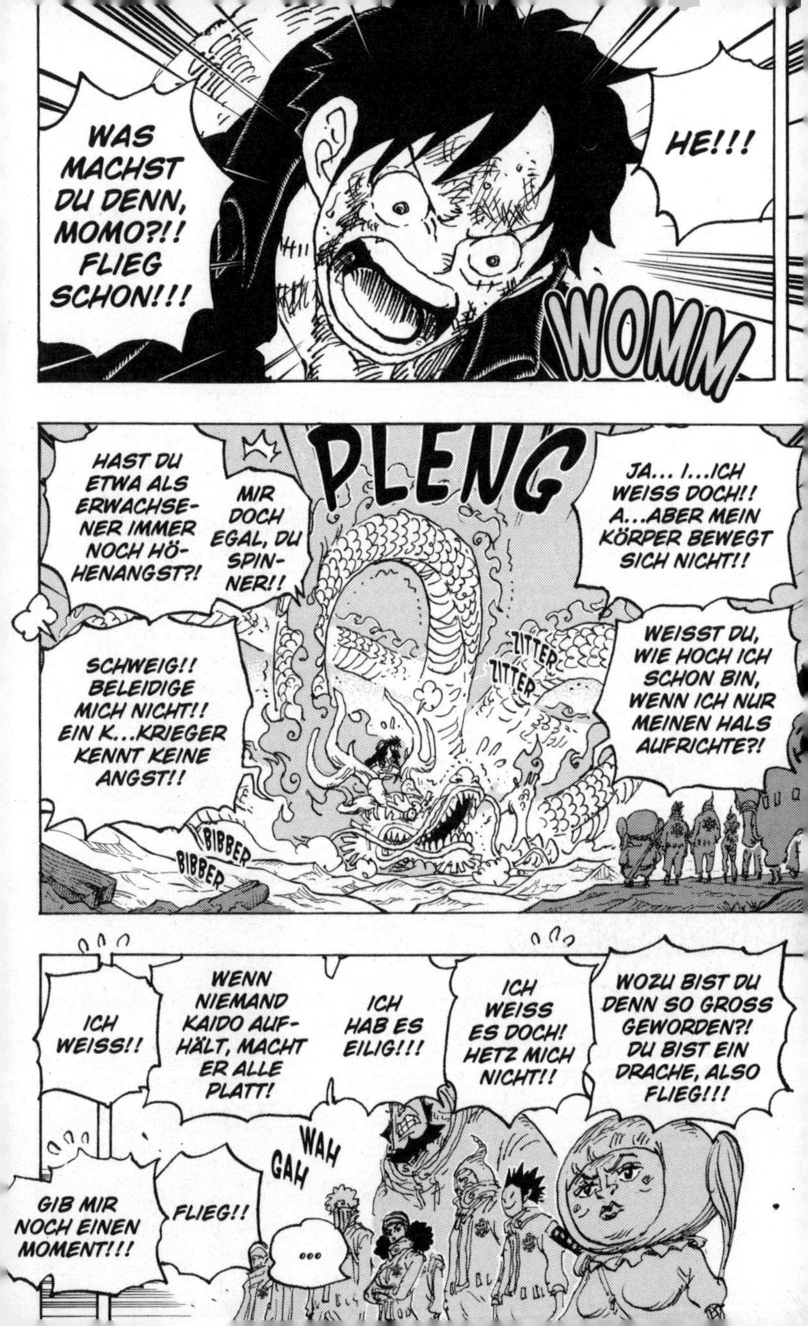
HE!!!
WAS MACHST DU DENN, MOMO?!! FLIEG SCHON!!!
WOMM
PLENG
JA... I...ICH WEISS DOCH!! A...ABER MEIN KÖRPER BEWEGT SICH NICHT!!
MIR DOCH EGAL, DU SPIN-NER!!
HAST DU ETWA ALS ERWACHSE-NER IMMER NOCH HÖ-HENANGST?!
WEISST DU, WIE HOCH ICH SCHON BIN, WENN ICH NUR MEINEN HALS AUFRICHTE?!
ZITTER ZITTER
SCHWEIG!! BELEIDIGE MICH NICHT!! EIN K...KRIEGER KENNT KEINE ANGST!!
BIBBER BIBBER
WOZU BIST DU DENN SO GROSS GEWORDEN?! DU BIST EIN DRACHE, ALSO FLIEG!!!
ICH WEISS ES DOCH! HETZ MICH NICHT!!
ICH HAB ES EILIG!!!
WENN NIEMAND KAIDO AUF-HÄLT, MACHT ER ALLE PLATT!
ICH WEISS!!
WAH GAH
FLIEG!!
...
GIB MIR NOCH EINEN MOMENT!!!

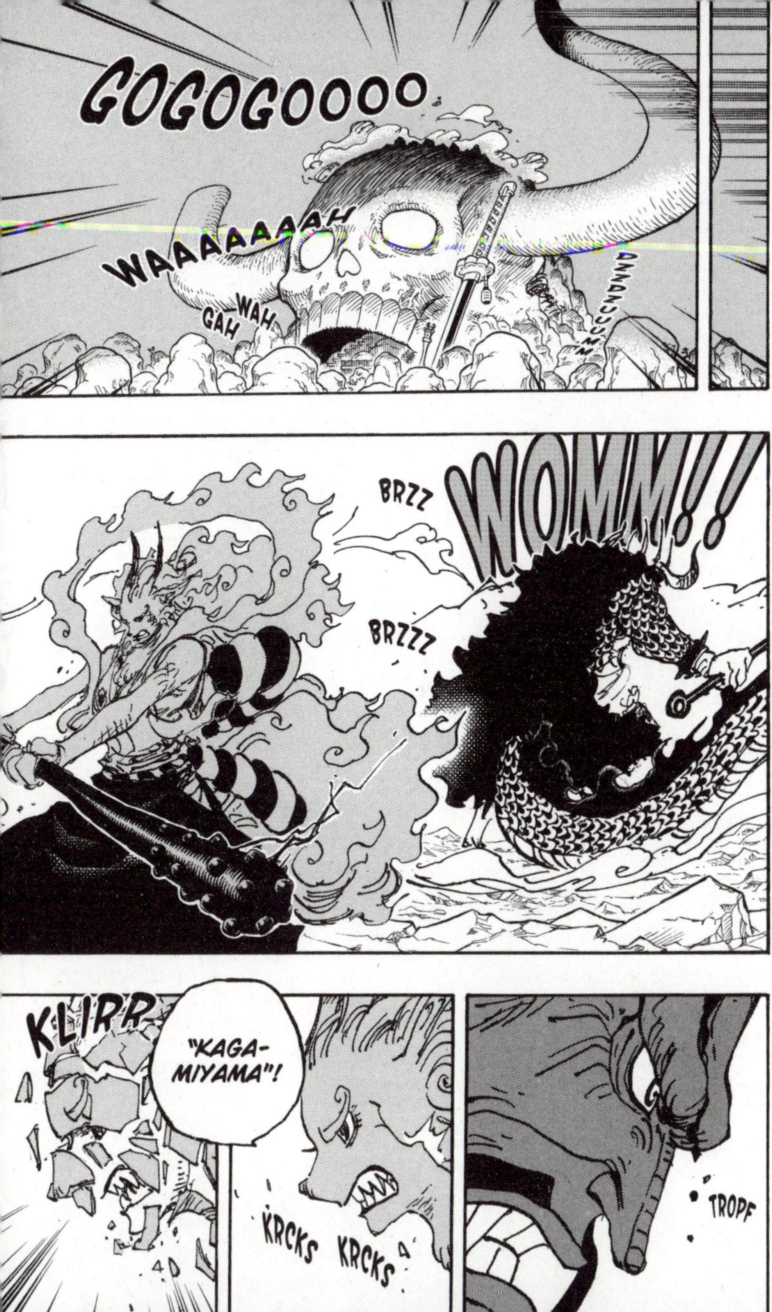
GOGOGOOOO
DNNNUUUMM
WAAAAAAAAH
WAH
GAH
WOMM!!
BRZZ
BRZZZ
KLIRR
"KAGA-
MIYAMA"!
KRCKS KRCKS
TROPF

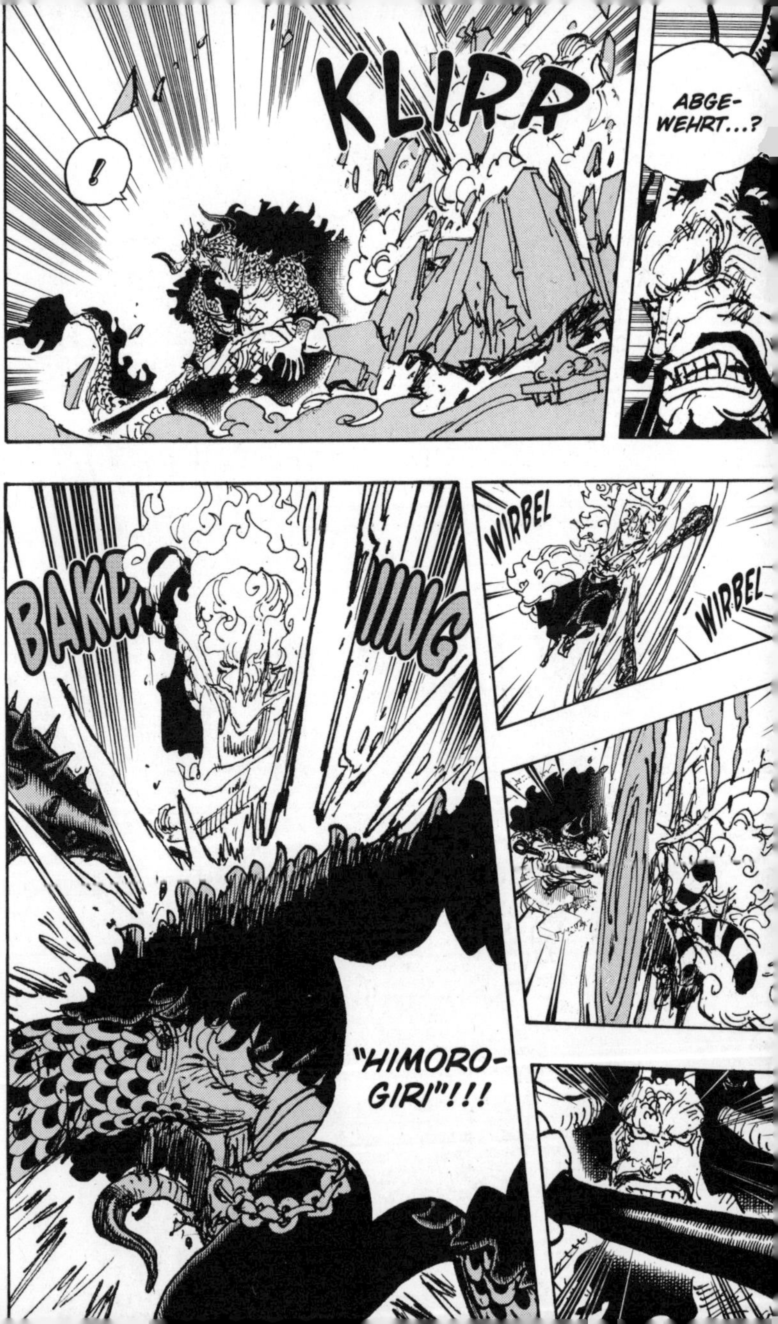
ABGE-
WEHRT...?
KLIRR
!
WIRBEL
WIRBEL
BAKR
ING
"HIMORO-
GIRI"!!!

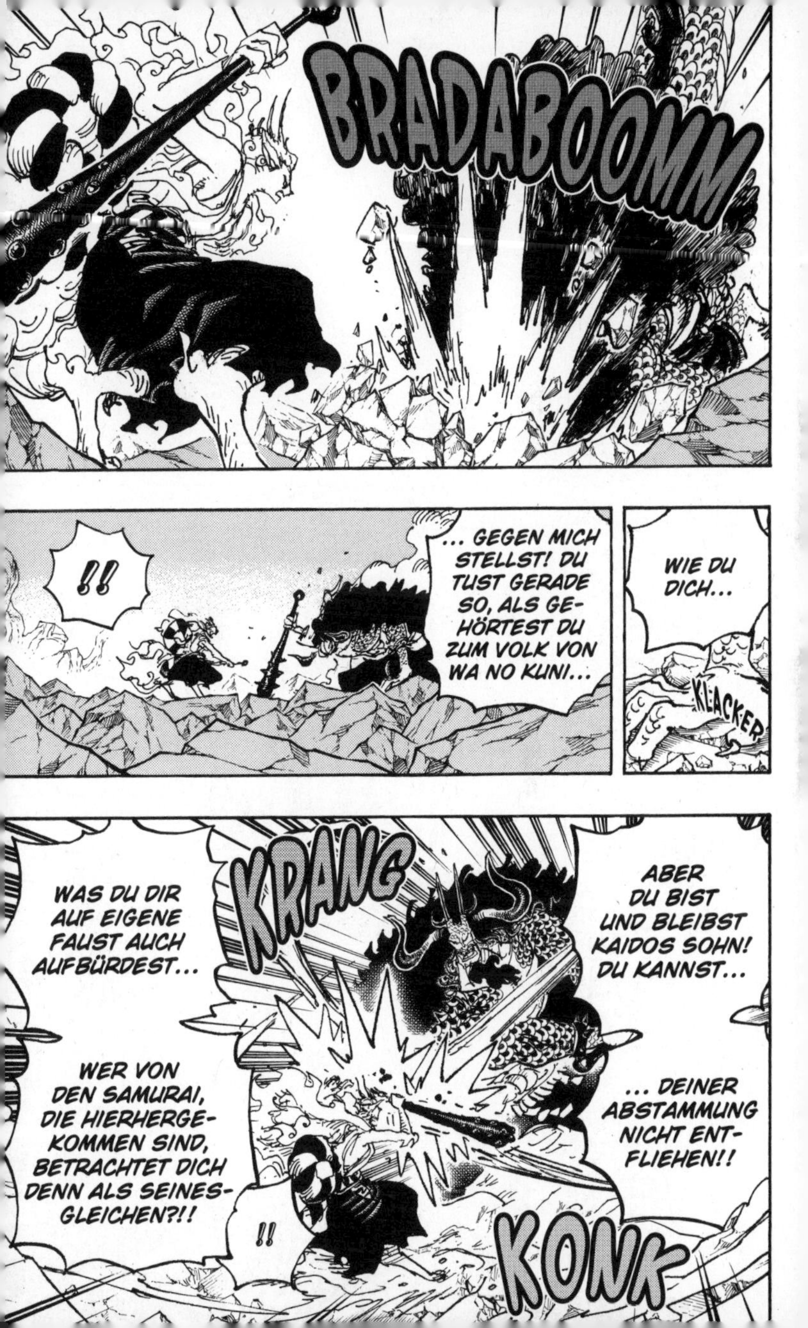
BRADABOOMM
WIE DU DICH...
KLACKER
... GEGEN MICH STELLST! DU TUST GERADE SO, ALS GEHÖRTEST DU ZUM VOLK VON WA NO KUNI...
!!
KRANG
ABER DU BIST UND BLEIBST KAIDOS SOHN! DU KANNST...
... DEINER ABSTAMMUNG NICHT ENTFLIEHEN!!
WAS DU DIR AUF EIGENE FAUST AUCH AUFBÜRDEST...
WER VON DEN SAMURAI, DIE HIERHERGEKOMMEN SIND, BETRACHTET DICH DENN ALS SEINESGLEICHEN?!!
!!
KONK

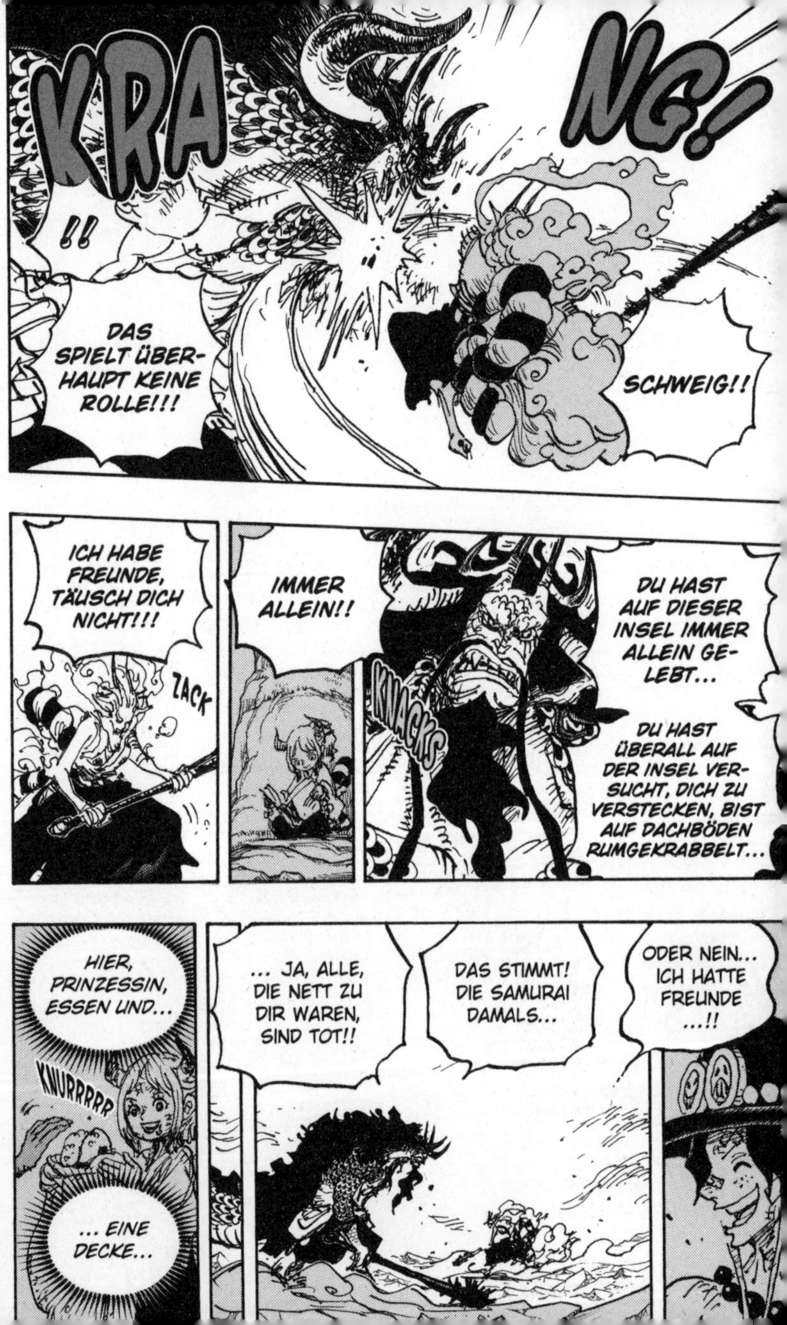
KRA
NG!!
!!
DAS SPIELT ÜBERHAUPT KEINE ROLLE!!!
SCHWEIG!!
DU HAST AUF DIESER INSEL IMMER ALLEIN GELEBT...
DU HAST ÜBERALL AUF DER INSEL VERSUCHT, DICH ZU VERSTECKEN, BIST AUF DACHBÖDEN RUMGEKRABBELT...
KNACKS
IMMER ALLEIN!!
ICH HABE FREUNDE, TÄUSCH DICH NICHT!!!
ZACK
ODER NEIN... ICH HATTE FREUNDE ...!!
DAS STIMMT! DIE SAMURAI DAMALS...
... JA, ALLE, DIE NETT ZU DIR WAREN, SIND TOT!!
HIER, PRINZESSIN, ESSEN UND...
KNURRRRR
... EINE DECKE...

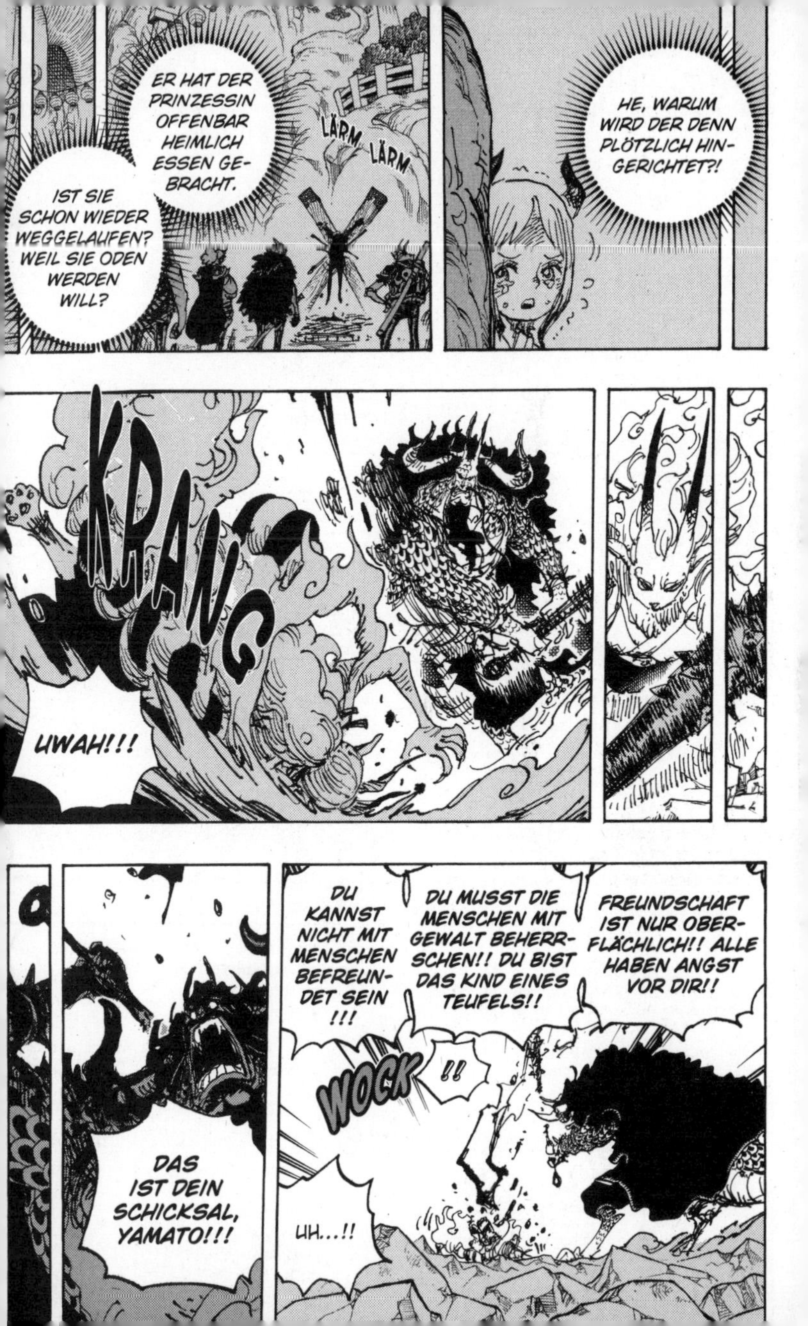
HE, WARUM WIRD DER DENN PLÖTZLICH HINGERICHTET?!
ER HAT DER PRINZESSIN OFFENBAR HEIMLICH ESSEN GEBRACHT.
IST SIE SCHON WIEDER WEGGELAUFEN? WEIL SIE ODEN WERDEN WILL?
LÄRM
LÄRM
KRANG
UWAH!!!
FREUNDSCHAFT IST NUR OBERFLÄCHLICH!! ALLE HABEN ANGST VOR DIR!!
DU MUSST DIE MENSCHEN MIT GEWALT BEHERRSCHEN!! DU BIST DAS KIND EINES TEUFELS!!
DU KANNST NICHT MIT MENSCHEN BEFREUNDET SEIN!!!
WOCK
!!
UH...!!
DAS IST DEIN SCHICKSAL, YAMATO!!!

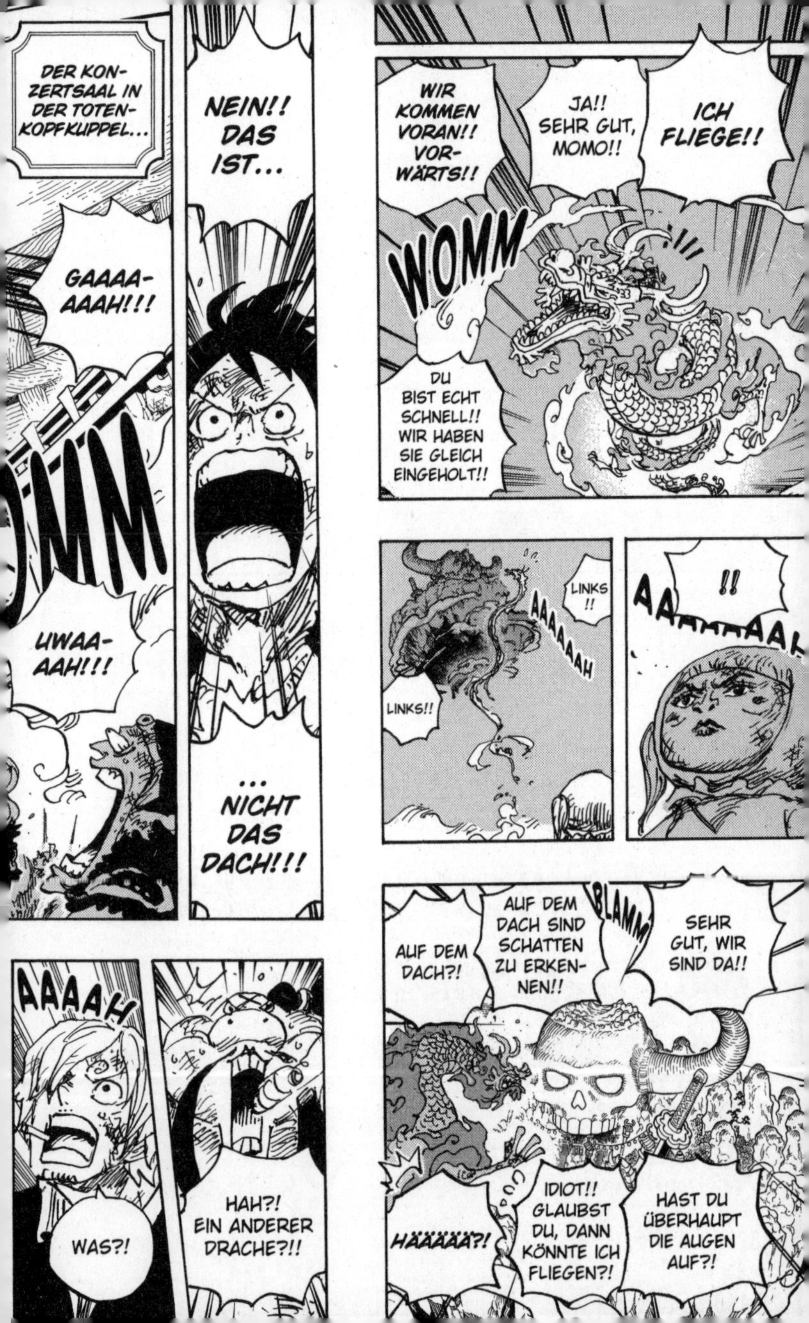

ICH FLIEGE!!
JA!! SEHR GUT, MOMO!!
WIR KOMMEN VORAN!! VORWÄRTS!!
WOMM
DU BIST ECHT SCHNELL!! WIR HABEN SIE GLEICH EINGEHOLT!!
!!
AAAAAAAH
LINKS!!
AAAAAAAH
LINKS!!
SEHR GUT, WIR SIND DA!!
BLAMM
AUF DEM DACH SIND SCHATTEN ZU ERKENNEN!!
AUF DEM DACH?!
HAST DU ÜBERHAUPT DIE AUGEN AUF?!
IDIOT!! GLAUBST DU, DANN KÖNNTE ICH FLIEGEN?!
HÄÄÄÄÄ?!
NEIN!! DAS IST...
DER KONZERTSAAL IN DER TOTENKOPFKUPPEL...
GAAAAAAAH!!!
UWAAAAH!!!
... NICHT DAS DACH!!!
HAH?! EIN ANDERER DRACHE?!!
AAAAH
WAS?!

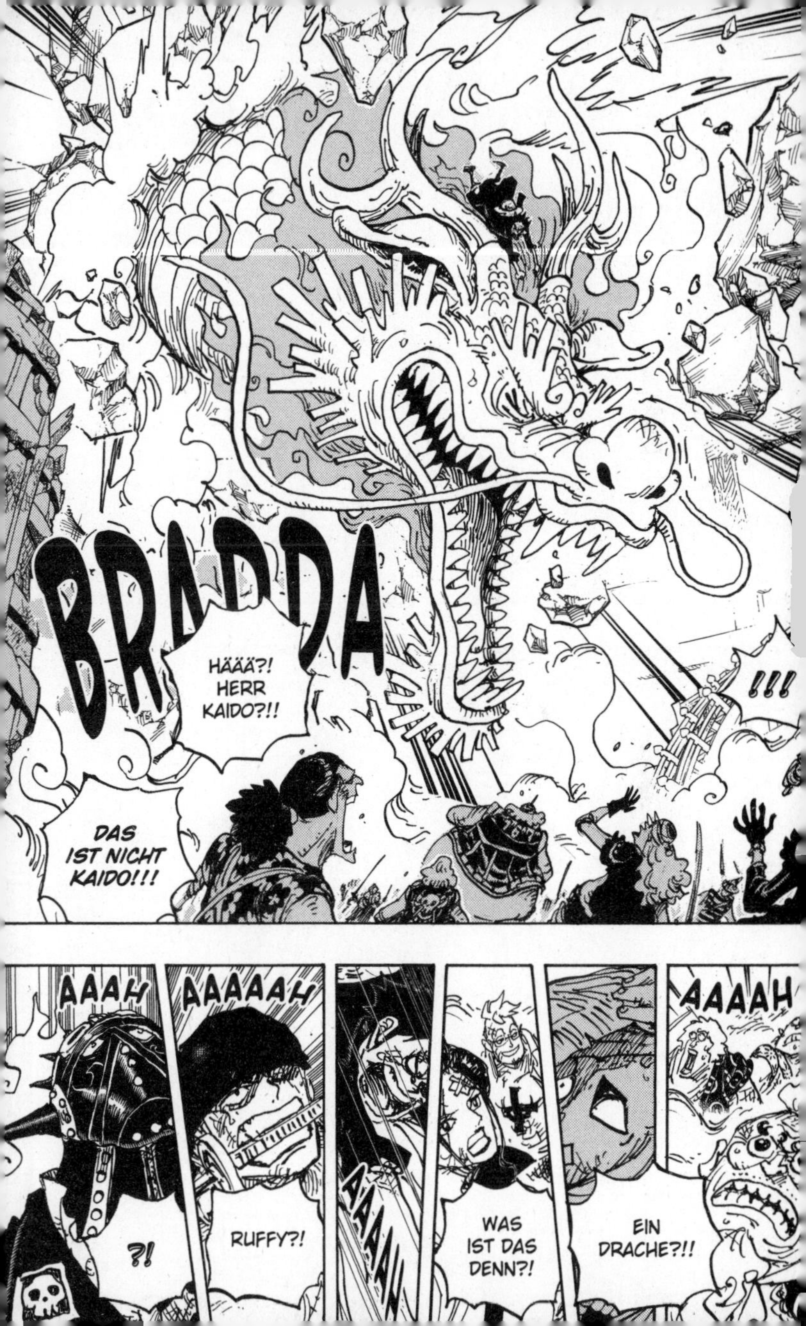
BRADDA
!!!
HÄÄÄ?! HERR KAIDO?!!
DAS IST NICHT KAIDO!!!
AAAAH
EIN DRACHE?!!
WAS IST DAS DENN?!
AAAAA
AAAAAH
RUFFY?!
AAAH
?!

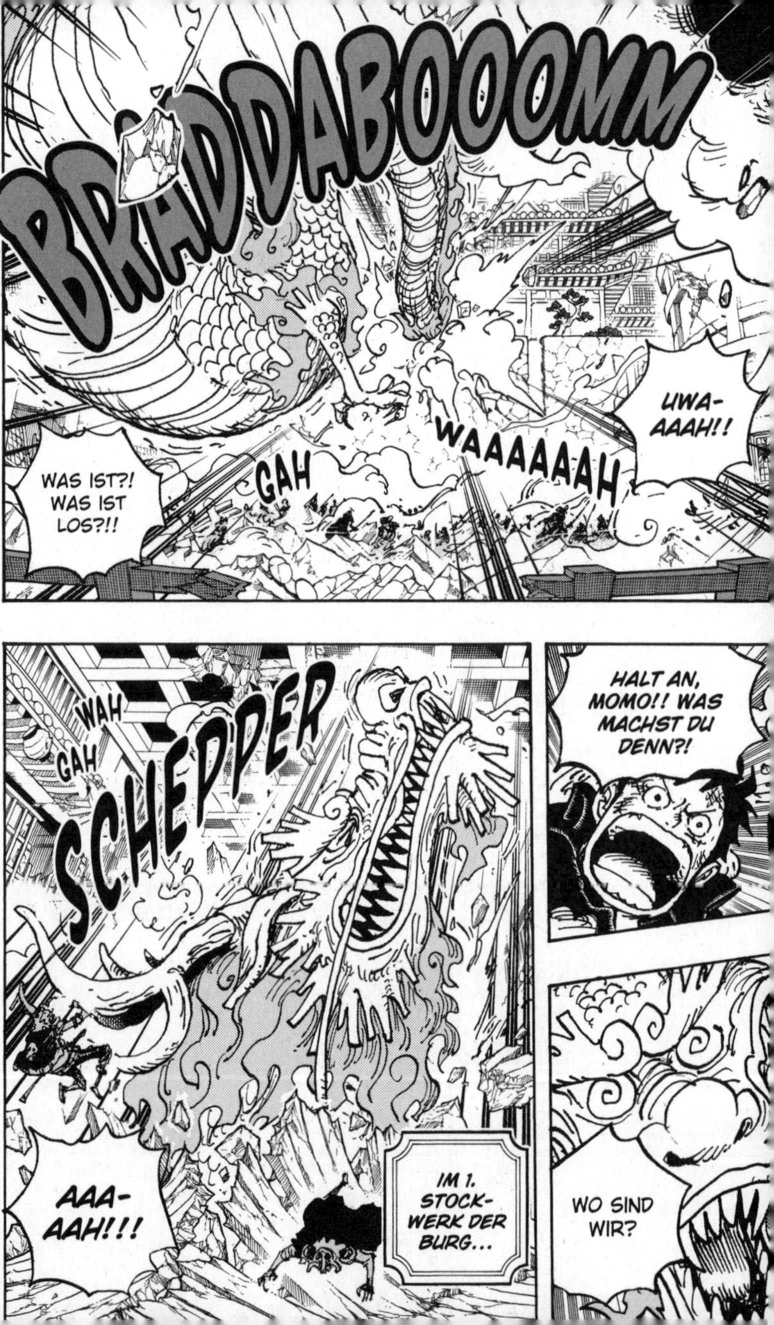
BRADDABOOOMM
UWA-AAAH!!
WAAAAAAH
GAH
WAS IST?! WAS IST LOS?!!
HALT AN, MOMO!! WAS MACHST DU DENN?!
WO SIND WIR?
SCHEPPER
WAH
GAH
IM 1. STOCKWERK DER BURG...
AAA-AAH!!!

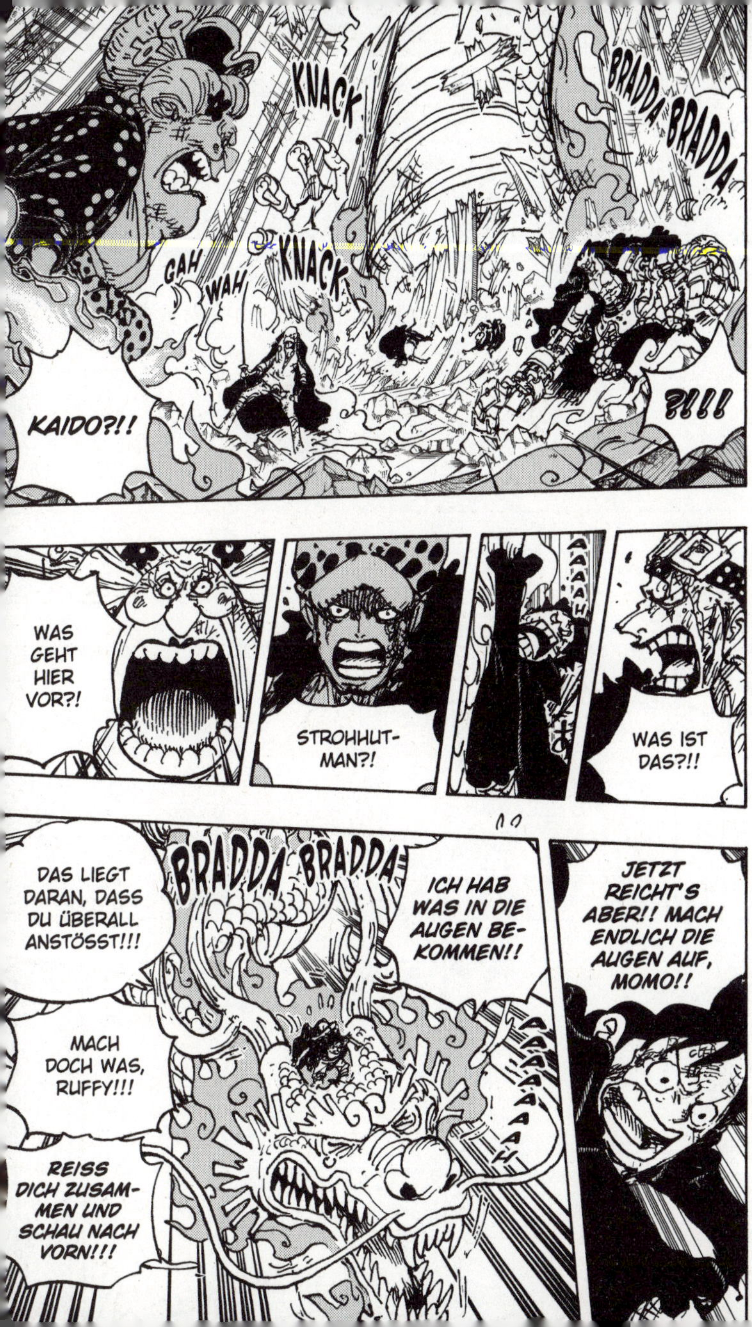

BRADDA BRADDA
KNACK
KNACK
GAH
WAH
?!!!
KAIDO?!!
WAS IST DAS?!!
AAAAAH
STROHHUT-MAN?!
WAS GEHT HIER VOR?!
JETZT REICHT'S ABER!! MACH ENDLICH DIE AUGEN AUF, MOMO!!
ICH HAB WAS IN DIE AUGEN BE-KOMMEN!!
BRADDA BRADDA
AAAAAAAAH
DAS LIEGT DARAN, DASS DU ÜBERALL ANSTÖSST!!!
MACH DOCH WAS, RUFFY!!!
REISS DICH ZUSAM-MEN UND SCHAU NACH VORN!!!

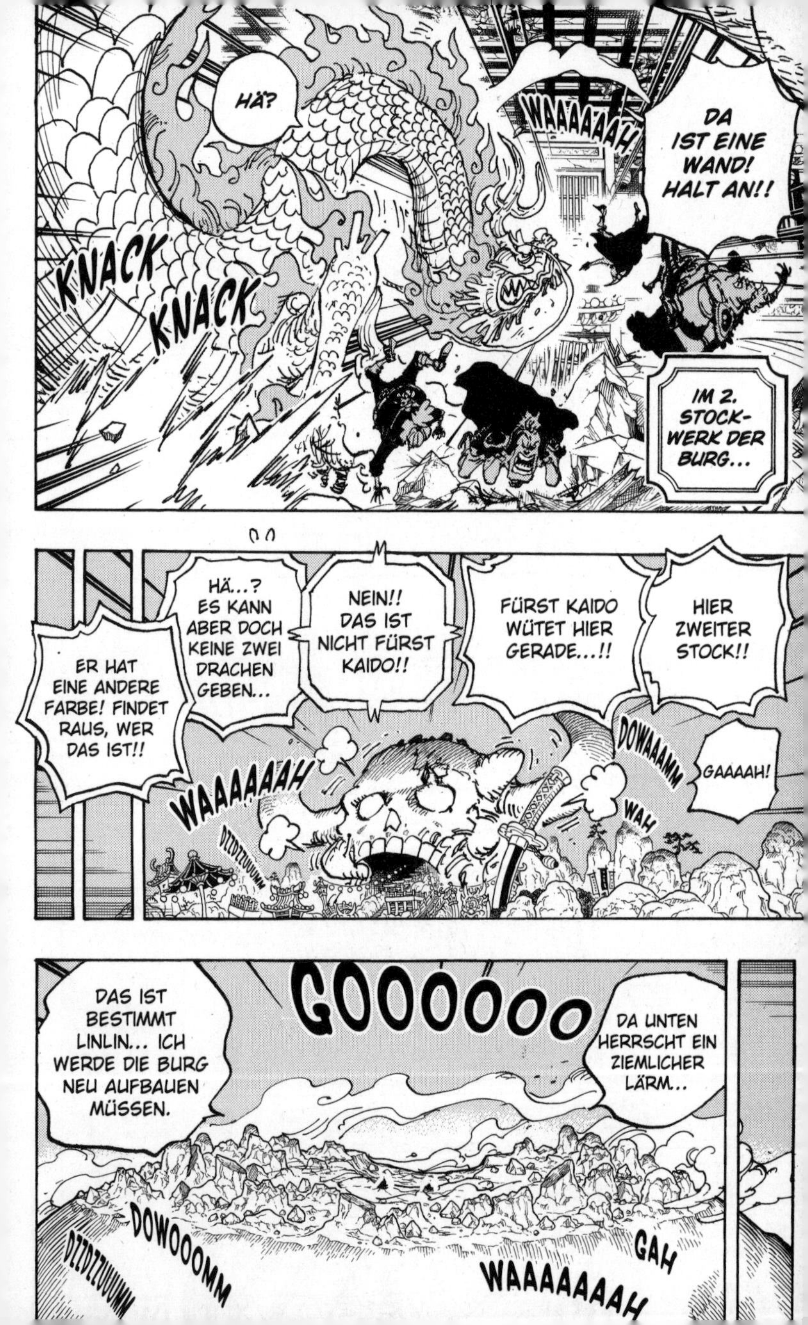
IM 2. STOCKWERK DER BURG…
DA IST EINE WAND! HALT AN!!
WAAAAAAAH
HÄ?
KNACK
KNACK
HIER ZWEITER STOCK!!
FÜRST KAIDO WÜTET HIER GERADE…!!
NEIN!! DAS IST NICHT FÜRST KAIDO!!
HÄ…? ES KANN ABER DOCH KEINE ZWEI DRACHEN GEBEN…
ER HAT EINE ANDERE FARBE! FINDET RAUS, WER DAS IST!!
GAAAAH!
DOWAAAMM
WAH
WAAAAAAH
DZZDZZUUMM
GOOOOOO
DA UNTEN HERRSCHT EIN ZIEMLICHER LÄRM…
DAS IST BESTIMMT LINLIN… ICH WERDE DIE BURG NEU AUFBAUEN MÜSSEN.
GAH
WAAAAAAAH
DOWOOOMM
DZZDZZUUMM

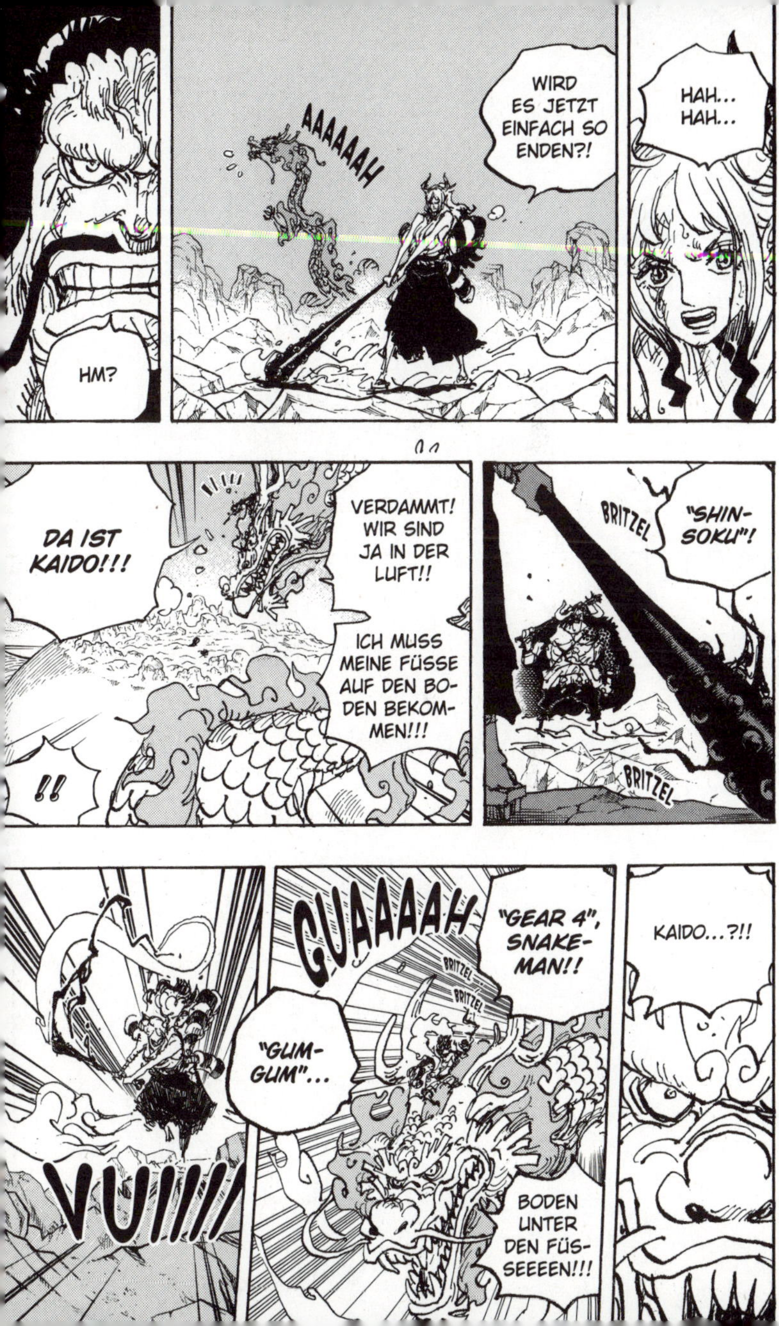
HAH… HAH…
WIRD ES JETZT EINFACH SO ENDEN?!
AAAAAAH
HM?
"SHIN-SOKU"!
BRITZEL
BRITZEL
VERDAMMT! WIR SIND JA IN DER LUFT!!
ICH MUSS MEINE FÜSSE AUF DEN BO-DEN BEKOM-MEN!!!
DA IST KAIDO!!!
!!
KAIDO…?!!
"GEAR 4", SNAKE-MAN!!
GUAAAAH
BRITZEL
BRITZEL
"GUM-GUM"…
BODEN UNTER DEN FÜS-SEEEEN!!!
VUIIII

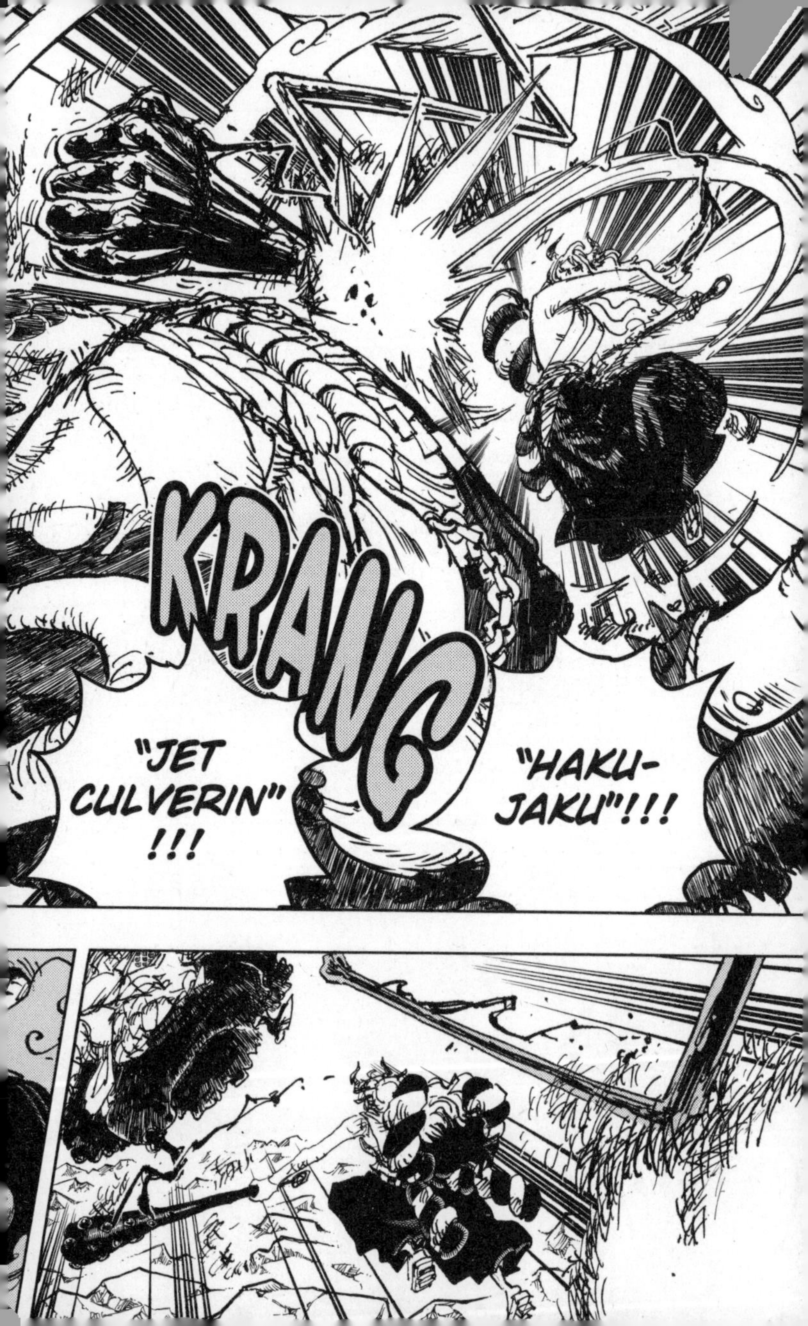
"HAKU-JAKU"!!!
KRANG
"JET CULVERIN"!!!

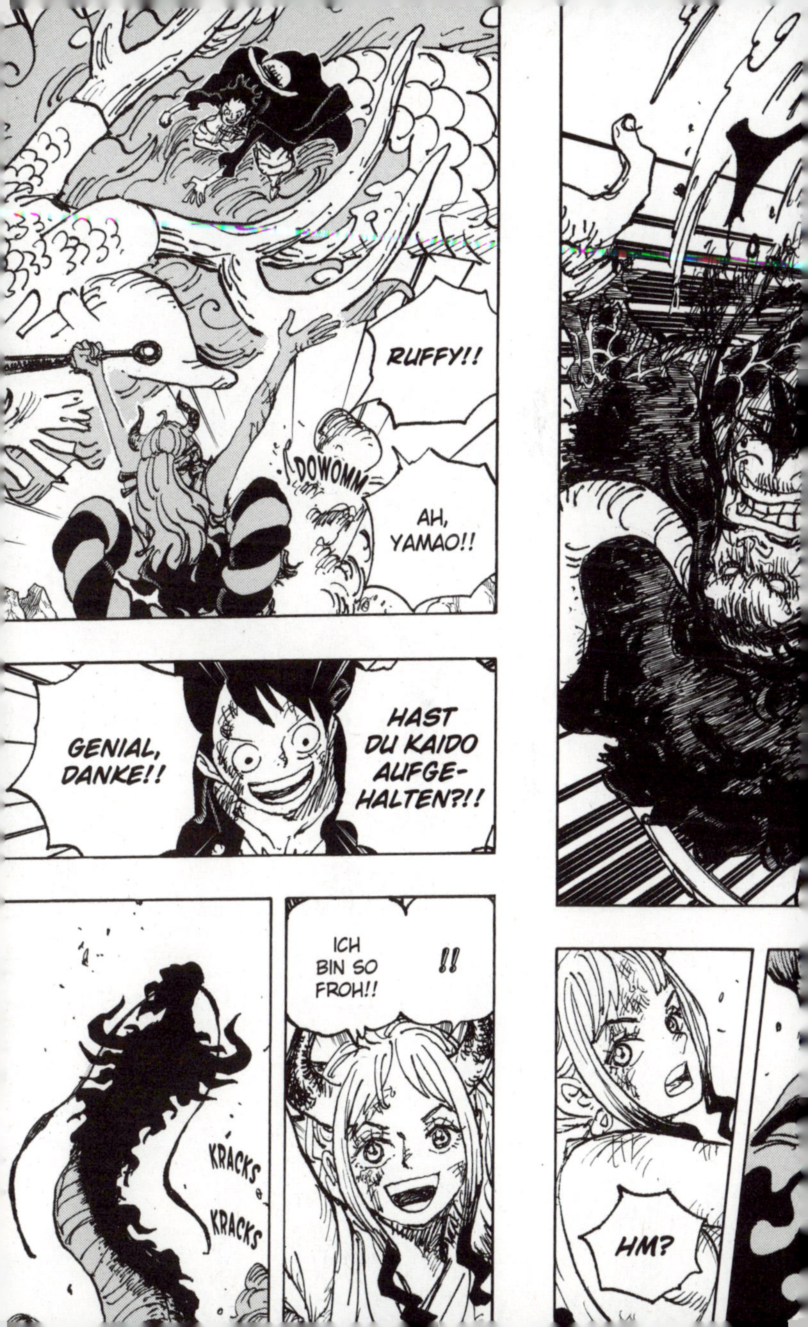

RUFFY!!
DOWOMM
AH, YAMAO!!
HAST DU KAIDO AUFGE-HALTEN?!!
GENIAL, DANKE!!
HM?
!!
ICH BIN SO FROH!!
KRACKS
KRACKS

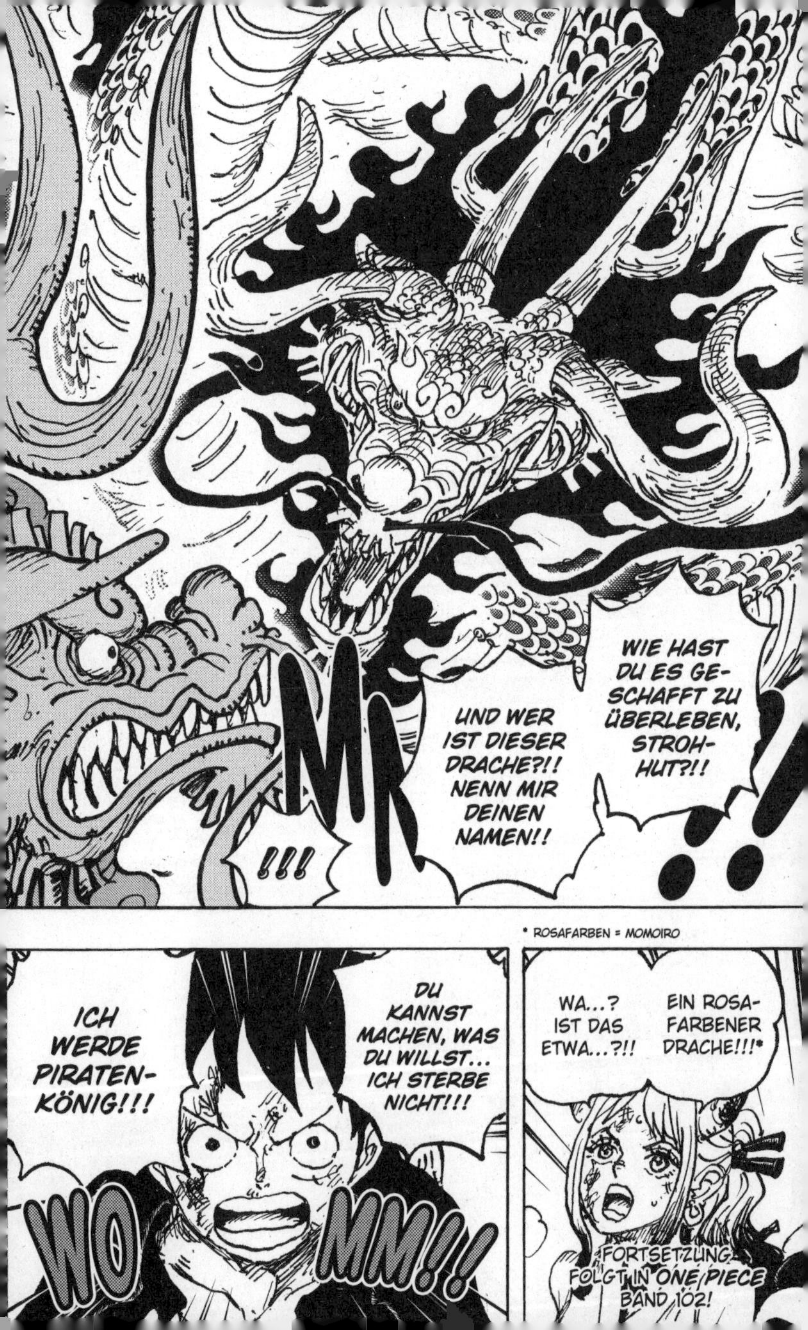
WIE HAST DU ES GESCHAFFT ZU ÜBERLEBEN, STROHHUT?!!
UND WER IST DIESER DRACHE?!! NENN MIR DEINEN NAMEN!!
!!!
MI
* ROSAFARBEN = MOMOIRO
EIN ROSAFARBENER DRACHE!!!*
WA...? IST DAS ETWA...?!!
FORTSETZUNG FOLGT IN ONE PIECE BAND 102!
DU KANNST MACHEN, WAS DU WILLST... ICH STERBE NICHT!!!
ICH WERDE PIRATENKÖNIG!!!
WOMM!!

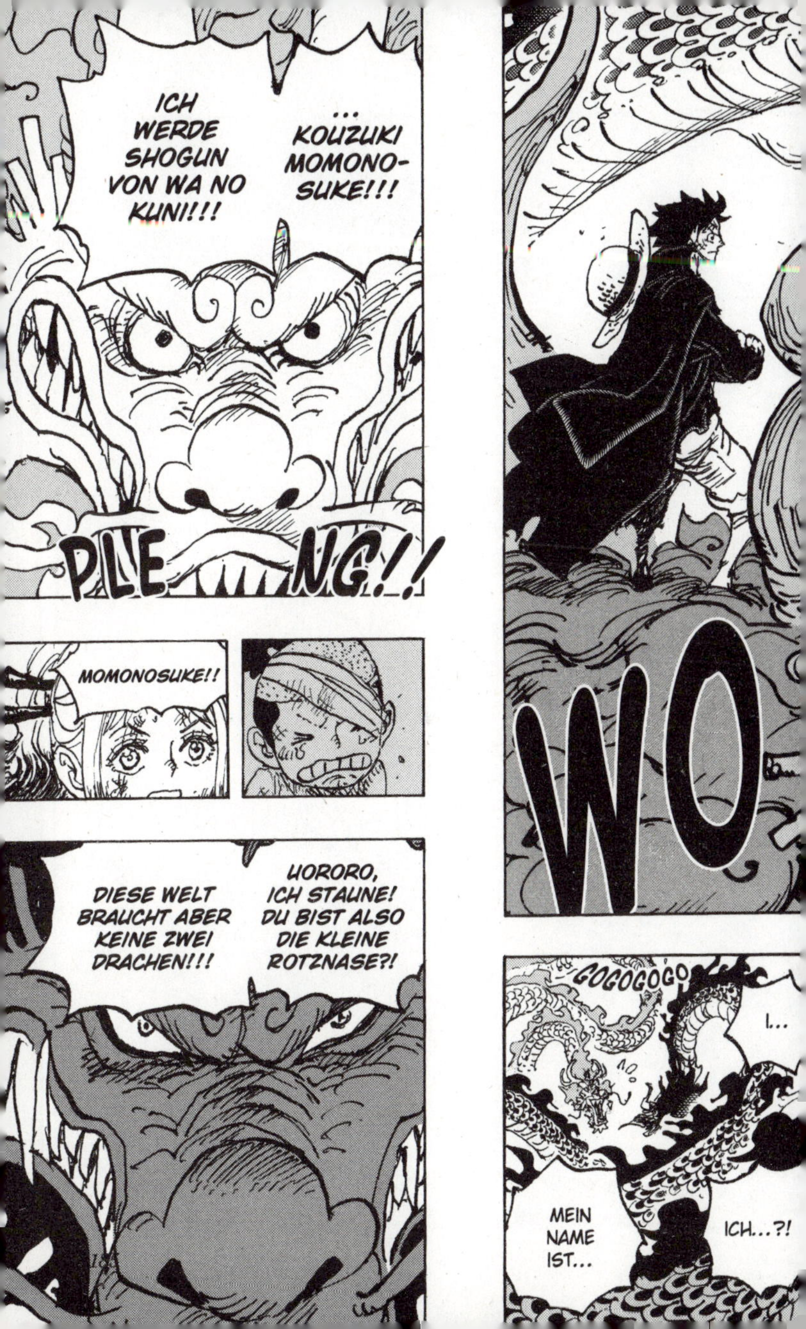
WO
GOGOGOGO
I...
ICH...?!
MEIN NAME IST...
... KOUZUKI MOMONOSUKE!!!
ICH WERDE SHOGUN VON WA NO KUNI!!!
PLENG!!
MOMONOSUKE!!
UORORO, ICH STAUNE! DU BIST ALSO DIE KLEINE ROTZNASE?!
DIESE WELT BRAUCHT ABER KEINE ZWEI DRACHEN!!!

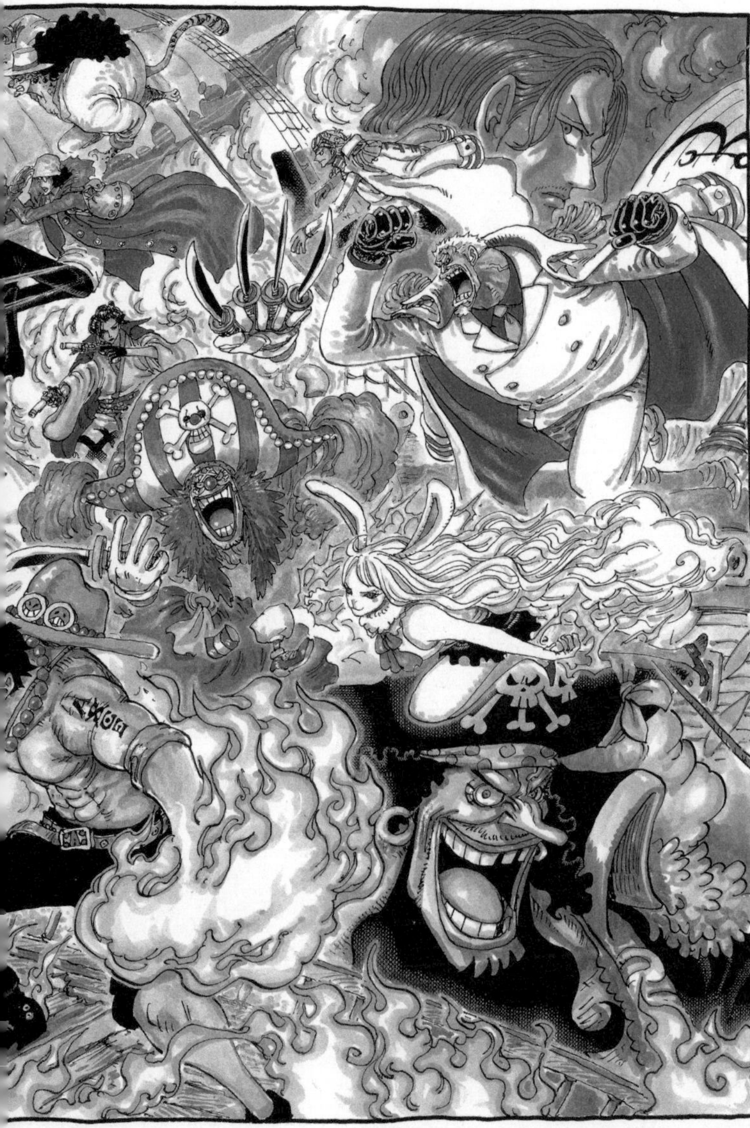

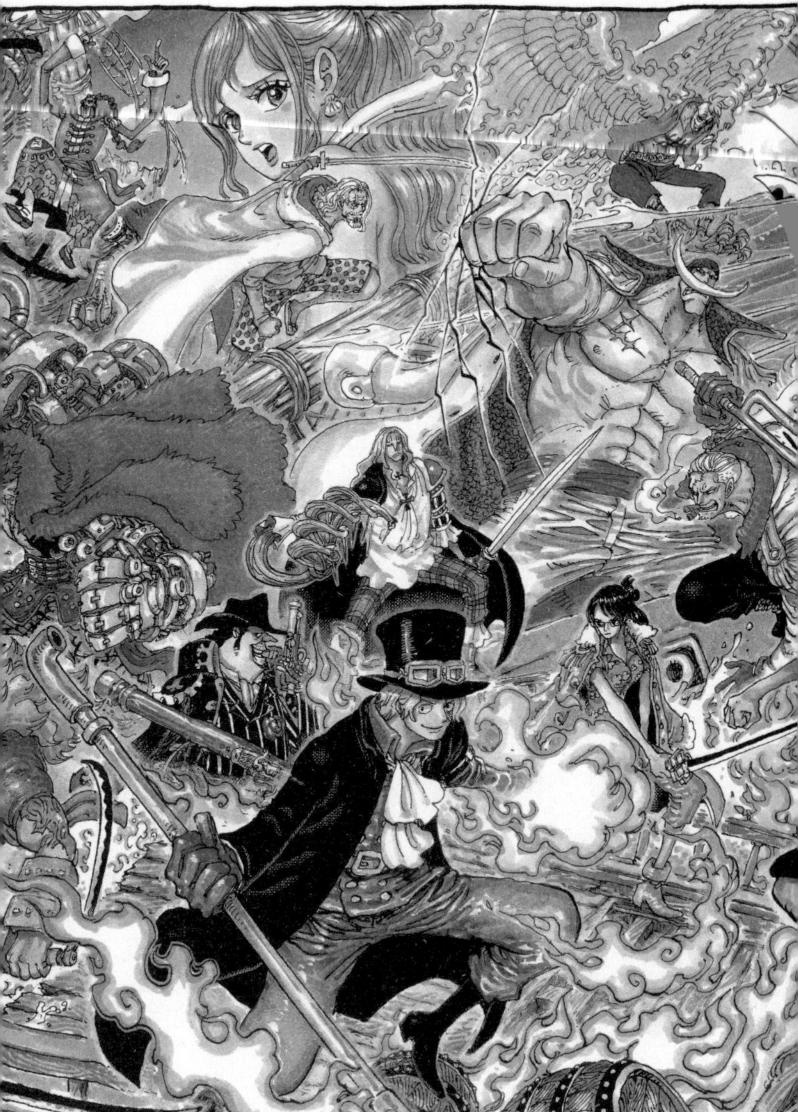

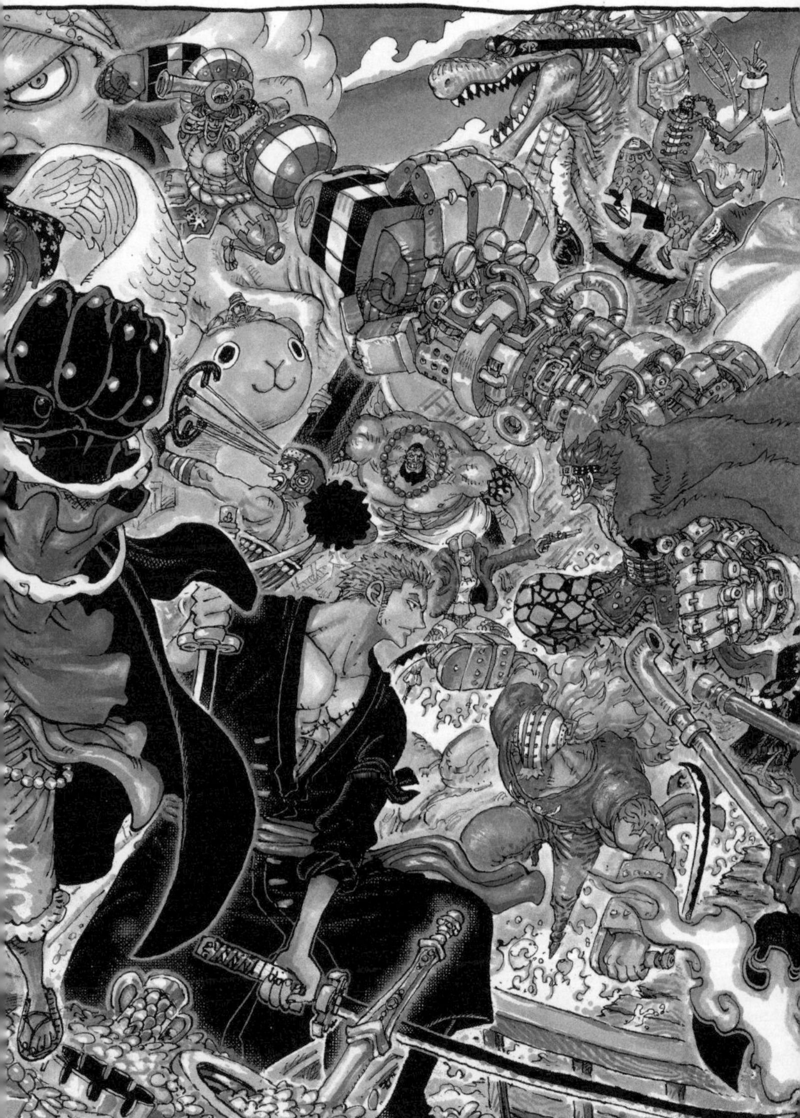

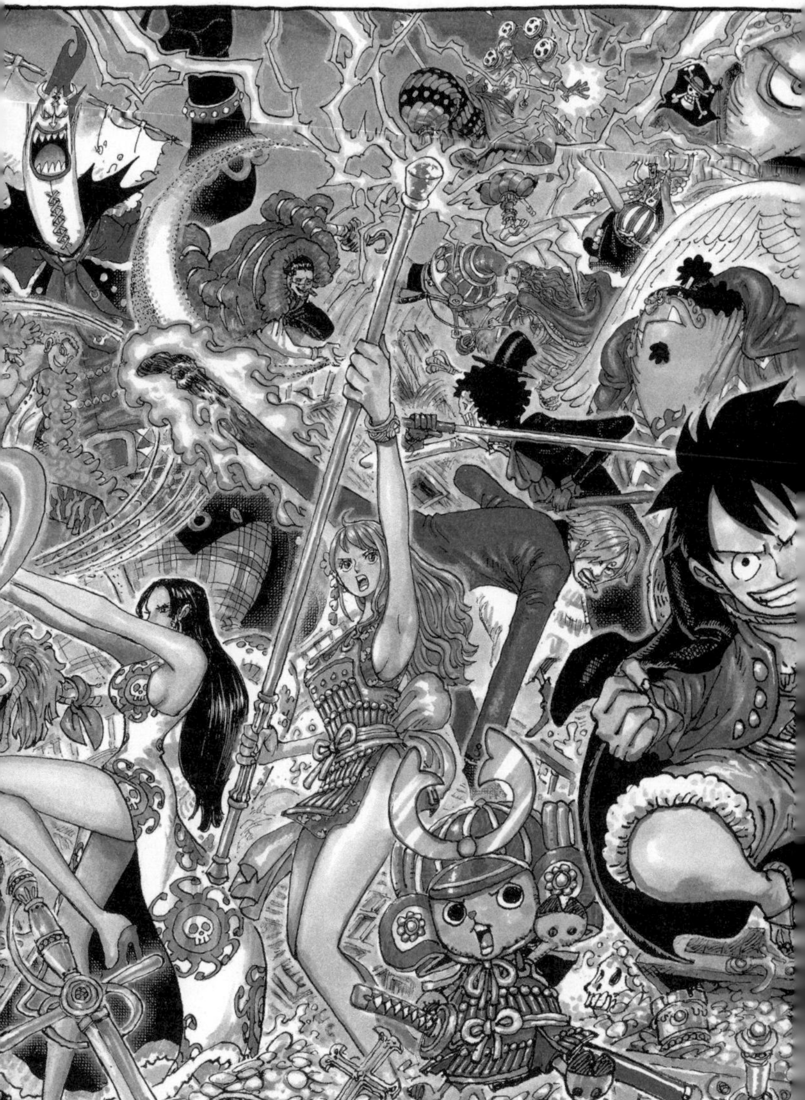

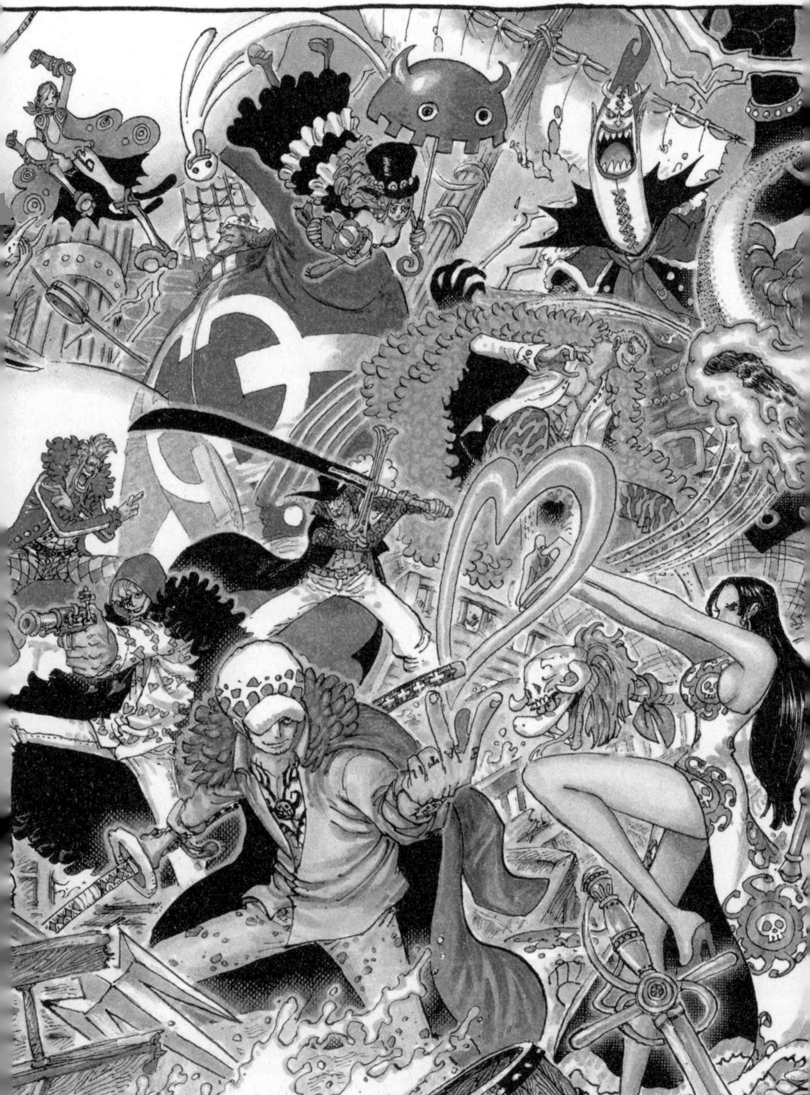

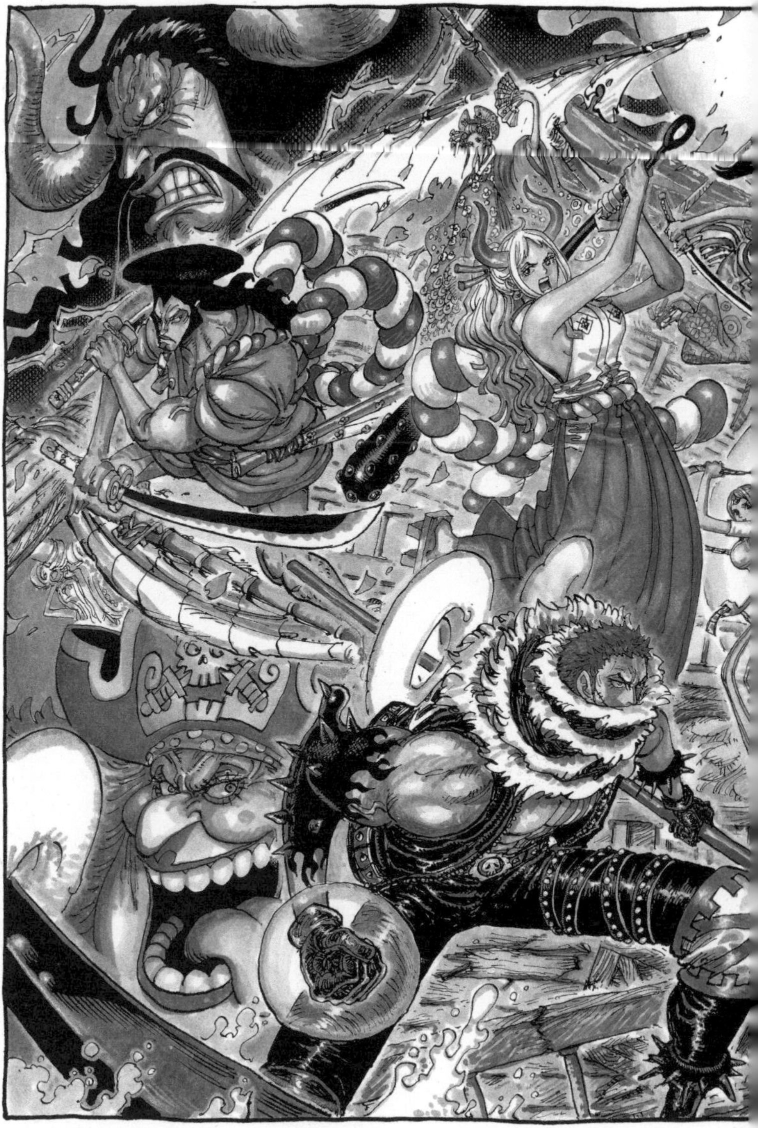

HALT!

Dieser Comic beginnt nicht auf dieser Seite. ONE PIECE ist ein japanischer Comic. Da in Japan von »hinten« nach »vorne« gelesen wird und von rechts nach links, müsst ihr auch diesen Comic auf der anderen Seite aufschlagen und von »hinten« nach »vorne« blättern.

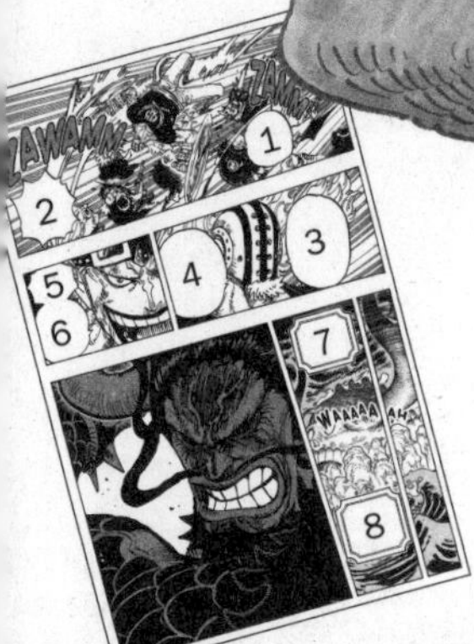

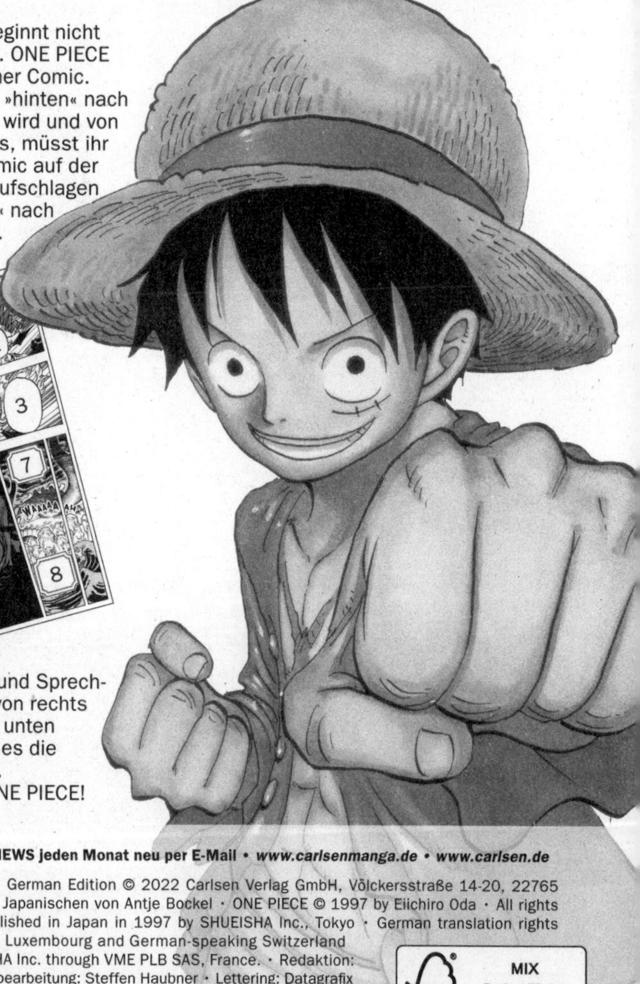

Auch die Bilder und Sprechblasen werden von rechts oben nach links unten gelesen, so wie es die Grafik hier zeigt.
Viel Spaß mit ONE PIECE!

Deutsche Ausgabe / German Edition © 2022 Carlsen Verlag GmbH, Völckersstraße 14-20, 22765 Hamburg · Aus dem Japanischen von Antje Bockel · ONE PIECE © 1997 by Eiichiro Oda · All rights reserved · First published in Japan in 1997 by SHUEISHA Inc., Tokyo · German translation rights in Germany, Austria, Luxembourg and German-speaking Switzerland arranged by SHUEISHA Inc. through VME PLB SAS, France. · Redaktion: Philipp Nakata · Textbearbeitung: Steffen Haubner · Lettering: Datagrafix Herstellung: Tobias Hametner · Alle deutschen Rechte vorbehalten Wir behalten uns die Nutzung unserer Inhalte für Text- und Data-Mining im Sinne von § 44b UrhG ausdrücklich vor.
Bei Fragen zum Produkt: carlsen.de/kontakt · ISBN 978-3-551-74450-0

FSC www.fsc.org MIX Papier | Fördert gute Waldnutzung FSC® C083411